教養としての ジェンダーと平和Ⅱ

風間 孝・今野泰三 編著

法律文化社

目　　次

教養としてのジェンダーと平和

❖ リベラル・アーツとしてのジェンダーと平和

　本書は、2016年4月に刊行された『教養としてのジェンダーと平和』の続編です。本書も、身近なトピックを題材に「教養としてジェンダーと平和に関わる諸テーマを学び、ジェンダー論と平和学の視点と考え方を身につける」という『教養としてのジェンダーと平和』のコンセプトを引き継いでいます。

　それでは、「教養としてジェンダーと平和に関わる諸テーマを学び、ジェンダー論と平和学の視点と考え方を身につける」とはどのような意味でしょうか。大学の教養科目は、英語ではリベラル・アーツと呼ばれます。「自由になるための技法」を意味するリベラル・アーツは、身近なトピックを通じて、この世界のあり方について、常識とは異なる視点から考えることを意味します。

　本書で、リベラル・アーツとしてジェンダー論と平和学を学ぶ理由は、人類が「恐怖からの自由」「貧困からの自由」「性差にもとづく偏見からの自由」を獲得するために、読者（学生）自身が何をなすべきなのかを実践的かつ具体的に考えるためのツールを手に入れるためだといえます。ジェンダー論と平和学は、現在のさまざまな困難が山積する社会状況において、人として尊重され、潜在的能力を発揮して生きていくために不可欠な学問なのです。以下では、ジェンダー論と平和学とはどういう学問なのかについて深堀りしてみます。

　まずジェンダーとは、生物学的性別（セックス）から独立した、性別に関連した社会的・文化的な規範を指します。そして、人間の性行動や性的欲望をセクシュアリティと呼びます。ジェンダー論は、性別によって人々を異なって扱い、そこに上下関係を持ち込む社会の仕組みや、女性・男性はどのように振る舞うことが望ましいかを示すジェンダー規範の問題点を明らかにしてきました。そして、どのような性のあり方であったとしても、人々が潜在的能力を発揮で

きる社会の実現を目指してきました。またジェンダー論は、女性だけでなく、男性や性的マイノリティが経験してきたジェンダー／セクシュアリティによる抑圧をも、学問の対象とする分野として展開しています。このようにして発展してきたジェンダー論は、教育、労働、家族、恋愛、ハラスメントなど、学生が大学において、また大学生活を終えた後に直面するかもしれない性をめぐる諸課題を複眼的に捉え、解きほぐすために必要な視点を提供します。

　他方で平和学は、「たんに戦争がない状態が平和ではなく、あらゆる暴力の不在または低減が平和である」との命題のもと、暴力について根源的考察を積み重ねきた学問です。平和学は、戦争の原因を究明し、紛争の解決と予防の方法を模索するだけでなく、平時における暴力や社会の規範のあり方が戦争や軍事と結びついていることを明らかにしてきました。さらに、貧困問題や先進国と発展途上国との間に存在する格差の問題についてその原因と低減方法を究明するとともに、戦争責任や歴史認識問題、また自然環境や他者との平和的共存を可能とする条件の探求にも取り組んできました。このように発展してきた平和学は、戦争や飢餓といった「遠い世界」の問題を自分自身の生活や価値観と関連づけて捉える視点を提供するだけでなく、身近な暴力の存在に気づき、その原因を究明し、平和を増やす方法を主体的に考えていくうえで必要な視点を提供します。こうした視点は、大学での学びをより充実したものにするだけでなく、大学卒業後に直面するさまざまな課題に対して自らの力で対処するための考え方と自信をも提供することになるでしょう。

❖ 3つの暴力概念と2つの平和概念

　それではジェンダー研究と平和研究を1冊の本として取り上げる意義はどこにあるのでしょうか。ここでは平和とジェンダーの間の密接なつながりを、3つの暴力概念と2つの平和概念を用いて見ていくことにしましょう。

　平和学は、平和を侵し破壊するさまざまな暴力の原因を究明し、その暴力を平和的手段によって減らす方法を考える学問です。平和学は、戦争や核の脅威を扱う学問として誕生しました。現在も平和学は、教育、メディア、植民地主義、地域、グローバル化など多様な観点から、戦争の原因と予防に関する研究を展開しています（→ 1-P、3-P、6-P、8-P、11-P、12-P）。

　平和学はさらに、戦争や体罰やレイプなど行為主体が明確な直接的（人為的）

暴力だけでなく、暴力を行使する主体が明確でない暴力も研究対象としています。そうした暴力は、構造的暴力ないしは間接的暴力と呼ばれます。構造的暴力とは、たとえば、不平等な社会における貧困のように、意図せずして間接的に人に危害を与える暴力です。この構造的（間接的）暴力という概念は、1960年代、インドの平和学者スガタ・ダスグプタが、戦争がなくても貧困や飢餓で人々が亡くなっている状態は平和ではないとして「平和ならざる状態（ピースレスネス）」という概念を提唱し、さらにノルウェーの平和学者ヨハン・ガルトゥングが、行使主体が明確でないが存在する暴力を構造的（間接的）暴力と呼んで以降、平和学の主な研究対象となっています。

平和学では、暴力を、「ある人に対して影響力が行使された結果、彼が現実的に肉体的、精神的に実現しえたものが、彼のもつ潜在的実現可能性を下まわった場合、そこには暴力が存在する」と定義します。しかも、直接的暴力と構造的暴力の2つは互いに密接に関連し、互いを支えあっていると考えます。たとえば、平時の暴力と戦時の暴力は根底でつながっており、グローバル化による貧困や格差の深刻化が武力紛争の背景となっています（→ 4 -P、 5 -P、 6 -P、 9 -P）。また、直接的暴力が止められた後も、被害者に対する無理解や誹謗中傷などの形で間接的暴力が続くことも少なくありません（→ 2 -P、 7 -P、 10 -P、 14 -P）。

平和学は、上記2つの暴力概念に、武力行使や貧困を仕方ないと考える社会的風潮などを指す文化的暴力という概念を加え、現在は3つの暴力概念を中心に展開しています。さらに平和という概念についても、消極的平和と積極的平和という2つの捉え方をします。消極的平和とは、「〜がない状態」あるいは「〜をなくしていくプロセス」を平和として捉えようという考え方です。たとえば、戦争がない状態、体罰がない状態、貧困などの人権侵害がない状態を平和と捉える考え方です。それに対して積極的平和とは、より肯定的・積極的に、「〜がある状態」や「〜を増やしていくプロセス」を平和として捉えようという考え方です。たとえば、協力や対話がある状態、共感や相互理解がある状態、社会的公正や安心感がある状態などを平和として捉えていこうという考え方です。積極的平和の原語はポジティブ・ピースですが、このポジティブは、物事の良い面を積極的に捉えていくポジティブ・シンキングと同じ意味合いのポジティブです。

平和を実現するためには、暴力がない状態や暴力をなくすプロセスを実現することが重要です。しかし、ときに消極的平和を実現するのは難しく、難しいがゆえに思考が停止し、行動できなくなってしまうこともあります。しかし、何かをなくしたり減らしたりすることはできなくても、何かをつくり、増やすことはできます。たとえば、格差や領土問題を完全になくすことはできなくても、他者に対する理解・共感・支援の場を増やすことはできます。そういうふうに平和を捉えて考え、行動することも、平和にとっては重要です。それが積極的平和という平和の捉え方です（→ **1**-P、**2**-P、**11**-P、**12**-P、**13**-P、**15**-P）。このように平和学は、戦争や核の脅威をなくすための学問としてスタートを切った後、現在では、平和をつくっていくための実践にも積極的に携わっています。平和学は、「平和する（Do Peace）」学問でもあるのです。

　直接的暴力と構造的暴力という概念は、ジェンダーやセクシュアリティに基づく暴力や差別を理解するうえでも有用です。ジェンダーやセクシュアリティに関わる直接的暴力の例として、レイプやドメスティック・バイオレンス、性的マイノリティに向けられる暴力を挙げることができます。2020（令和2）年に実施された内閣府の調査では、女性の25.9％、男性の18.4％が配偶者から身体的暴行、心理的攻撃、経済的圧迫、性的強要のいずれかを含む暴力被害を経験していました。また女性の6.9％、男性の1.0％は無理やり性交等をされた経験があると回答しています。さらに2013（平成25）年度に実施された調査では、約7割（68％）の性的マイノリティが小学校から高校の間にいじめや暴力を経験していました。直接的暴力は、とりわけ女性や性的マイノリティの生活を脅かしています（→ **1**-G、**5**-G）。

　またジェンダーやセクシュアリティに関わる構造的暴力の例として、職場において男性より女性の役職者が少ないこと、女性より男性の自殺割合が高いこと、そして性的マイノリティにおける自殺念慮の割合が高いことが挙げられるでしょう。役職者に就く女性の割合は上昇傾向にあるものの、2020年の時点で係長級が21.3％、課長級が11.5％、部長級が8.5％であり、依然として、役職者の多くを男性が占めています。2020年の自殺者数は、男性は1万4055人、女性は7026人と、男性は女性の2.0倍となっています（→ **6**-G、**15**-G）。さらに2019（令和元）年に大阪市民を対象にして行われた調査では、LGB（レズビアン／ゲイ／バイセクシュアル）およびT（トランスジェンダー）の自殺念慮の割合は、シス

ジェンダー（出生時の性と性自認が同じ人のこと）かつ異性愛者よりもそれぞれ4倍、5.2倍高くなっています。

　このような構造的暴力を解消するために行われてきた取り組みにポジティブ・アクション（アファーマティブ・アクション）があります。ポジティブ・アクションとは、社会的・構造的な差別によって不利益を被っている者に対して、一定の範囲で特別の機会を提供すること等により、実質的な機会均等を実現することを目的として講じる暫定的措置のことです。2015（平成27）年8月に成立した女性活躍推進法は、国や地方公共団体、民間企業に対して女性の活躍推進に向けた数値目標を盛り込んだ行動計画の策定・公表や、女性の職業選択に資する情報の公表を義務づけていますが、これもポジティブ・アクションの1つだといえるでしょう。

　ポジティブ・アクションの定義に入っている「社会的・構造的差別」とは、平和学における構造的暴力と重なる考え方であり、ポジティブ・アクションとは、構造的暴力の結果、人々の持つ潜在的能力が発揮できないときに、その人の能力が発揮できるための積極的な平和を目指す取り組みだといえるでしょう。

　このように直接的暴力と構造的暴力は、ジェンダーやセクシュアリティに関わる領域でも見出すことができ、ゆえにこれらの暴力は平和学だけでなく、ジェンダー論が取り組む課題でもあります。そして、消極的平和にとどまらない積極的平和を目指す平和学の志向性は、すべての人が尊重され、その能力が発揮できる社会を目指すジェンダー論の源になったフェミニズムの思想とも重なり合います。すべての人の人権が尊重され、すべての人が自らの能力を発揮できることを平和だとするなら、性による抑圧をなくしていくことを目指すジェンダー論もまた、平和を目指す学問であるといえるでしょう。

❖ 本書を有効に活用するために

　本書で扱っている各テーマの冒頭では具体的な問いかけがなされています。読者のみなさんは、その問いかけを参考にしながら、何が問題になっているのかをまずイメージしてもらいたいと思います。本文では、ジェンダー論と平和学の視点からその原因や現状などについて解説や分析が行われています。そこで、みなさんは常識とは異なる新しい視点を発見するかもしれません。また、各章に（→1-P、3-G）といった相互参照（クロスリファレンス）を付しています。

これは、ジェンダー論と平和学の間で共通するテーマや問題意識が多くあり、各章が互いに関連性をもって本書全体を構成しているためです。関心をもったテーマや用語について、相互参照している章もあわせて読むことで、ジェンダー論と平和学の視点と考え方についてより一層理解が深まるように工夫しています。さらに、各章の課題と展望では、読者のみなさんがそのトピックについてさらに深く考え、今後取り組むべき事柄や行動を提示しています。最後に、ディスカッションポイントでは、各章ごとに読者のみなさんの理解を深めるための課題が用意されています。参考文献にあたり、関心のあるトピックについてさらに理解を深めることもできます。

　本書はさまざまな方法で活用することが可能です。学術的な知識を身につけるために読むのもよいでしょうし、世の中を生きる上での教養を身につけるために読むのもよいでしょう。どのような読みかた、使いかたであっても、私たちが本書を通じて読者に期待するのは、常識を相対化するようなクリティカルな眼差しを身につけ、常識にとらわれないオルタナティブな世界像や規範のありかたを展望し、異なる見解を持つ人々との対話（コミュニケーション）を続けることの重要性を理解してもらうことです。また、国家の枠組みを乗り越えて、グローバル化時代の一員としての視点や姿勢を身につけてもらうことも本書のねらいといえるでしょう。

　本書は、みなさんに、平和をつくりだし、ジェンダーやセクシュアリティとの距離を自分なりに見定めることを呼びかけています。本書がジェンダー論と平和学の視点と考え方を身につけることに役立つことができたなら、これほどうれしいことはありません。

（風間　孝・今野泰三）

1 教 育

　教育は誰にとっても大切な権利であり、国家にとっては義務でもあります。そして、学校や大学などの教育現場は、ジェンダーと平和について学ぶ場であるだけでなく、ジェンダー平等と平和を実践していくべき場所でもあります。

　しかし、学校教育がさまざまな問題を抱えていることは周知の通りです。学生時代が楽しい思い出でいっぱいの人もいれば、辛い記憶しかなく、思い出したくない人もたくさんいます。いじめや人間関係のこじれ、さらに厳しい勉強などが楽しい学生時代の影になっているのです。ジェンダーという観点で学校教育の場を見ても、性的マイノリティの学生が不可視化され、ジェンダー規範が反映された校則の内容や教員や、同級生の心ない言葉や身体的暴力に傷つく人がいます。このように教育現場で、安心して自信を持って自由に生きるという基本的な人権を侵害されることは少なくありません。

　よって、ジェンダーと平和のどちらの観点からも、すべての生徒の基本的人権が守られる学校づくりが必要不可欠です。しかし、教育の現場は学校だけではありません。学校以外にも、自治体やNPO（非営利組織）などの多様な主体によってさまざまな学習の機会が提供されており、そうした機会を利用して学びを深めることも可能です。そうした学びの場では、たんに知識を得るだけではない、より主体的な学びの機会を得られることも少なくないでしょう。

　まず ■-G では、「私たちの学校には性的マイノリティの生徒はいないので、性の多様性に取り組む必要はない」という考えに問題があると論じます。学校では、LGBT など性的マイノリティの児童の７割がいじめや暴力を経験し、その半数以上が誰にも相談できない状況にあります。その背景には、異性愛主義、ジェンダー規範、性別一致主義があります。例えば、文部科学

省は、性的マイノリティの生徒への支援と相談しやすい環境を求める通知を出しましたが、他方で、授業の中で性の多様性や性的マイノリティについて取り上げることには消極的で、性別違和を病理と見なしています。性的マイノリティがジェンダー規範や異性愛主義によって侮蔑されたり、暴力を振るわれるような学校のあり方は、性的マイノリティの児童生徒だけでなく、すべての人の自由なジェンダー表現を奪っていくものです。1-G では、全ての子どもの性自認やジェンダー表現が尊重される環境づくりと、異性愛主義や同性愛嫌悪への対抗が求められていると論じます。

　1-P では、平和教育において、時間、知識、モラル、空間という４つの隔たり、ないしは認識上のギャップがあり、それを埋めていくためには、平和教育を根本から見直す必要があると論じます。平和教育は３つの点で岐路に立たされています。１つめは、非戦争体験世代が中心となって進めなければいけないということ、２つめは、諸外国や国内の他者が経験する迫害や不条理を、自分事として捉える姿勢で取り組むにはどうすればいいのかということ、３つめは、学校を中心とする知識型の教育から多様な主体による体験型の学びへの転換を進めることです。1-P では、そうした３つの視点に着目した活動として、「ホロコースト教育資料センター」と、「THE LEADS ASIA」による「手触り感ある歴史の対話シリーズ」を紹介します。これらの活動は、当事者の視点から共感を生み出そうとしており、12-P の平和ジャーナリズムともつながる視点を持っています。1-P では、平和をつくること、平和を学ぶことは、日常的に問いと向き合う姿勢を持つということであり、問いを自由に立てて対話と体験を重視する学びへの転換が必要だと論じます。

（今野泰三）

Gender

1-G　性的マイノリティと教育

❖ なぜ学校は性の多様性に取り組むべきか

「私たちの学校に性的マイノリティの生徒はいないので、今のところ性の多様性について取り組む必要はない」との考え方にはどのような問題があるで

しょうか。

　まず学校に性的マイノリティの生徒はいないと断言することはできません。なぜなら、性的指向や性自認は目に見えないため、教員が知らないだけで、性的マイノリティの生徒が存在している可能性があるからです。また、性的指向や性自認をはっきり自覚していない、つまり性的マイノリティかどうかわからない生徒もいることでしょう。学校側は、存在を認知している／していないにかかわらず、性的マイノリティの生徒の存在を前提にする必要があります。

　取り組む必要はないという考えにも問題があります。なぜなら、日本社会には身体の性に沿った振る舞いを求めるジェンダー規範や異性愛を自然や正常、前提と見なす異性愛主義（ヘテロセクシズム）が満ちていますが、学校もその例外ではないからです。ジェンダー規範や異性愛主義に対応しないことは、生徒にこれらの価値観を正しいと認識させ、また性的マイノリティの児童生徒にとっての学校での生活を息苦しいものにすることになります（葛西編著 2019）。

　本節では、学校現場においてジェンダー規範や異性愛規範がどのような形で現れているのか、それに対して文科省がどのような取り組みをしているのかをみていくことにします。

❖ 学校で経験するいじめや暴力

　「いのちリスペクト。ホワイトリボン・キャンペーン」が2013年に実施した「LGBT の学校生活調査」を通して、性的マイノリティの児童生徒にとって学校がどのような空間であるのかを確認しましょう。

　性的マイノリティの児童生徒がいじめや暴力を経験した割合は、言葉による暴力が53％、無視や仲間はずれが49％、身体的な暴力が20％、性的な暴力が11％でした。また、このようないじめや暴力を経験したことがないと答えた割合は32％であったことから、約7割（68％）の性的マイノリティが小学校から高校の間にいじめや暴力を経験していることがわかります。

　誰からこれらのいじめや暴力を受けたかへの回答（複数回答可）を男女別に見ると、男子で最も多かったのが同性の同級生（85％）であり、ついで異性の同級生（33％）でした。女子も同様の結果であり、同性の同級生（80％）、異性の同級生（47％）からいじめや暴力を受けていました。また担任の教師からいじめや暴力を受けたと回答した者も、約1割（男子12％、女子11％）いました。

いじめや暴力を誰かに相談したかの設問（複数回答可）では、誰にも相談しなかった者が半数を超え（52%）、相談相手として最も多かったのが母親（29%）、担任の教師（19%）であり、同級生の女性に相談した者は約1割（11%）、同級生の男性は4％でした。

　以上から、約7割の性的マイノリティが学校においてがいじめや暴力を経験し、その加害者には同級生だけでなく教員も含まれ、半数以上が誰にも相談できない状況にあることが明らかになりました。

❖ 学校が息苦しい理由

　学校が性的マイノリティにとって息苦しい場となっていることを見てきましたが、その理由を異性愛主義、ジェンダー規範、そして性別一致主義という概念を用いながら説明します。

　(1)恋愛コミュニケーション

　学校でみられる異性愛主義に基づいた振る舞いの代表的なものに、友だち同士で交わされる恋愛についての会話があります。男子に「どんな女の子がタイプ？」、女子に「彼氏いるの？」と尋ねる会話は、話しかけた相手が異性に惹かれることを前提にしています。

　それでは、周囲にいる知人や友人が異性に惹かれることを前提としない会話とは、どのようなものでしょうか。元女子サッカー日本代表（なでしこジャパン）で、現在はアメリカのサッカーチームに所属している横山久美は、2021年6月にトランスジェンダー男性であることをYouTubeの動画でカミングアウトしました。その動画の中で横山は、アメリカでは「彼氏いる？」ではなく、「彼氏いるの？　彼女いるの？」と皆から尋ねられたというエピソードを紹介しています。この動画の中で女性の恋人がいることを明かした横山は、このような会話が交わされる環境は、トランスジェンダーである自分が想定されていて、生きやすいと語っています。

　一方で、異性に惹かれることを前提にした会話が飛び交う日本の学校は、性的マイノリティがいないことにされているといえるでしょう。存在が想定されていない環境で、同性に惹かれることや性別に違和感を持っていることを伝えることは簡単なことではありません。異性愛主義に基づいた恋愛コミュニケーションは、意図していなくても、性的マイノリティに疎外感やストレスを与え

ます。

(2)侮蔑的な表現

　異性に惹かれることを自然・正常と見なす異性愛主義に基づく考えや態度の裏側には、同性に惹かれることを不自然・異常とみなす思考があります。また服装や振る舞い、言葉づかいなどによって自分の性別を他者に対してどのように示すかを意味するジェンダー表現は、日本社会では身体の性に沿ったものであることが期待されています。ジェンダー規範は、身体の性に合致したジェンダー表現を要求しますが、それに反したときに私たちは嘲笑されたり、いじめられたり、考えや行動を矯正されるという社会的な制裁（サンクション）を受けることが多いといえます。私たちは、身体の性が男性であれば「男性的な」振る舞いを、女性であれば「女性的な」振る舞いを求められる社会を生きており、学校もその例外ではありません。

　異性愛主義とジェンダー規範は、性的マイノリティが経験する学校でのいじめや暴力に密接に関わっています。「ホモ」「オカマ」「レズ」「オナベ」などの性的マイノリティを侮蔑する表現は、性的マイノリティだけでなく、ジェンダー規範から外れているとみなされた者にも向けられます。そこには、「女性」的な振る舞いをする男性＝男性同性愛者、「男性」的な振る舞いをする女性＝女性同性愛者、というステレオタイプが潜んでいます。これがステレオタイプであるのは、性的指向とジェンダー表現は独立しているからです。すなわち、その人がどの性別に惹かれるか（性的指向）はジェンダー表現ではわかりません。「男らしくない」振る舞いをする異性愛者の男子もいれば、「女らしくない」振る舞いをする異性愛者の女子もいるからです。また、「ホモ」や「レズ」といった侮蔑的な言葉でのいじめや暴力を受けている男子・女子の中には、生まれたときに割り当てられた性別と性自認が同じであるシスジェンダーも含まれています。このことからわかるのは、ジェンダー規範や異性愛主義は、性的マイノリティの児童生徒のみに関わる問題ではないということです。ジェンダー規範から外れた児童生徒に性的マイノリティを侮蔑する言葉や暴力が向けられる現実は、性的マイノリティではない児童生徒も傷つけ、全ての人の自由なジェンダー表現を奪っています。

(3)性別一致主義に基づいた制度や慣習

性別一致主義（シスセクシズム）とは、生まれたときに割り当てられた性と性自認が一致することを当然と見なし、シスジェンダーのみが正常で正しく、トランスジェンダーは不自然で危険であるとみなす信念を指します。そこにはシスジェンダー以外の人は存在しないという思考も含まれています。

性別一致主義は、学校にもみられます。制服、体育、トイレ、更衣室、宿泊研修、呼称（男子には「くん」、女子には「さん」との呼び分け）等、身体を基準にして男女を分けている制度や施設、慣習は性別一致主義に基づいています。性自認に基づいて学校生活を送りたいと望む児童生徒に身体の性で学校生活を送るよう求めることは、強いストレスをもたらし、その結果、不登校になり、またメンタルヘルスを悪化させるようになる子どもも少なくありません。

❖ 文部科学省の対応

文部科学省は2015年に「性同一性障害に係る児童生徒に対するきめ細かな対応の実施等について」という通知を出し、(1)性同一性障害に係る児童生徒についての特有の支援と、(2)性同一性障害に係る児童生徒や「性的マイノリティ」とされる児童生徒に対する相談体制等の充実を求めました。(1)では性同一性障害の児童生徒に対する学校における支援の事例を示し、配慮が求められた時には、制服やトイレ、更衣室、宿泊行事などに際してどのような対応が可能かを示し、(2)では性同一性障害に係る児童生徒や「性的マイノリティ」とされる児童生徒が相談しやすい環境を整えることの重要性を訴えています。

その一方で文部科学省は、授業の中で性の多様性および性的マイノリティについて取り上げることに消極的です。2017年3月に公開された学習指導要領案では、小学校体育において「思春期になると異性への関心は誰にでも起こる」、中学校保健において「身体の機能の成熟とともに、性衝動が生じたり、異性への関心が高まったりする」と記されていました。この記述は異性愛主義に基づいたものです。また学習指導要領案には性的マイノリティについて触れた部分はありませんでした。

この学習指導要領案に対して実施されたパブリックコメントには、次のような対立した意見が寄せられました。まず、性の多様性および性的マイノリティについても学習指導要領に規定し授業で取り上げることを求めるとともに、誰

もが思春期になると「異性を好きになる」と記述すると同性愛者などが「自分は普通ではない」と思い、自己肯定感を持ちづらくなることから、この記述は削除すべきであるという意見が寄せられました。一方で、思春期になると異性への関心が芽生えることを教える指導は必要である。また性の多様性や性的マイノリティについて授業において取り上げるべきではなく、個別のカウンセリングで対応すべきであるという意見もありました。

パブリックコメントに対する文科省の見解は、(1)性的マイノリティについて授業で教える必要はない、個別のカウンセリングで対応すれば十分である。生徒の発達段階を考慮すると性的マイノリティについて小学校や中学校で教えることは早く、また保護者や国民の理解は得られず、教員も適切に教えることができない。(2)思春期には異性への関心が芽生えるとの内容は、思春期の主要な特徴であるから必要である、というものでした。結果として、文科省は2017年にこの方針に沿った学習指導要領を告示しました。文科省は、性的マイノリティ、とりわけ性同一性障害の児童生徒は配慮の対象と見なすが、性的マイノリティや性の多様性については授業で取り上げるに値する普遍的な問題はないと認識しているといえるでしょう。

文科省通知において性同一性障害の児童生徒への個別の配慮を求めている文科省が、性的マイノリティについて授業で教えることに否定的であることについて、教育学者の渡辺大輔は「一貫して『性同一性障害』という言葉を使用していることからも『病理』の１つとして扱っていることがわかる」と述べています（渡辺 2017）。渡辺が述べているのは、文科省が性同一性障害の児童生徒への支援を「障害者」支援という枠組みに位置づけており、だからこそ性同一性障害という「病理」について授業で取り上げる必要ないという認識を持っているといえるでしょう。

❖ 課題と展望

文部科学省は、性別に対する違和感に苦しむトランスジェンダーの児童生徒への支援を求めていますが、性別違和を「性同一性障害」という病理として扱っています。しかし、アメリカ精神医学会が2013年に性同一性障害から性別違和へと名称を変更し、WHO が2019年に性同一性障害を「精神障害」の分類から除外して「性の健康に関連する状態」という分類の中の性別不合に変更し

たように、国際的には性別違和は「障害」として扱われなくなっています。性自認を含むジェンダー表現の多様性は病理でも、否定されるものでもなくなってきているのです。文科省や学校現場に求められているのは、すべての子どもたちの性自認やジェンダー表現が尊重される環境をつくることだといえるでしょう。

　また、性的マイノリティの児童生徒への対応は、制服やトイレ、更衣室など制度面で困難を抱えやすいトランスジェンダーに焦点が当てられることが多いのですが、同性愛者や両性愛者など性的指向におけるマイノリティの児童生徒も、学習指導要領に記されている「思春期になると異性への関心は誰にでも起こる」といった教育や、同性愛者や両性愛者をからかい侮蔑する発言、友人や家族へのカミングアウトなどの悩みを抱えています。学校は性自認やジェンダー表現に加え、異性愛主義や同性愛嫌悪への対応も求められているといえるでしょう。

◎ディスカッションポイント
・大学生活を送るうえで、性的マイノリティの学生はどのような困難に直面しているでしょうか。また、その困難に対して大学が、あるいはみなさん自身がとることのできる対策・対応を考えてみましょう。
・性の多様性についての教育とは性的マイノリティについて理解する教育であるという考え方には、どのような問題点があるでしょうか。

✿参考文献
葛西真記子編著『LGBTQ+の児童・生徒・学生への支援——教育現場をセーフ・ゾーンにするために』誠信書房、2019年。
渡辺大輔「『性の多様性』教育の方法と課題」三成美保編著『教育とLGBTIをつなぐ——学校・大学の現場から考える』青弓社、2017年。

(風間　孝)

1-P　転換期を迎える平和教育

❖ 今の平和教育に必要なものは何か

　日常的に平和教育に関わる身として、最近つくづく思うことがあります。それは大きく括れば４つほどの異なる「隔たり」あるいは「溝」を埋めなければいけないという思いです。この「隔たり」や「溝」が残る限り、平和教育が形骸化し、平和教育で扱われる内容が自分事としてとらえきれないもどかしさを生み出してしまうということに気づいたのです。

　４つの「隔たり」や「溝」とは、時間、知識、モラル、そして空間（距離）的な側面から現れます。言い換えると、(1)「過去の戦争が終わってから何十年もの時間が経過しているので、今を生きる自分の問題とは思えない」。(2)「自分自身の歴史的な知識が足りなさ過ぎて、誰かと真剣に語り合うことができない」。(3)「加害行為を行った人々の暴力や残虐行為があまりにも非道のため、同じ国の人、同じ人間としてモラル的に受け入れがたく加害国民という加害者性を抱けない」。そして、(4)「現在起きている世界の不幸は遠く離れた海外のことであるため私とのつながりをなかなか生み出せないし、実は私自身も大変な毎日である」、という類のものです。

　このような認識上のギャップを全く理解できないわけでもなく、ただたんに共感できない若者をむやみに批判することも良くありません。このような状況を踏まえると、平和教育は変革の岐路に立たされているようです。もっと強い表現を用いるのであれば、今までの平和教育を見直し、根本的なリセットが必要になっているのかもしれません。したがって本節では、今後、平和教育がどのようなアプローチで捉えなおされるべきなのか、という視点から考察してみます。

❖ 平和教育を再構築する

　平和教育を再構築するためには、それに先立って行うべき作業があります。それは、「そもそも平和教育とは何か」という点についてもう一度考えてみる

ことです。筆者は平和教育を２つの意味合いから捉えています。１つは、戦争や直接的な暴力の問題について教えたり学んだりすることです。もう１つは、差別や偏見、貧困、人権侵害、迫害など構造的な暴力について教えたり学んだりすることです（→序）。前者は狭義の平和教育であり、そこには歴史認識や歴史教育を含むことがとても大切です。後者は広義の平和教育ともいえます。そこには狭義の平和教育に加え、人権教育、開発教育、国際理解教育、ジェンダー教育、ダイバーシティ教育、シティズンシップ教育などが含まれます。

　SDGs の17項目の１つに「平和と公正をすべての人に」という内容が含まれますが、17項目をすべて扱うことが広義の平和教育になるという考え方です。戦争体験世代は狭義の平和に関する感受性は高い反面、国家や民族、人種などの視点から差別や偏見に満ちた言動をとる場合もみられます。他方、戦後世代は戦争の暴力性に関する感受性は低い反面、人権やダイバーシティなどについてはより多くのことを理解しています。だから、戦争体験世代の平和意識が戦後世代の意識よりも高いとは一概に言いきれないでしょう。

　このように平和教育にはかなりの奥行や幅があるのですが、教育課程上の学期や授業時間は限られているので、どのようなテーマと内容でカリキュラムを構成すべきかに関する取捨選択が求められることになります。その際、学びの軸や枠組みを定めるための眼差しと優先順位が大切になってきます。地域や属性によってその眼差しや優先順位が異なることも仕方ありません。むしろ、自分なりの軸を定める行為やそれぞれの優先順位を決めるプロセス自体が大切な学びでもあります。

　そうであるならば、「変革の岐路に立たされた平和教育」とはいったい何を指すのでしょうか。

　１つめには、第２次世界大戦などの戦争体験世代が少なくなったため、非体験世代が中心となって平和教育を進めなければいけないことを意味します。２つめには、諸外国や国内の他者が経験する迫害や不条理を、自分事として捉える姿勢の取り組みを意味します（→2-G、2-P、10-P、11-G、14-P、15-P）。そして３つめには、学校を中心に進めてきた知識型の教育から多様な主体による体験型の学びへの転換を意味します。この３つの視点に着目した活動を紹介することにします。

❖ 事例1：「日本の若者がホロコーストとどのように向き合うか」(NPO 法人ホロコースト教育資料センター)

　ホロコースト (→**7**-P)、アウシュビッツ・ビルケナウ収容所、ナチスのユダヤ人虐殺、アンネ・フランクなどについて誰もが聞いたことがあるでしょう。しかし、すでに述べた通り、これらの歴史は、80年近く前の出来事であり、まして遠く離れた外国での出来事であり、想像に絶する非道な行為であるため、毎日が精一杯の人々にはどこか他人事に聞こえてしまい共感できないという戸惑いがあるかもしれません。頭ではこの歴史的な教訓について学ぶべきであるとわかっているのだけれど、身体がついてこないという感じでしょうか。

　「ホロコースト教育資料センター」(以下、Kokoro) という NPO がありますが、日本でホロコースト問題に特化して活動を続けることは想像以上に難しいと代表の石岡史子さんは語ります。宗教団体ではないかと誤解されたり、パレスチナ問題 (→**7**-P、**11**-P) はどう思うのかと問いかけられたり、なぜ日本の加害の歴史を扱わないのかという批判を受けたりするなどの難しさがあるのです。けれども設立から20年以上も活動を続けられた原動力には、この問題が人類の普遍的な反省点であり、後世を生きる誰もが知るべき歴史的教訓を学ぶべき問題であると同時に、その歴史的教訓から平和な未来を築き上げる普遍的な価値があると筆者は捉えています。本来、ホロコーストの歴史を学ぶ上ではアウシュビッツ・ビルケナウ収容所を訪ねて体感することが最も有効だと思います。現地には日本人公認ガイドや日本語が話せるガイドもいますが、日本からポーランドに出かけることは簡単なことではありません。さらにコロナ禍によって人々の国際的な移動も難しくなりました。

　したがって、ここでは Kokoro が国内で取り組む平和教育の手法に着目してみましょう。一例として「1枚の写真を使った問いづくり」というワークショップを取り上げてみます。ワークショップの参加者は、1枚の写真を活用しつつ色々な問いかけを繰り返すことになります (資料1-1)。「この男の人は誰だろう」「なぜ鼻の高さをはかっているのだろう」「女性はどのような気分だろうか」などという形で進めるのです。次第に、「鼻の高さで人種がわかるのかな」「人種ってそもそも何だろう」というふうに「問い」は深化していきます。そのような基礎的なワークを経て、ホロコーストの歴史についての本格的な学びは始まります。そして最終的には、「ユダヤ人って誰だろう」「アジア人って誰だろ

資料1-1　ヴィルヘルム皇帝人類学、人類遺伝学、および優生学大学で、女性の身体的特徴を測定して人種の判断を試みる人種衛生士　ベルリン、ドイツ、日付不詳。

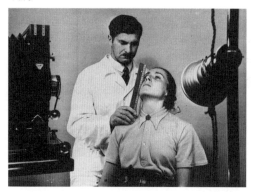

出典：米国国立ホロコースト記念博物館（United States Holocaust Memorial Museum）。

う」「人種差別と偏見は無くさなければいけない」などへの気づきにつながります。

　実際、私たちの日常でも「日本人らしさ」や「日本人的な」、あるいは「男らしさ」や「女らしさ」という固定観念に基づく偏見や差別的な言動がいまだ繰り返されています。2020年に起きた「ブラック・ライブズ・マター運動」（BLM運動）（→**11**-P）は記憶に新しいですし、世界を代表するテニス選手大坂なおみさんが2018年に全米オープンに優勝した後のインタビューで自身のアイデンティティについて触れた質問に対して「私にとって私はただの私」（I'm just me）と答えたことも印象的でした。日本語を十分に駆使しない、そして多様なバックグランドを持つ、さらに外見が多くの人と異なるなどを理由に「日本人らしさ」の価値判断に苦しめられた彼女を表す一番の自己表現であるかもしれません。日本の教育現場で扱われてこなかったアイデンティティ問題についての学びの第一歩となるのです。

❖ 事例２：「手触り感ある歴史の対話シリーズ」（THE LEADS ASIA）

　今度は、みなさんと同じような若い世代（Z世代）が取り組む「THE LEADS ASIA」（以下、TLA）の活動を紹介します。TLAは2020年にアジア地域の若者たちがお互いを支え、情報共有をしつつ団結するオンライン上のプラットフォームとして活動を始めた新しいグループです。ここでも「対話」を重視し、新しい視点に基づく情報を多言語で発信することに情熱的に取り組んでいます。このようなTLAの積極的な活動の中で「手触り感ある歴史の対話シリーズ」について紹介します。

　TLAのメンバーがこのシリーズを企画するようになった背景には、前に出

た「BLM運動」が世界各地に広がる際に、銅像や造形物などが破壊されたことが関係します。日本でも「あいちトリエンナーレ2019〈表現の不自由展・その後〉」において歴史認識（→**2**-P）を取り巻く展示をめぐる問題が顕在化したことを皆さんも知っているでしょう。

資料1-2　トムセン教授が東アジアの文化財をめぐるナショナリズムを批判的に風刺して製作したポスター

出典：ハンス・ビャーネ・トムセン教授／Photo by THE LEADS ASIA。

　シリーズは現在（2022年1月末）まで3回ほどのレクチャーと対話フォーラムを組み合わせた形式で展開し、日本や東アジアのみならずヨーロッパなどからも人々が企画に参加しました。基本的には英語を活用しながらも、言語の障壁を壊すために日本語通訳などのサポートを上手に取り組んで企画が展開されるのみならず、記事などの発信は多言語ベースで取り組まれています。日本やアジアの若者が中心に関わる独立メディアとしての役割をTLAは果たしていますが、これは今までに例をみないアジアのZ世代による斬新なムーブメントなのではないかと驚いています。その具体的な活動記録はTLAのサイトにアクセスして確認していただくことが一番なので省略し、第3回目の企画「アートから見る次世代の日韓関係〜ナショナリズムの枠を超えて〜」で特に印象的だった1枚のポスター写真を紹介します（資料1-2）。

　セミナーのゲスト講師を務めたスイス・チューリッヒ大学・美術史研究所で東アジア美術史を教えるハンス・ビャーネ・トムセン教授は、ヨーロッパにおいて日中韓3国をはじめとする東アジアのアートが今日ナショナリズムと強く結びつき、一種のコンフリクトを生み出していることについての問題提起を行いました。ヨーロッパなどに流出した東アジアの「在外秘宝」の国籍をめぐりナショナリズムが作用することへの批判的な視座でした。たしかに東アジア地域の国々では、「韓国美術5000年展」「日本の美三千年の輝き」「中国5000年の歴史」などの表現を好んでいます。

けれども東アジアの歴史を遡っていけば、国民国家的な線引きや国境はたった150年ほどの歴史しか持っていません。それにもかかわらず東アジアの国々は、自国の伝統文化が他国のそれよりも優れていることを競い合っているかのようでもあります。それを見事に風刺するためにトムセン教授はこのポスターを作成したのです。仮にヨーロッパで「フランス芸術の一万年の歴史－石器時代から印象派まで」という企画が設けられたらそれがどれほどナンセンスだろうか、ということを取り上げながらです。

❖ 課題と展望

2つの事例に共通する教訓はいくつかあります。それは、戦争の体験者にはなれなくても、当事者の視点から共感を生み出そうとしていることです。また私たちの無意識の言動にも他者に対する線引きや偏見が頻繁に働くことがあることを自覚し、それを予防したり改めたりする意識が大切であることを強調しています。そのプロセスでは五感（視覚、嗅覚、触覚、味覚、聴覚）を活用した体感が重視されています（→**11**-P）。

さらにこの学びのプロセスでは、「正しさ」の結論を決めつけるのではなく、事象から「問い」を立てて人々とそれについて「対話」を続けることを大切にしています。平和をつくること、平和を学ぶことは、日常的に問いと向かい合う姿勢なのです。そして、その対話はパレスチナ問題や東アジアの歴史問題にも視野を広げてくれる力を発揮してくれるでしょう。

しかし、何よりもいまだ日本の学校教育は、正しい答えを教員が「教育」するスタイルが残ります。問いを自由に立てて対話と体験を重視する「学び」への転換が急がれるでしょう。

◇ディスカッションポイント
・「なぜ、○○は□□を繰り返すのか」など平和教育に関する問いを、みなさんが自由に立てて周囲の人と比べてみてください。
・どうすれば人種や宗教、民族の違いを理由としたヘイトクライムは無くせるでしょうか。
・国内外の NGO や平和博物館などが取り入れている「五感」「対話」「問いを立てる」学習法などについて、みんなで調べて比べてみましょう。

♣参考文献

石岡史子・岡裕人『「ホロコーストの記憶」を歩く──過去をみつめ未来へ向かう旅ガイド』子どもの未来社、2016年。

落合由利子・室田元美・北川直実『若者から若者への手紙　1945←2015』ころから、2015年。

金敬黙編著『越境する平和学──アジアにおける共生と和解』法律文化社、2019年。

NPO法人ホロコースト教育資料センターウェブサイト（https://www.npokokoro.com：最終閲覧2021年10月11日現在）

THE LEADS ASIA ウェブサイト（https://the-leads-asia.news：最終閲覧2021年10月11日現在）

アメリカ国立ホロコースト記念博物館ウェブサイト（https://www.ushmm.org/ja：最終閲覧2021年10月11日現在）

（金　敬黙）

2 記　憶

　過去を振り返るとき、私たちはある出来事についての記憶を語ります。しかし、過去の同じ出来事が異なった記憶として語られることも珍しくありません。出来事のどの部分を記憶し、あるいは記録し、どの部分を記憶しないか、記録しないかによっても記憶は異なってくるからです。記憶は、客観的で中立的なものではなく、主観的で論争的なものであるといえるでしょう。私たちは記憶に接するときに、それがどのような立場や利害に基づいて語られているのかに留意する必要があるでしょう。

　また個人の内にある記憶は、その個人の死とともに消滅します。その個人には、戦争や暴力といった悲惨な出来事に対する被害者や犠牲者が含まれます。私たちは、このような記憶の消滅に対して、ある出来事に関わる記録や資料を残すことにより記憶の消滅に対抗しています。

　このようにして継承された記憶は、すでに個人的なものではありません。なぜならこのような記憶は個人が自己の中に持つ私秘的なものばかりではなく、社会によって共有されたものだからです。主観的で論争的なものである記憶が個人のレベルを超えて、社会の中で構築されるものとなったということは、特定の人々にとって価値のある／都合の良い記憶が語り継がれ、価値のない／不都合な記憶が消去されうることを示しています。

　2-G では、性的マイノリティをめぐる記憶について取り上げています。同性間の性行為を法により禁止し、また宗教においても禁忌としてきたキリスト教社会やイスラム教社会と比べて日本は、性的マイノリティに寛容であると言われることがあります。このようにして語られる記憶に対して、日本にも偏見や差別の歴史を持つこと、また現在でも性的マイノリティへの差別を法律で禁止しておらず、婚姻の平等も達成されていないと反論することもできます。日本は性的マイノリティに寛容であったという記憶に関して対立

が存在しているのです。このような対立を前にして、私たちは、日本は寛容だった／寛容ではなかったという記憶がどのような立場から語られているのかを精査する必要があります。

　また 2-G では寛容な態度の中に、好ましいと思えない性的マイノリティの言動を許容するという「上から目線」が含まれていないかが問いかけられています。そのうえで寛容は、寛容な人が設定する境界線を性的マイノリティが踏み越えたときには非難に転じる実践であることを明らかにしています。寛容について考えることを通じて、寛容と平等にはどのような違いがあるのか、また寛容な態度が性的マイノリティの生きやすさにつながるのかを考えてほしいと思います。

　2-P では、国連教育科学文化機関（ユネスコ）の「世界の記憶」を手がかりに、"声なき「記憶」"を巡る「平和する」ツーリズムについて考えます。ユネスコは、世界の平和文化を振興するため、「世界遺産」と「無形文化遺産」、そして「世界の記憶」という３つのプログラムを展開しています。このうち「世界の記憶」とは、貴重な記録文書や博物館コレクションの保管と公表の方法を整備するものです。このプログラムは、歴史的・文化的な記録物を政府などの当局に委ねるのではなく、ユネスコが中心となって記憶を綴った記録物を保存し、誰もが恒久的にアクセスできる国際的な保護システムを構築することを目指しています。2021 年 8 月の時点で 429 件の記録物が登録され、うち 7 件が日本にあります。ユネスコの「世界の記憶」は、貴重な歴史的出来事や文化を継承しようとするものだといえるでしょう。

　一方で私たちの記憶は、政府による官製の語りの影響を受けます。日本を含めた様々な国が一定のバイアスを持った記憶を形成しようとしています。それは、たとえば領土問題に関する教科書の記述にも反映されています。それぞれの国が特定のバイアスを持った記憶を持つことで固定観念が生まれ、相互不信、そして感情的な対立をもたらすこともあります。

　また私たちの周囲には、自らの記憶について沈黙している人もいます。その要因として暴力の存在を挙げることができます。沈黙の解消に向けては、暴力の正体について思考し、想像力を高めることが重要になります。暴力を取り除き、記憶の語りに寄り添い、世代を超えて受け継ぐ営為こそが「平和する」ツーリズムなのです。

（風間　孝）

2-G　性的マイノリティと寛容

❖ 性的マイノリティに寛容な日本？

　世界には同性間の性行為を死刑の理由とする国が約10か国あり、懲役刑とする国は約80か国あります。また同性愛を認めない、宗教上の教義を持つ国もあります。こうした国と比べて、日本は同性愛者に寛容だと言われることがあります。実際に国会議員の杉田水脈は、2018年に出版されたエッセイの中で「日本には、同性愛の人たちに対して、『非国民だ！』という風潮はありません。一方で、キリスト教社会やイスラム教社会では、同性愛が禁止されてきたので、白い目で見られてきました。時には迫害され、命に関わるようなこともありました。それに比べて、日本の社会では歴史を紐解いても、そのような迫害の歴史はありませんでした。むしろ、寛容な社会だったことが窺えます。（中略）欧米と日本とでは、そもそも社会構造が違うのです」と述べています。そのうえで自らについても、「もし自分の男友達がゲイだったり、女友達がレズビアンだったりしても、私自身は気にせず付き合えます」と記しています。

　キリスト教社会やイスラム教社会と比べて日本社会は同性愛者に寛容であるという主張は、過去に迫害はなかったという日本の伝統にまつわる記憶に基づいています。ここで記憶と述べたのは、過去の日本が同性間の性愛をつねに受容していたわけではないからです。実際に、同性愛は大正時代から「変態性欲」とみなされるようになりました。また、現在の日本は性的マイノリティに寛容であるという主張に対しては、実際に同性愛者を狙った殺害事件が発生していることや（風間・河口 2010）、性的マイノリティへの差別を法律で禁止しておらず、婚姻の平等も達成されていないという反論がありうるでしょう。

　この節では、そもそも寛容とは私たちが目指すべき善き振る舞いなのか、そして性的マイノリティにとって暮らしやすい社会とはどのような社会なのかについて考えます。

資料 2-1　同性に対する恋愛感情

(%)

	男性同士の恋愛感情			女性同士の恋愛感情		
	おかしくない	おかしい	無回答	おかしくない	おかしい	無回答
20～30代	84.1	14.5	2.7	85.5	13.2	1.3
40～50代	76.4	21.5	1.3	79.5	18.5	2.1
60～70代	49.6	44.5	3.7	52.3	41.9	5.8
全　体	67.2	29.3	3.5	69.8	26.7	3.4

出典：「性的マイノリティについての意識：2019年（第2回）全国調査」報告会資料。

❖ 日本社会における「受容」の動き

　近年の動きをみると、日本社会が性的マイノリティを受け入れる方向に進んでいるように感じる人も多いことでしょう。たとえば、同性パートナーを持つ従業員が福利厚生の対象となり、結婚祝い金や結婚・介護休暇を取得できる企業も増えています。また、人権尊重の項目に「性的指向」「性自認」を追加し、社内研修で性的マイノリティについて取り上げる企業もあります。また自治体では同性カップルに対してパートナー関係を認証するパートナーシップ制度を創設する自治体も、100を超えています（2021年5月現在）（→ **8**-G）。さらに教育の分野では、文部科学省によって小学校や中学校、高校に対して性同一性障害の児童・生徒への配慮が求める通知が2015年に発出されています（→ **1**-G）。

　性的マイノリティを受け入れる動きは、意識調査の結果にも現れています。たとえば、科学研究費補助金を用いて2019年に実施された「性的マイノリティについての意識全国調査」に同性に対する恋愛感情について尋ねた質問があります（資料2-1）。回答者全体では、「おかしくない」と答えた割合は男性同士の恋愛感情に対しては67.2%、女性同士の恋愛感情に対しては69.8%であり、約7割が「おかしくない」と答えています。一方で年代別に見ると、60～70代では「おかしくない」と答えた人は約5割にとどまり、20～30代では8割以上の人が「おかしくない」と回答していました。

　同性同士の結婚を法律で認めることについても、同様の傾向がみられます（資料2-2）。60～70代では賛成は約5割（47.2%）にとどまりましたが、20～30代では8割以上（81.0%）が賛成し、全体でも約3分の2（64.8%）が同性同

資料 2-2　同性同士の結婚を法律で認めること
(%)

	賛　成	反　対	無回答
20〜30代	81.0	17.7	1.3
40〜50代	74.0	22.9	3.1
60〜70代	47.2	43.4	9.4
全　体	64.8	30.0	5.2

出典：前掲の資料と同じ。

士の結婚を法律で認めることについて賛成しています。

　以上の結果から、全体の回答でも同性間の恋愛感情や同性婚を受容する傾向が見られ、その傾向は若い世代ほど顕著です。このような意識の変化は、性的マイノリティへの日本社会における変化の一側面を表しているといえるでしょう。

❖ 同性間の性行為への抵抗感

　その一方で、性的マイノリティに関して抵抗感が示される質問項目もあります。それは同性間の性行為に対する質問です（資料 2-3）。同性同士の性行為に対する感情を尋ねたところ、「気持ち悪くない」と答えた全体の回答者の割合は、男性同士の性行為では3割5分（34.7％）、女性同士の性行為では約5割（48.7％）でした。同性間の恋愛感情に対して「おかしくない」と答えた割合が7割弱であったことと比較すると、同性間の恋愛感情に抵抗はないが、同性間の性行為には抵抗のある人が一定の割合で存在することがわかります。

　年代別に見ても、20〜30代で男性同士の性行為を「気持ち悪くない」と答えたのは約5割（53.5％）、女性同士で約7割（67.4％）でした。20〜30代の約8割5分が同性同士の恋愛感情は「おかしくない」と答えたことと比べると、若い世代でも同性同士の恋愛感情と性行為の間にとらえ方の差がみられます。

　つぎに、同性婚に賛成している人が男性同士の性行為についてどのような認識を持っているかをみてみると（資料 2-4）、同性婚に賛成した人の約5割（51.9％）が、男性同士の性行為を「気持ち悪い」と回答していることがわかります。

　この結果から、同性同士の恋愛感情や同性婚に賛成することと同性同士の性行為を受容することは、別の事柄として認識されているといえます。

❖ 寛容の定義

　同性同士の結婚に対しては肯定的であるが、同性間の性行為については否定

資料2-3　同性同士の性行為

(%)

	男性同士の性行為			女性同士の性行為		
	気持ち悪くない	気持ち悪い	無回答	気持ち悪くない	気持ち悪い	無回答
20～30代	53.5	45.4	3.0	67.4	31.3	1.3
40～50代	36.7	60.3	4.4	40.6	41.2	4.4
60～70代	22.3	71.0	6.8	17.1	61.4	7.3
全　体	34.7	61.2	4.1	48.7	47.2	5.1

出典：前掲資料と同じ。

資料2-4　同性婚×男性同士の性行為

(%)

		男性同士の性行為	
		気持ち悪くない	気持ち悪い
同性同士の結婚を法律で認めること	賛成	48.1	51.9
	反対	11.5	88.5

出典：前掲資料と同じ。

的に捉える人が多いことを見てきましたが、こうした状況は性的マイノリティに寛容であるといえるでしょうか。

　そもそも寛容とはどのような概念なのでしょうか。寛容とはキリスト教の宗派対立の中で生まれた概念であることから、英語圏において寛容とはどのような概念であるのかを、『オックスフォード英語辞典』(Oxford English Dictionary 第2版、1989年) で確認してみましょう。『オックスフォード英語辞典』の寛容 (tolerance) には、(1)困難に耐え行動すること、痛みや困難に耐える能力を示すこと、(2)許す行為、権威によって許された許諾や許可、(3)他者の意見や行動に耐え、大目に見る性質、との説明があります。ここからは、寛容が、受け入れられない他者の意見や行動に「耐える能力」であることが示されています。つぎに『広辞苑』(第7版、2018年) の寛容の項目をみると、日本でも寛容が同様の意味で用いられていることがわかります。すなわち『広辞苑』には、(1)寛大で、よく人をゆるし受け入れること、咎めだてしないこと、(2)他人の罪過をきびしく責めないというキリスト教の重要な徳、(3)異端的な少数意見発表の自由を認め、そうした人の意見を差別待遇しないこと、と記されています。ここで注目したいのが、寛容とは少数者の意見発表の自由を認め、差別しない態度で

ある一方で、その意見が「異端」視されていることです。この２つの辞書の説明を踏まえるならば、寛容とは、嫌われていたり、自分にとって認められない異端的な少数意見や行動を許容し耐える能力を指しているといえるでしょう。つまり、寛容な態度が向けられる意見や行動は「認められない」「受け入れられない」ものとされているのです。

　異端的な少数意見や行動を受け入れるのが寛容だとしても、寛容な人があらゆる意見や行動を受容することは不可能でしょう。そこから、寛容にはここまでは受容するが、ここからは拒絶するという境界線が存在することがわかります。寛容とは寛容な人が引いた境界線の内側にある意見や行動であれば受容するが、境界線を越え出た意見や行動に対しては非難し攻撃する実践なのです。そして、受容／非受容の境界線を引くのは、寛容を与える側です。寛容を与える人とは、どこまでなら受け入れるかを決定する人のことであり、寛容を与えられる人はその決定に基づいて受け入れられたり排除される人であるといえます。寛容を与える人と寛容を与えられる人の関係は、対等ではないことがわかるでしょう。以上を踏まえれば、性的マイノリティに対して寛容な人とは、性的マイノリティの意見や行動を受け入れておらず、自分にとって好ましいとは思えない性的マイノリティの考えや行動を許容できる能力を持っている人のことであり、許容の限度を超えた場合には性的マイノリティの考えや行動を非難する力を持っている人であるといえるでしょう。

❖ 杉田発言にみられる寛容の限界

　冒頭に紹介した国会議員の杉田水脈は、同じエッセイの中で、「LGBTのカップルのために税金を使うことに賛同が得られるものでしょうか。彼ら彼女らは子供を作らない、つまり『生産性』がないのです。そこに税金を投入することが果たしていいのかどうか」と記しています。この発言に対しては、人の価値を「生産性」で測っているとして性的マイノリティにとどまらない、多くの人が批判をしました。しかし、その一方で杉田は、日本では欧米のように宗教や法律によって迫害された歴史がない、ゆえに日本は性的マイノリティに寛容であり、友達がゲイやレズビアンでも「気にせず付き合える」とも述べています。LGBTを「生産性がない」と否定することと、日本は性的マイノリティに寛容でありゲイやレズビアンが友達でも付き合えると述べることの間には矛

盾があると感じる人もいることでしょう。

　しかし、この矛盾を可能にしているのが寛容な態度なのです。杉田は、友達がゲイやレズビアンでも「気にせず付き合える」と述べていることからもわかるように、自らを寛容な人だと考えていると思います。ここで寛容な態度が受容／非受容の境界線を持つことを思い出しましょう。もし杉田が寛容な態度をとっているなら、杉田の中にも性的マイノリティへの受容／非受容の境界線があるはずです。

　杉田にとっての境界線は、「LGBT のカップルのために税金を使うことに賛同が得られるものでしょうか」と述べていることからもわかるように、「税金の投入を求める／求めない」に引かれています。性的マイノリティが税金の投入を求めない、言い換えれば権利を求めないなら寛容な態度で接するが、税金の投入を求める、すなわち権利を求めるなら攻撃する、というのが杉田における性的マイノリティへの寛容の境界線だといえるでしょう。

❖ 性的マイノリティから性的マイノリティに向けられる批判

　ゲイ・スタディーズのパイオニアの１人、オーストラリアの政治学者であるデニス・アルトマンは、『ゲイ・アイデンティティ——抑圧と解放』という著書の中で、同性愛者への抑圧の形態には「迫害」「差別」「寛容」という３つ形があると述べています。そのうえでアルトマンは、「寛容」について、相手と自分の違い（差異）を対等な立場から尊重するのではなく、優位な立場から「認めてあげる」ことだと語ります。その例として「あなたが同性愛者なんて、なんとお気の毒な。でも私はあなたのことが好きですよ」という発言を挙げ、こうしたあわれみは「受容」ではなく、寛容であり、言われた側のプライドを傷つけるものだと述べます（アルトマン 2010）。寛容というのは、「気の毒な」性的マイノリティを助けてあげようという「上からの眼差し」だといえるでしょう。そして「上からの眼差し」は、「わたし」と「性的マイノリティ」の間に上下関係を作り出すことになります。

　寛容は「優位な立場」の人間から「劣位な立場」の人間に対して与えられるものなら、寛容が前提となっている空間では、「劣位な立場」に置かれた人間は、非難されないために「優位な立場」の人間が設定した境界線を踏み越えないように注意深く振る舞う必要があります。こうした思考は、「優位な立場」の人

間に寛容に扱ってもらうためには「多数派に物を言ってはいけない」という考えを生み出します。

　こうした思考は、一部の性的マイノリティの中に深く内面化されています。毎年、全国各地で性的マイノリティの権利を擁護するパレード等のイベントが行われていますが、開催されるたびに必ずと言ってよいほど性的マイノリティ自身から、これらの動きに対して「パレードなどで世間の注目がLGBTに集まったら、生活しにくくなる。そっとしておいてほしい」という批判の声が上がります。

　性的マイノリティ自身が多数派に権利を求めない限りは、寛容の対象として扱われるという考え方を内面化していることが、こうした批判の背景にあります。しかし、権利を主張する性的マイノリティを、性的マイノリティ自身が批判する現実は、境界線の内側にいるときにのみ寛容な態度を与える性的マジョリティによって作り出されているといえるでしょう。

❖ 課題と展望

　寛容が性的マイノリティにとっての抑圧だとしたら、性的マイノリティにとって生きやすい社会とはどのような社会でしょうか。

　性的マイノリティにとって生きやすい社会とは、誰を好きになるか・どのような性別で生きるかを、誰かに認めてもらう社会ではなく、それは人権であり、誰にとっても尊重されることが同意されている社会だといえるでしょう。別の言い方をすれば、性的マイノリティにとって生きやすい社会とは、性的マイノリティの生き方を性的マジョリティが「上から」認める、すなわち寛容な社会ではなく、それぞれが対等な関係の中で、どのように性に関わって生きていくかを自分自身で決定できる社会であり、1人1人が生き方の決定権を持ち、それを認め合う社会であるといえるでしょう。

◎ディスカッションポイント
・本節での寛容の概念をふまえて、みなさんの周囲にみられる性的マイノリティに対して寛容な態度の例を挙げてみましょう。
・性的マイノリティに対する寛容な態度と正反対の態度とはどのような態度でしょうか。

✦**参考文献**
　アルトマン、デニス（岡島克樹・河口和也・風間孝訳）『ゲイ・アイデンティティ
　　　──抑圧と解放』岩波書店、2010年。
　風間孝・河口和也『同性愛と異性愛』岩波新書、2010年。
　杉田水脈「LGBT支援の度が過ぎる」『新潮45』2018年8月号。

　　　　　　　　　　　　　　　　　　　　　　　　　　　　　　（風間　孝）

Peace

2-P　「平和する」ツーリズム

❖ 暴力によって沈黙する「記憶」

　あなたは、2011年3月11日午後2時46分に発生した東日本大震災やそれに伴う津波、火災、そして原発事故の第一報に触れたとき、どこで何をしていましたか。「部活が始まり、ちょうどボールを拾い上げたところだった」「下校途中で、友達に手を振ってた」など、多くの人が「あのとき」の光景や音、においを足元が揺らぐ感覚とともに覚えているのではないでしょうか。

　人類は、歴史的イベントに遭遇した興奮や、記念すべき人生の節目で味わった感動、目標を達成した喜び、はたまた過ちを経験した悔しさ、そして哀しみを、フル回転させた五感とともに記憶してきました。

　しかし一方では、そもそも記憶に残っていないことや忘れてしまいたい「黒歴史」もそれなりにありますよね。より正確にいえば、忘れることが生きていくために必要だったりもします。精神分析の創始者ジークムント・フロイトは、理不尽な暴力に遭遇した人が、それを語る言葉を失う傾向にあることを指摘しました。無意識のうちにその経験を心の奥底に封印し、最終的には忘れることで平常を保ちうる心的メカニズムを解明し、彼はそれを「抑圧（repression/verdrängung）」と称しました。

　自然災害も含め暴力は、変幻自在に形を変えて人々に襲い掛かります。そして、それを前にしたとき、被害を受けた人の多くは語る言葉を手放し、「なかったこと」にします。つまり、外部から強制されずとも自ら抑圧されることを選ぶのです。ただし、その"自発的な"沈黙もしくは忘却が、変幻自在の暴

力なるものを前提とすること（→⓾-P）を、私たちは見過ごしてはなりません。

　暴力を前に沈黙してしまった「記憶」を共有し未来の世界へと伝えるために、私たちはなにができるのでしょうか。本節では、国連教育科学文化機関（UNESCO：ユネスコ）の「世界の記憶」を手がかりとして、"声なき「記憶」"を巡る「平和する」ツーリズムについて考えます。

❖ 「世界の記憶」の挑戦

　1945年、第2次世界大戦に勝利した連合国は、世界大戦を二度と繰り返してはならないとの決意のもと、国連を創設しました。ユネスコはその専門機関の1つで、科学や文化の振興に関する国際的協力と交流を通じて「平和する」人材の育成を所管します。ゆえに、ユネスコ憲章の前文は、「戦争は人の心の中で生まれるものであるから、人の心の中にこそ平和のとりでを築かなければならない」と謳います（→❹-P、❻-P）。この崇高な理念は、多くの読者がユネスコに対して抱くイメージにマッチするものでしょう。

　しかしそれとは裏腹に、同機関は国家間の厳しい現実政治のアリーナであり続けてきました。アメリカは、ユネスコが「過度に政治化している」との理由から、1984年から2003年までの20年もの長きにわたり脱退します。さらにドナルド・トランプ政権は、2018年末をもって財政負担の義務を負わないオブザーバー参加へと活動を縮小すると一方的に宣言しました。その実、同機関がパレスチナの正式加盟を認めるなど、アメリカの中東政策に逆行する動きに対して反発してみせたのです（→❼-P、⓫-P、⓮-P）。自国の国益に適わぬなら財政的圧力となる脱退も辞さないといったアメリカの判断こそが、ユネスコの政治化を象徴しています。

　加盟国間で繰り広げられる政治的ダイナミクスに抗しながら、ユネスコは多様な世界の平和文化を振興するため、相互に補完し合う3つの重点プログラムを展開してきました。それらは、顕著な普遍的価値のある建造物、史跡や自然環境を保全する「世界遺産（the World Heritage）」と、文字をもたない伝承や口承の文化保護、継承を支援する「無形文化遺産（the Intangible Heritage）」、そして貴重な記録文書や博物館コレクションの保管と公表の方法を整備する「世界の記憶（Memory of the World）」です。

　そのうち最も有名なのが世界遺産です。2022年3月時点で167か国にある計

1154件が登録されています。その一部には世間で「負の遺産」と称されるものがあり、広島の「原爆ドーム」や「長崎と天草地方の潜伏キリシタン関連遺産」のように、暴力を伴う人類の過ちによってもたらされた苦しみや哀しみの「記憶」を教訓的に表す遺構を指します。それらは同時に、厳しい状況下にあっても希望や信念を貫き未来を切り拓いてきた人類の「記憶」でもあります。

　これに対して世界の記憶は、世界遺産とは対照的に知名度は低いものの、「記憶」の継承にかけてはそれと同等、むしろそれ以上に挑戦的なユネスコ事業です。従来、いずれの国・地域においても歴史的ないし文化的な記録物は、政府など当局のイニシアティブの下で整理・管理されてきました。たとえば、「昭和時代の暮らしぶり」が国民共通の歴史としてステレオタイプを形成するように、アーカイブ・コレクションを国家統合のベクトルに委ねたままでは、社会のさまざまな立場の「記憶」は消滅していく一方です。

　そんなユネスコの危機感に基づく本プログラムは、「記憶」を綴った記録物（手書き原稿、書籍、新聞、ポスター、図画、地図、音楽、フィルム、写真等）を最適な手法で保存し、誰もが恒久的にアクセスできる国際的保護システムを構築することを目指します。1997年に始まった登録審査は２年に１回のペースで行われ、国際諮問委員会の勧告に基づきユネスコ事務局長が決定してきました。また申請資格は当初、国家政府に限らず地方自治体やNGOなどの各種共同体、ひいては個人にも広く認められました。この点こそが、「記憶」の継承において世界遺産を凌ぐと評価されたのですが、2023年からの新制度では、世界遺産と同様に、申請者は国家政府に限定されます。

　2022年３月時点で計429件の記録物が登録されており、このうち７件が日本所在のものです。ただし、17〜19世紀に朝鮮から日本をたびたび訪問した外交使節団に関する「朝鮮通信使に関する記録」は、333点の資料のうち209点が日本にあり、残りは韓国で保存されています。よって、日本と韓国の民間団体（日本側はNPO法人朝鮮通信使縁地連絡協議会、韓国側が財団法人釜山文化財団）により共同申請されました。世界の記憶は、国家の記憶によって上書きされてきた分厚い文化交流・産業振興の「記憶」のありかを私たちに示してくれます。

　登録審査は2017年から21年までの中断を挟んで、上述の通り23年には新しい制度が運用されます。2015年に登録された「南京大虐殺の記録」をめぐって日本政府は、「一部の資料が歴史学的に検証されていない内容を含んでおり」「政

資料2-5　日本に関連する「世界の記憶」リスト

2011年	山本作兵衛炭坑記録画・記録文書
2013年	御堂関白記／慶長遣欧使節関係資料
2015年	舞鶴への生還：1945〜56シベリア抑留等日本人の本国への引き揚げの記録／東寺百合文書
2017年	上野三碑／朝鮮通信使に関する記録

出典：http://www.unesco.org/new/en/communication-and-information/memory-of-the-world/register/access-by-region-and-country/jp/

治利用される懸念がある」と指摘しました。この記録物が中国の７つの団体（中国中央档案館、中国第二歴史档案館、遼寧省档案館、吉林省档案館、上海市档案局、南京市档案局、侵華日軍南京大屠殺遭難同胞紀念館）により共同申請されたものだったため、日本政府は、一方的な国家の記憶が世界の記憶として承認される問題をめぐり、関係国政府間で解決を目指す交渉チャネルがないことに不満を募らせました。それゆえ登録プロセスに透明性と中立性に関わる重大な瑕疵があるとして、制度改革を要求したのです。

ユネスコ執行委員会（ユネスコ総会にて選出された58か国で構成）は日本側の問題提起を受けると、日本や中国、韓国を含む32か国・地域からなる作業部会を設置し、手続改正に向けた一定の結論が出るまでは登録を凍結すると決定しました。日本政府は、他の加盟国にも協力を求めたり、ユネスコ分担金の支払いを延期するなどして、作業部会での審議をリードすべく多方面に働きかけました。そして2021年４月、同委員会は作業部会がとりまとめた改正案を全会一致で承認します。

関係国間で特定の事象に対する見解にズレがある場合、新制度では、申請前に各政府の責任において調整を図ることが規定されました。その反面では、申請資格が国家政府の専売特許と化したために、「記憶」に対する国家統合的なベクトルが強化されたことは否めません。

❖ 国民的教養というカベ

実のところ、読者のみなさんも、政府のイニシアティブによって国民的な共通認識や一般的常識が形成される経験を持っており、無意識のうちに官製の語りを自らの「記憶」だと思い込んでいたりもします。政府にとって国民を育てることは国益そのものであり、国家の永続的な一体性を維持するうえで不可欠な責務です。公用語（国語）で記された教科書は、政府（日本では文部科学省）が検定制度などを通じて実質的に規定しており、教科書は純粋な客観的事実を

記載するだけでなく、政府が国民的教養として不可欠だとする自国のあるべき姿を示すという意義をもちます。特に義務教育は、「想像の共同体」たる国民としてふさわしい教養を統制的に修得させるインキュベーター（孵卵器）なのです。

くわえて、時の政権の主義主張が教科書内容に反映されることも指摘できます。日本政府は、尖閣諸島に関して「解決しなければならない領有権の問題はそもそも存在しない」との立場を一貫してとります。しかし、領土教育の充実を掲げる安倍晋三政権の下では、2016年度から中学校で使用される社会科教科書の歴史・地理・公民の全分野で、北方領土、竹島、尖閣諸島に関する記述が必須となりました。また2020年度以降、小学校の教育課程でも「領土の範囲」を指導するよう、明確な基準が示されました。

日本で領土教育が強化されたのに呼応して、中国でも、2019年から使用される高校の歴史教科書の記述が、尖閣諸島（中国語では釣魚島）の領有開始をより遡った時期へと書き改められています。どの国においても、特定のバイアスを持つ情報ばかりに触れるうちに、おのずと同一の方向性を持った社会思潮が形成されます。国民は漠然と、しかし当たり前のこととして、そこが自国の固有の領土だという固定観念を抱き、そして相互不信から感情的な対立へと陥ってしまうことは、想像に難くありません（→ **3**-P、**6**-P、**7**-P、**12**-P、**13**-P）。

さらに逆説的な視点からみると、日中の国民間で領土概念、公定の歴史認識が異なっていることは皮膚感覚としてよく認知されており、安全保障をめぐる現実的な危機感ともさほど大きな乖離はないようです。むしろ、日米の国民間に横たわる歴史認識の相違は看過されがちです。2015年4月に訪米した安倍首相は、バラク・オバマ大統領との首脳会談、そして日本の首相として初となるアメリカ議会上下両院合同会議での演説という歴史的イベントに先立ち、アーリントン国立墓地を訪問し「無名戦士の墓」に献花しました。この墓地は、南北戦争以来、テロ犠牲者を含む殉国した人々を埋葬・慰霊する施設です。特に無名戦士の墓への参拝は、第2次世界大戦の戦没者への哀悼の意を表す行為と広く認識されています。

この時の安倍首相に限らず、新政権発足後に初めて公式訪米する日本の歴代首相が、首脳会談より前に同地に参拝することは、いまや慣例となっています。この背景には、日本の首相が過去のあやまちから目をそらさず反省を行動で示

してからでなければ、アメリカ大統領は面会すべきでないという根強い同国世論への配慮があります。いうなれば、アメリカでは第2次世界大戦勝利を完全なる正義とする国民的教養が確立されているのです。日本の首相にとって無名戦士の墓は、苦しみや哀しみの「記憶」と向き合うための「負の遺産」であり、そこへの参拝は、暴力を伴う過ちの歴史に対する反省を可視化するものです。

しかし、日本の首相が中国や韓国の政治指導者と会談する前にこうした「儀礼」はなく、むしろアメリカの国民的教養の方が、日本に対して厳しい歴史認識にあると確認できます。その反面で、それは未来の友好発展の礎を築く現場でもあります。まさに正負両面の価値を汲み取れるか否かは、そうした行為の当事者自身の意識や姿勢にかかっています（→**10**-P）。

❖ 「平和する」ツーリズムの可能性

暴力によって沈黙を余儀なくされた苦しみや哀しみの「記憶」の現場への訪問は、しばしばダークツーリズムと称されます。ただし、この概念や呼称に関しても、議論の余地があります。いわゆるダークツーリズムと呼ばれる現場の多くでは、いまもむかしも変わることなく人々が日々の苦楽を重ねています。たとえば長崎は、南蛮貿易の影響をいまに伝える新地中華街があり、世界新三大夜景の1つでもあり、歌手のさだまさしさんや福山雅治さんが育ったまちでもあります。外部者の恣意的な価値づけや官製の国民的教養では、戦争被ばく地というダークツーリズムの現場が強く抽象されますが、それにより生活者が抱く喜びや楽しみ、強靭さや希望といった「記憶」を捨象しかねません。

もちろん、国民的教養を注意深く修得して長崎を訪れることは、核兵器の非人道性とその保有・使用がいかに不毛な結末をもたらすかというナガサキのメッセージを受け止めるためにも、重要かつ不可欠な意識・姿勢です。それとともに、戦争被ばく地として、またそれとは異なる歴史的・文化的文脈の中でナガサキが培った"声なき「記憶」"を汲み取ることでこそ、そこに生きる人びとの豊かな生命力に触れることができるのです。その行為はダークツーリズムでなく、「平和する」ツーリズムと称されるべきでしょう。

また、必ずしも現場を訪問しなくとも、ナガサキの「記憶」に触れうることも強調したいと思います。長崎医科大学の医師だった永井隆は、被ばくによる重傷を負いながら救護活動に身を捧げると同時に、戦争という究極的暴力の愚

かさについて、沈黙と紙一重の中で訴えました。永井が被ばく後に綴り遺した
文学作品としては、『長崎の鐘』や『この子を残して』といったものが有名です。
そしてその多くは、著作権が消滅した文学作品を収集しインターネットで無料
公開する「青空文庫」(https://www.aozora.gr.jp/) などのサイトで見つけること
ができます。

　永井の作品に限らず、“声なき「記憶」”に触れる「平和する」ツーリズムを
通じて私たちは、和解やゆるしへの糸口を見出しうるでしょう。さらに、まわ
りの人たちとの対話を通じて、和解やゆるしを実践できるかもしれません。

❖ 課題と展望

　一見すると平穏な私たちの生活空間の中でも、周りに目を凝らし、耳を澄ま
せば、自らの「記憶」について沈黙する人々が多く存在することに気が付くで
しょう。その要因となる暴力の正体を捉え、その解消に向けて想像力を高める
あなたの意識や姿勢が重要です(→ **1**-G、**1**-P、**9**-P、**10**-G、**10**-P、**11**-P、**14**-
P)。「記憶」の語りに寄り添い、そこで得られる教訓を同時代の人々と共有し、
そして世代を越えて受け継ぐことで、希望や友好の礎はより大きく発展します。
それら多元的な営為こそが、「平和する」ツーリズムなのです。

◇ディスカッションポイント

・“声なき「記憶」”に寄り添う「平和する」ツーリズムの事例を挙げなさい。
・「平和する」ツーリズムといわゆる「ダークツーリズム」では、意識や姿勢
　が大きく異なります。どのような違いがあるか、あなたの考えを述べなさい。

♣参考文献
　井口貢『反・観光学――柳田国男から、「しごころ」を養う文化観光政策へ』ナカニ
　　　シヤ出版、2018年。
　四條知恵『浦上の原爆の語り――永井隆からローマ教皇へ』未來社、2015年。
　イェール大学図書館「南京虐殺アーカイブ・プロジェクト」ウェブサイト (https://
　　　web.library.yale.edu/divinity/nanking/documents：最終閲覧2021年10月28日現在)
　　　　　　　　　　　　　　　　　　　　　　　　　　　　　　　(加治宏基)

3 安 全

　ジェンダー論と平和学の共通点は、どちらも「安全」という観点を重視することにあります。どちらの学問の根底にも、自分や身近な人たちの安全を守りたいという思いと、身近な社会や世界をより安全な場所にするにはどうしたらいいだろうかという根本的問いがあります。

　「安全」をインターネットで検索すると、安全対策、安全な暮らし、安全安心な社会、海外安全情報といった表現が出てきます。これらのウェブサイトを見ると、国や自治体が、多くの資源を安全のために投入しているのがわかります。最近ではまた、位置情報通知機能と警報アラームが付いた子ども携帯や、民間警備会社の高齢者見守りサービスなど、安全や安心を売りにする製品やサービスが多く販売されています。

　しかし、それは裏を返すと、私たちが生きる社会が、常に安全を脅かされている社会でもあるということです。近代社会の特徴を、ドイツの社会学者ウルリヒ・ベックは、「リスク社会」と名付けました。ベックによれば、今日の私たちの安全を脅かすリスクとは、自然災害や犯罪だけではありません。近代社会のリスクには、放射性廃棄物や地球温暖化から生じる危険性のように人類全体に対するリスクがあります。さらに、そうした近代社会のリスクの多くは、放射線や食品に含まれる有害物質のように通常は知覚できず、化学的・生物学的な記号の形でしか認識できません（ウルリヒ・ベック〔東廉・伊藤美登里訳〕『危険社会――新しい近代への道』法政大学出版局、1998年）。

　近代社会のリスクは、富や権力を持っているかどうかに関係なく、人々の安全を脅かします。他方で、目に見えない多くのリスクが、それを回避できる人とできない人の間、あるいは、回避できる国とできない国との間で、新たな格差を作り出しています。たとえば、地球温暖化による水位上昇や砂漠化の被害を最も受けているのは、自然から生活資源を得ている農民や漁民や

遊牧民です。セクシュアル・ハラスメント（セクハラ）に遭うリスクも、正規雇用されて管理職にある男性より、会社で低い立場に置かれている事務職の非正規雇用の女性の方が高いでしょう。

　リスクには、知覚できず、記号の形でしか認識できないものがあります。こうしたリスクは、知覚できないため、その大きさを厳密に測ることは時に難しく、測定者の分析方法や認識の違いによってリスク評価に差が生じることがあります。身近な例として、福島第１原子力発電所の事故の後、飛散した放射性物質の危険度をめぐり、日本全体で大きな議論が巻き起こったのを覚えているのではないでしょうか。同じように、セクハラについても、セクハラとは何かという共通の定義が浸透していない社会では、セクハラかどうかをめぐって意見が割れることがあります。他国から自国が攻撃されるというリスクについても同様です。こうしたリスクは、専門家や政府機関が客観的情報に基づいて厳密に評価し、対策を取っているように思われるかもしれません。しかし、そうした脅威にも受け取る側の主観が影響し、脅威が誇張されたり、捏造されたりする場合もあります。

　3-G では、私たちの日常にある心身を脅かす身近なリスクとして、セクハラを取り上げます。特に、セクハラが性をもとにした重大な人権侵害であり、性役割分担・労働分野の構造と深く関わるジェンダー問題だということを強調します。セクハラとは、相手の意に反する不快な性的「言」「動」であり、必ずパワー・ハラスメント要素が含まれます。日本では、1980年代後半からセクハラが社会的に認知されるようになり、セクハラ被害の実態が明らかにされるとともに、それを防止するための法律が整備されてきました。しかし、日本ではいまだにセクハラを禁止する法律はありません。また、性別役割分業意識というセクハラの背景にも十分向き合えていないという課題もあります。そうした社会では結果的に、人々がセクハラに遭うリスクも高くならざるをえないといえます。

　3-P では、安全保障上の脅威は、たとえその源泉が同じでも、時と場によって強度が違って認識される点に注目します。たとえば、北朝鮮のミサイルが日本にとって脅威に相当するかどうかは、それを感じる側の心理状態に左右されるため、そこに「思いすごし」が混じる可能性があります。思いすごしの解消に、学術研究の進展が役立つかもしれません。しかし、学者が、

常に科学的に正確な情報を発表しているとも限りません。国家安全保障にも同じことがいえます。政府や軍需企業は、兵器売買を増やすため、国民に対して説得を行います。しかしそれが結果的に、安全保障上のリスクに関する予言を現実にしてしまうことがあります。なぜなら、自国が軍備を強化すれば、脅威とされた側もそれを脅威と感じて対抗的措置をとるからです。思いすごしや歪曲に基づいていても、脅威の認識が真に強大な脅威やリスクの出現を招きかねないのです。 (今野泰三)

Gender

3-G　セクハラ

❖ 「セクシャル・ハラスメント」が新語・流行語大賞を受賞？

　セクシュアル・ハラスメントはずいぶん長い間、職場で起こる当たり前のことでした。この言葉がなかった時代、被害者たちは自分の状況を語ることも問題性を告発することもできませんでした。

　日本の女性たちがこの言葉を知ったのは、アメリカの労働組合が出した『Stopping Sexual Harassment』というハンドブックを民間女性グループ「働くことと性差別を考える三多摩の会」が1988年に翻訳したことに始まります。翌1989年、出版社に勤めていた被害女性が加害行為をした編集長と適切な対応をしなかった会社を相手取り、日本初のセクシュアル・ハラスメントが提訴され、福岡で裁判が始まりました。この裁判をきっかけに「セクシュアル・ハラスメント」という言葉が日本社会に広まり、1989年の新語・流行語大賞はなんと「セクシャル・ハラスメント」が選ばれました。

　セクシュアル・ハラスメントは、実は、職場のみならず、大学内でも、就職活動中にも起きています。このセクシュアル・ハラスメントは、私たちが学ぶジェンダー問題とどのような関わりがあるのでしょうか。

❖ セクシュアル・ハラスメントとはどういう行為？

　セクハラとは、相手の意に反する不快な性的「言」「動」であり、言葉でのからかいから刑法の強制性交等罪・強制わいせつ罪にあたるものまで含まれます。

安　全

資料3-1　セクシュアル・ハラスメントの具体的内容

①不必要な身体への接触
②酒席等でのお酌やデュエットの強要・座席指定
③執拗な食事の誘い・交際の求め
④性的関係の求め
⑤性的な質問
⑥ヌード写真・雑誌等や水着のPC壁紙
⑦容姿・年齢・身体的特徴の話題
⑧子どもの有無など私生活の質問
⑨男のくせに、女には任せられないという発言
⑩人格を認めないニュアンスでの男の子・女の子・おじさん・おばさんという呼び方
⑪セクハラに対する抗議をしたことにより生じた業務上の不利益

出典：独立行政法人労働政策研究・研修機構『妊娠等を理由とする不利益取扱い及びセクシュアルハラスメントに関する実態調査結果（概要）』2016年、14頁図表12「セクシュアル・ハラスメントの態様（個人調査）」を基に筆者加筆修正。

　厚生労働省資料によれば、「性的発言」とは、性的な事実関係を尋ねること・性的な内容の情報（噂）を流布すること・性的な冗談やからかい・食事やデートへの執拗な誘い・個人的な性的体験談を話す等であり、「性的行動」とは、性的関係の強要・不必要な身体への接触・わいせつ図画の配布や掲示・強制わいせつ行為・強姦等です。

　セクハラには、大きく分けると「対価型」と「環境型」の2種類があります。「対価型」とは、労働者が性的な言動に対して拒否・抵抗した場合、その労働者が解雇・降格・減給・労働契約更新拒否・昇進昇格対象からの除外、客観的に見て不利益な配置転換を受けることを指し、「環境型」とは、労働者の意に反する性的な言動により労働者の就業環境が悪化し能力の発揮に重大な悪影響が生じるものを指します。

　国家公務員の人事管理を行う人事院の資料では、セクハラを性的関心や欲求に基づくもののほか、性別による役割強制や性自認や性的指向に関する言動をも含むとしています。

　セクハラ加害者と被害者の間には権力関係が潜んでいることに注意が必要です。実は、男性もセクハラ行為を受けることがあります。性的なプライバシーを尋ねられたり、風俗店に無理やり連れて行かれたり、飲み会で服を脱がされ

裸踊りを強要されたりしています。これは性的な辱めを与えることで力関係を誇示しようとするものです。

❖ セクシュアル・ハラスメント被害の現状

　独立行政法人労働政策研究・研修機構の調査によれば、労働者の３割が被害を受けています。その６割以上が被害に対して「がまんした、特に何もしなかった」と回答しました。民放労連や新聞労連から成る日本マスコミ文化労組会議の発表では、回答女性の８割、回答男性の２割弱が被害を受けていました。相談・通報した人は３割程度で、相談しても「あなたに非があるのでは？」と責められたり、話をしっかり聞いてもらえなかったりといった不適切な対応、いわゆる二次被害を受けたといいます。

　連合調査は、就活生の１割がセクハラを受けたことを明らかにしています。大学でのセクハラも深刻です。教職員が学生に対して、そして学生同士でも起きています。全国キャンパス・セクシュアル・ハラスメント全国ネットワークの調べによれば、2006年から2017年までで、セクハラで大学教職員が懲戒処分となったものは245件です。これは実際起きている数の氷山の一角です。

　被害を受けた人はどのような状況にあるのでしょうか。何も言わずどこにも相談しない被害者もいますが、その事実を明らかにしようとする被害者もいます。しかし、被害を公にしたことで、「思い込むタイプだ」「敏感過ぎる」等のバッシングやセクハラの過小評価を加害者や世間一般から受け、二次被害に遭うこともあります。不眠、拒食、動悸、耳鳴り、過呼吸等の身体的影響の他、自尊感情の破壊、PTSD、鬱、パニック、麻痺、乖離、そして自殺に追い込まれた人もいます。加害者にとっては一度きりのこと、もしくは加害者側から見たら些細なことの連続であっても、被害者にとっては長期にわたる医療が必要となるほどのダメージなのです。

　セクハラの行政救済として都道府県労働局には紛争解決援助制度がありますが、解決金額は50万円以下で申請者（被害者）の８割は、訴えたことにより会社との関係がこじれ、結果として退職しています。労働局への、いじめや嫌がらせに関する申請者の３分の１はそもそもすでに精神的不調や疾患を抱えているともいわれています。かりに司法救済である裁判に訴え、身体の不調を抱えながら２～３年かけて弁護士費用を賄っても、賠償額100万円から300万円で終

わってしまいます（角田由紀子『NWEC実践研究2019』、2019年）。つまり、被害者によっては、職場を失い、バッシングされ、短い期間しか働けなかったためキャリアも築けず、長期間苦しみ長きにわたって医療費を支払い、収入も途絶え生活に困り、人生設計が狂い、人生そのものが損なわれます。セクハラは、生存権を脅かす人権侵害です。

❖ セクシュアル・ハラスメントへの取り組み

　前述の福岡裁判をきっかけに、1990年代、セクハラの社会認知が進みました。1997年、旧労働省は男女雇用機会均等法（1985年制定）（→ **4**-G、**5**-P）の改正内容を検討していました。そこに飛び込んできたのが、アメリカの三菱自動車に対して4350万ドル（当時の為替レートで52億円）という高額賠償命令が下ったセクハラ判決のニュースでした。日本から出向いた男性管理職らによるこの事件の影響もあり、企業の風紀管理やリスク管理の面からセクハラが急遽法改正に盛り込まれることになりました。

　1997年の改正男女雇用機会均等法（1999年施行）では、女性労働者に対するセクハラ防止について事業主に管理上の配慮義務が規定され、それに対する指針も策定されました。1998年、同法の適用外の国家公務員には人事院規則によってセクハラ防止が規定されました。続く2006年改正法（2007年施行）では、男性労働者に対するセクハラも含め事業主に措置を講ずることが義務づけられ、是正指導に従わない場合は企業名公表の対象になるとされました。

　3年後に見直しの附則が付記された女性活躍推進法（2016年施行）の見直し時期に入り、労働政策審議会は2018年10月よりパワー・ハラスメント対策と均等法改正などの審議を開始しました。翌年6月改正均等法が公布（2020年施行）され、(1)セクハラ等を行ってはならないことに対する関心と理解を深めることや他の労働者に対する言動に注意を払うことを事業主と労働者の責務とすること、(2)事業主には相談等をした労働者への不利益取り扱い禁止、(3)自社労働者が他社労働者にセクハラを行った場合の事業主の協力対応が盛り込まれました。

　1990年代半ばに問題視されるようになったキャンパス・セクハラに対しては、1999年旧文部省からセクシュアル・ハラスメント防止に関する規定が各学校へ通達され、翌年「女性に対する暴力をなくす運動」実施要項が文部次官から各大学に送られました。しかし、2015年現在、ハラスメント防止ガイドラインを

作成している大学は全大学の半数です。

❖ セクシュアル・ハラスメントの問題性

　まずセクシュアル・ハラスメントに関する法的問題から見ていきましょう。均等法は事業主にセクハラの防止を求めていますが、労働局の是正に従わなかった場合のみ企業名公表の罰則となります。労働局は査察をしないため3割以上の企業は取り組んでおらず、公表された企業も1社にすぎません。均等法の指針に沿って労働局が紛争解決をしても、「譲歩」が基本のためセクハラ被害には馴染まず解決金額も低額です。裁判でも民法第709条「他人の財産権を侵害したことに対する賠償責任」を根拠にするほかなく、賠償額は低く企業のセクハラ対策取り組みのモチベーションにはなりません。刑法の中にセクハラ罪を持つフランスやスペイン、韓国等とは雲泥の差があります。日本にセクハラを禁止する法はありません。国連女性差別撤廃委員会は日本政府に労働査察や制裁措置を盛り込んだ法整備を要請しています。また国際労働機関（ILO）総会で「仕事の世界における暴力とハラスメント」条約について話し合われた2018年も日本は立場を明確にしませんでした。ここには根深い問題があります。経団連など経済界が訴訟リスクや罰則を恐れ、政府が配慮してきたためです。

　2つめの問題は、セクハラは境界線が難しいと世間でいわれていることです。セクハラは、行為を受けた人が感じるものであって、加害者の思惑は関係ありません。誰がいうか、どんな状況でいうかによってセクハラになるかどうか変わってきます。セクハラは被害者目線で捉えられる問題なので、一方的だとよく批判を耳にしますが、相手のことを思いやる常日頃からのコミュニケーション能力を磨くことは大切ですし、職場を和ませる話題として何がふさわしいかのセンスも職業人として必要です。しかし最も重要なことは、上司と部下、教員と学生等の中にある地位による権力の差に自らが気づき敏感になりそして配慮する心を忘れないことです。

　3つめの問題は、セクハラを生む労働環境と社会意識の改善に日本が向き合ってこなかったことです。2021年3月に世界経済フォーラムから発表された日本の、政治・経済・教育・健康におけるジェンダーギャップ指数（GGI）は153か国中120位、女性賃金は男性の7割、非正規雇用者は女性労働者の6割、部長職・課長職・係長職の女性割合はそれぞれ6.9%・11.4%・18.9%です。職

安全

場における権力が男性に偏っています。その中で性別役割分業意識が蔓延しています。つまり、女性は他者の欲求を察知し他者の感情を癒しケアし支えるのがあるべき姿、そして男性は活動の主体として自分の考える必要性や欲求を追求するのがあるべき姿という意識です。女性役割を果たすことは下位であることを引き受けることであり、そういった軽視される立場になればどのような扱いを受けても文句はいえないので、セクハラにさらされるリスクが高まるのです。この労働分野の男女格差構造と社会に根強い性別役割意識の強制について向き合わない限り、セクハラの解決はありません。

❖ 課題と展望

　セクハラに関して法整備だけで問題は終わりません。弱者である被害者が声を上げられる社会環境整備も必要です。そして何より、女性も含めた社会的弱者の労働分野における地位向上や性別役割分担の決めつけからの解放が欠かせません。また個人間でも日々相手との権力関係に敏感になり気持ちよく過ごせる気づきと実践がぜひとも必要です。

　これら、社会の中の弱者の人権、労働におけるジェンダー平等、性別役割からの解放、個人間における人権意識、すべてジェンダー視点で捉えうるものです。皆が心地よく生きていける社会つくりへ一歩一歩努力していきましょう。

◇ディスカッションポイント

・セクシュアル・ハラスメント理解度チェック（http://www.jinji.go.jp/sekuhara/3rikaidochekku.html）をしてみましょう。回答を確認し、その理由を考え皆で話し合ってみましょう。

🍀参考文献

マッキノン、キャサリン・A（村山淳彦監訳）『セクシャル・ハラスメント・オブ・ワーキング・ウィメン』こうち書房、1999年。

牟田和恵『部長、その恋愛はセクハラです！』集英社新書、2013年。

厚生労働省「職場におけるセクシュアルハラスメント対策や妊娠・出産・育児休業・介護休業等に関するハラスメント対策は事業主の義務です！！」、2018年（https://www.mhlw.go.jp/content/11900000/000378144.pdf：最終閲覧2022年2月20日現在）

（山口佐和子）

3-P 「脅威」とは何か

❖ どれほどの脅威か

2017年9月15日の朝、NHKニュース「おはよう日本」をみていた人々は驚いたはずです。画面が、突然、黒色を基調とした静止画の「国民保護に関する情報」に切り替わったからです。危機感を喚起する赤い帯の下には「ミサイル通過。ミサイル通過。先程のミサイルは、北海道地方から太平洋へ通過した模様です」と記されていました。7時過ぎに北朝鮮が実施したミサイルの発射実験を受け、消防庁の全国瞬時警報システム（Jアラート）が作動したのです。

北朝鮮は、じつは2009年4月5日にも、東北地方の上空を通って太平洋に落ちるミサイルを発射していました。しかし、その直後の日本政府は、あえて「ミサイル」という言葉を避け、単に「北朝鮮から飛翔体が発射された模様だ」と発表するにとどめていました。

どちらも北朝鮮が試射したミサイルへの対応に変わりはありませんが、Jアラートによる警報の方が強烈な危機意識を人々の脳裏に植えつけたでしょう。それでは、2017年時の方が、北朝鮮による攻撃の脅威が差し迫っていたのでしょうか。そうともいえません。事件前ではありますが、2017年当時に首相であった安倍晋三は、北朝鮮は「またミサイルの試射をおこなう可能性がある」としても「ミサイル攻撃をする可能性は、きわめて少ない」と語っていました（安倍晋三『美しい国へ』文藝春秋、2006年）。

安全保障上の脅威は、たとえ源泉が同じであっても、時と場によって強度が違って認識されるようです。なぜ脅威は、時に大きく、時に小さく見積もられるのでしょうか。ここでは古今東西の事例を手がかりに考えてみましょう。

❖ 脅威と思いすごし

北朝鮮が打ち上げたミサイルの技術水準は、精確な評価が可能です。しかし、そのミサイルが日本にとって脅威に相当するかどうかは、技術的な評価だけで一義的に決まるわけではありません。脅威とは、感じる側の心理状態にほかな

らないからです。このような脅威の性質を端的に示しているのが、安全保障の状態を形容するために用いられる「厳しさ」という表現です。北朝鮮のミサイルに言及するにつけ、首相や防衛相は「我が国を取り巻く安全保障環境は厳しさを増しています」（安倍晋三、2020年9月11日）と語っていました。

　厳しさの判断には主観が入る以上、そこに「思いすごし」が混じる可能性は否めません。明治期の傑作として名高い中江兆民の『三酔人経綸問答』は、まさに安全保障上の「思いすごし」を戒める教訓譚です。この作品では、「洋学紳士君」と「東洋豪傑君」の2人が「南海先生」のもとを訪ね、3人で酒を酌み交わしつつ日本の対外戦略について語り合います。

　一方で「民主主義者」の洋学紳士君は、領土が小さく人口も少ない日本は「道義によって自己を守るのでなければ、他にたよれるもののあろうはずはない」と論じて非武装を勧めます。それに対して「侵略主義者」の東洋豪傑君は、並み居る列強の間に立って独立を守り抜くには軍備を拡張するほかなく、そのためには「もう1つ大国を割き取って、自分じしん富んだ国にならなければならない」と訴えました。2人の話を聞き終えた南海先生は、2人とも欧米列強による侵略を過度に恐れていると叱責しつつ、往々にして「二つの国が戦争を始めるのは、どちらも戦争が好きだからではなくて、じつは戦争を恐れているため」にほかならないと戒めて、物語は幕を下ろします。

　第2次世界大戦がアメリカ率いる連合国の勝利に終わったにもかかわらず、それからほどなくして今度はアメリカとソ連の間で「冷戦」が勃発しました。その流れをアメリカ側の政策立案者として間近で見届けたジョージ・ケナンは、アメリカが「自国の安全とみなすもの」が「過去半世紀を通じて驚くほど減退してきた」と評しています。それは、アメリカを取り巻く安全保障環境が客観的に厳しさを増したからではありません。ケナンがみるには、アメリカの人々は「強大で恐ろしい冷酷な敵」に向き合っているという「思い込み」のために強度の「恐怖、憤り、反発、過剰反発、そして誘惑さえ」を感じていたのです。

❖ 学術研究を装った故意の歪曲

　客観性の高い手法に基づく学術研究の進展は、一般的に思いすごしの解消につながるはずです。とはいえ、学者・研究者が、常に科学的に正確な情報を発表しているとは限りません。2010年前後に発覚したディオバン事件は、学術研

47

究の信頼性を揺るがした事件として知られています。

　ディオバンとは、製薬会社ノバルティスファーマが販売した高血圧の治療薬です。2007年から2012年にかけて５つの大学が実施した臨床試験により、ディオバンは血圧を下げるにとどまらず、脳卒中や狭心症を抑制する効果をも示したと発表され、それを踏まえた宣伝攻勢が功を奏した結果、ノバルティスファーマは年間1000億円を超える売上げを叩き出すに至りました。しかし、その後、５つの臨床研究に対する疑義が次々と提起され、ついには厚生労働省が委員会を立ち上げて調査に乗り出したのです。

　そこで明らかにされたのは、ディオバンの臨床試験を実施した５つの大学が、ノバルティスファーマから合わせて11億円超もの資金援助を「奨学寄附金」の名目で受領し、論文の作成にあたっても、ノバルティスファーマの社員に統計解析や図表の作成などを任せていた事実です。この事件では、巨額の研究費に目がくらんだ大学が、科学の装いを営利企業に売ったのです。

　ディオバン事件のように不正が認定されるまでには至らなくても、たとえばインフルエンザ治療薬のタミフルについても同様の疑惑が持ち上がっています。タミフルが徘徊や飛び降りなどの異常行動を引き起こしているのではないかと疑われ始めていた2000年代半ば、厚生労働省の研究班が、タミフル使用者と非使用者の間で異常行動を起こす割合に有意な違いはないと結論づける報告書をまとめました。しかし、その後、研究班のメンバー数人が、タミフルを日本国内で販売していた中外製薬から「奨学寄附金」を受け取っていた事実が判明したのです。具体的な不正は認められませんでしたが、結局、寄付金を受けていた研究者らは研究班から除外されることになりました。

　医薬品開発以外の研究分野においても、同様の疑惑が生じています。東京電力福島第１原子力発電所の事故をめぐっては多方面で原因の究明が行われましたが、国会の事故調査委員会が指摘した問題の１つに東京電力が参照していた津波対策の基準があります。その基準は、形式的には、独立した学術組織である土木学会が作成していました。しかし、基準の作成にかかった費用の全額が電力会社の拠出で支弁され、作成に関与した人々の半数以上が電力業界で働いていたのです。これでは、土木学会が出資者の意向を汲んだ知見を提供していたと疑われるのも無理はありません。

　脅威の認識は、一方で意図的ではない思いすごしによって実態から乖離する

場合もあれば、主観を排した科学的な手法の採用を装いつつ、故意にゆがめられる場合もあります。原子力発電所の事例では、津波の恐れが実際よりも低く見積もられていた可能性がありますが、逆に脅威が過大に評価される場合も考えられます。（→**6**-P）

❖ つくられる安全保障目標

　医薬品開発の場合、売り手は製薬会社であり、買い手は、しばしば医師の指示を受けた個々の患者です。この基本的な構図の中で、製薬会社が医師や患者の認識をゆがめてまで医薬品の販売を促進するため、実験結果の改竄などに手を染める事件が、ときに発生してきました。

　国家の安全保障（→**8**-P）に関わる兵器等の売買についても、売り手と買い手がいます。しかし、医薬品の場合とは違い、買い手の政府は、自分自身の財布から購入費用を出す個人ではありません。病院と患者の関係に似ていますが、政府は、国民から集められた税金を原資として兵器等を購入します。このような兵器売買の構図にかんがみ、軍需企業が高額な兵器の販売を伸ばすには、2通りの戦略が考えられます。

　まず、国民を代表して兵器を購入する政府に直接働きかける方法です。国民に代わって購入を担う者は限られているため、この方法は汚職につながる場合があります。2007年に発覚した山田洋行事件では、軍需専門商社の山田洋行が、防衛庁の事務次官に違法な接待を繰り返していた事実が明るみに出ました。

　次に考えられるのは、直接の購入者である政府ではなく、出資者にあたる国民のほうに働きかける方法です。この場合、売り手に加え、諸般の事情で兵器購入を希望する政府・軍までが、国民の説得に乗り出すことも考えられます。「軍産複合体」という言葉は、政府・軍と業者の結託により、国民の税金が兵器等の購入に過剰につぎ込まれる危険性に注意を喚起しています（→**12**-P、**13**-P）。

　なお、国民全体に働きかける場合、対象となる人々が多すぎるため、いわゆる「接待」のような営業の手法は使えません。そこで必要になるのが、国民を納得させる論理です。普通選挙制度が導入される前ではありますが、第1回帝国議会（1890年）における山県有朋首相の演説は、その好個の例です。

　大日本帝国憲法が制定され、帝国議会が開設された当時の日本は、存亡の危

機にさらされていたわけではありませんでした。しかし山県は、国家が独立を維持するには、単に「主権線」（国境）を守るだけでは十分ではなく、その外側に「利益線」なるラインを引き、そこまで防衛線を広げなければならないと主張しました。

　各国が国境の外側にまで防衛線を拡張すれば戦争が絶えないでしょうが、そのような論理が国民に向けて語られたのには明確な理由がありました。山県は、大規模な軍事予算の必要性を議会に認めさせたかったのです。政府が提示した予算案の中で最大の部分を占めていたのが「陸海軍の経費」でした。日本の独立を守るには、国境線の警備だけでは足りず、利益線の防衛も欠かせないとなると、軍事費に「巨大の金額」を割くのも「止むを得ない必要の経費」として理解を得られやすくなるでしょう。

❖　「嘘から出た実」

　明治期から昭和前期までを顧みると、日本はたえず「利益線」の拡張に邁進したようにみえます。最初の目標は朝鮮であり、そこが日露戦争後に「主権線」の中に取り込まれると、次は隣接する中国東北部の満州が、新たに引き直された利益線に囲い込まれました。満州国の建国後は、その外側に利益線を確保するため、いわゆる華北分離工作が進められました。第1回帝国議会における山県有朋の演説が、近代日本外交の全行程を説明している観があります。

　山県の演説に限らず、安全保障に関わる「予言」は実現する場合があります。他の事例としては、1947年3月にアメリカのハリー・S・トルーマン大統領が行った演説があります。この演説は、以後40年にわたってアメリカとソ連が鋭く対立し続けた「冷戦」の幕開けを告げる号砲となりました。

　トルーマンは、「世界史の現段階において、ほとんどすべての国々が生活様式の二者択一を迫られている。多くの場合、それは自由な選択ではない」と危機感をあらわにしました。トルーマンがいうには、第1の生活様式が政治への参加を含めて各種の自由を保障していたのに対し、第2の方は「恐怖と圧制、出版と放送の統制、選挙干渉、個人的自由の抑圧」を特徴としていました。このように分断された世界の中で、アメリカは断固として「武装した少数者や国外からの圧力による支配の企てに抵抗する自由な人々」を支援しなければならないとトルーマンは訴えたのです。

　この演説を通じてトルーマンが具体的に正当化したのは、内戦下にあったギリシャ政府への支援でした。ギリシャが陥落すれば、つづいてトルコ、ひいては中東全体がソ連の支配下に落ちるとトルーマンは指摘しています。しかし、当時のソ連に「ドミノ倒し」のような攻勢を仕掛ける意志と能力があったかどうかは疑わしいところです。第2次世界大戦で2000万人を超える犠牲者を出したソ連は、海軍力の回復に15〜20年、工業力の回復にも15年ほどを要するとアメリカ側も認識していました。そもそもギリシャの反政府勢力を支えていたのは、ソ連ではなく、ギリシャ領分割をたくらんでいたユーゴスラビアでした。にもかかわらず、トルーマンが既成事実のように世界の分断を語って以降、実際にも冷戦と呼ばれるような対立構図が形成されたのです。

　安全保障に関わる予言が実現するのには理由があります。ある国が他国を脅威とみなして軍備を強化すれば、脅威とされた側も、その動きを脅威と感じて対抗的な措置をとるでしょう。それは中江兆民が平易に描いた連鎖反応です。「こちらが相手を恐れ、あわてて軍備をととのえる」と、「相手もまたこちらを恐れて、あわてて軍備をととのえる」のです。思いすごしや歪曲に基づいていたとしても、脅威の認識が、真に強大な脅威の出現を招きかねないのです。

❖ 課題と展望

　同じ北朝鮮のミサイル発射実験でありながら、2009年と2017年とでは、日本政府の対応に違いがありました。それには多様な要因が複合的に絡み合っているでしょうが、本節は、この一例に限らず、一般に安全保障上の脅威が実態以上に誇張されかねない理由を探りました。

　脅威の認識には主観が介在する以上、中江兆民が指摘した通り、脅威は常に思いすごしによって過大に見積もられる可能性があります。また、兵器の売買には巨額の資金が絡むだけに、脅威の認識が故意にゆがめられる場合もあるでしょう。いずれにしても、脅威への備えが、かえって脅威の増大を招く「安全保障のディレンマ」にも留意する必要があるのです。

◇ディスカッションポイント
・さまざまな理由で正確な把握が難しい安全保障上の脅威に対し、どのように向き合うのが適当でしょうか。

・近年の日本で盛んに論じられている中国の脅威は、どこまで的確に現実を反映していると考えられるでしょうか。

✤参考文献

加藤陽子『それでも、日本人は「戦争」を選んだ』朝日出版社、2009年／新潮文庫、2016年。

中江兆民（桑原武夫・島田虔次訳・校注）『三酔人経綸問答』岩波文庫、1965年。

レンズ、S（小原敬士訳）『軍産複合体制』岩波新書、1971年。

（春名展生）

4 労働・消費

　労働と消費は、人間社会を根本から支えてきた活動です。人間は、自然環境から多様な物質を取り出し、それを労働によって加工し、そこから生み出された生産物を消費することで、自らの生命を維持してきました。おそらくこの本を手に取る皆さんの大半は、自ら自然に働きかけ、そこから全ての生活手段を得る人、つまり自給自足の生活をする人ではないだろうと思います。むしろ大半の方は、自営業者もしくは賃金を受け取る労働者かその家族であり、同時に労働の対価でモノを買って使い果たす消費者でしょう。このように、労働と消費は私たちの生活そのものであり、ジェンダーと平和のどちらを考えるうえでも、労働と消費は欠くことができないテーマです。

　4-G では、労働とジェンダーがどのように密接な関係にあるかに注目します。特に就職活動に注目し、企業が学生を選ぶ際、そして学生が企業や職種を選ぶ際、ジェンダーがどのような影響を及ぼしているかをみていきます。男女雇用機会均等法以前の日本では、職場において男女に異なる扱いをすることも、就職活動をする学生に対して性別によって異なる扱いをすることも当たり前のことでした。この「当たり前」の変化をもたらしたのが、1997年の男女雇用機会均等法改正です。これにより、企業が労働者の募集・採用や採用後の職場で、性別を理由に差別的扱いをすることは違法になりました。企業はその代わりに、総合職と一般職に分けるコース別雇用という方法を考え出し、男女別採用を維持しました。4-G は、こうした男女別採用が、「統計的差別の理論」で合理化されているが、この理論には「予言の自己成就」という問題があると指摘します。さらに、男女別雇用は、大学生自身の選択によっても生み出されています。男性は稼得責任を、女性は家庭責任を担うという日本社会の性別役割分業が、大学生の就職活動における将来の進路選択に影響を及ぼしているからです。そうしたなか、企業の新しい試みが、性

別にとらわれない働き方にまで波及していくかに注目する必要があると、4-Gは結論づけます。

4-Pでは、グローバリゼーションが武力紛争の一因を作っていると論じます。そして、グローバリゼーションの負の影響を減らす試みとしてフェアトレードに注目し、その意義と課題への理解を深めます。国連ユネスコは1986年、戦争は人間の本能によるものでも、遺伝子によるものでもないとの報告書を出しました。しかし、その説が正しいとしたら、なぜ、現在も世界各地で武力紛争が起きているのでしょうか。その説明として頻繁に持ち出されるのが、グローバリゼーションが世界の格差と貧困を悪化させ、国家としての機能を十分に果たせなくなった疑似国家や破綻国家を生み出しているという説です。このように武力紛争の原因がグローバリゼーションに伴う貧困や格差の深刻化にあるとすれば、フェアトレードはそれらを減らす1つの有効な手段となります。しかし、フェアトレードは、認証商品を扱う企業に生産者との長期契約を義務づけておらず、不公正な取引に手を染めている企業が健全な取引をしていると見せかけるための免罪符になっているとの批判も受けています。さらに、南北問題に象徴される世界の格差は先進国の中にまで浸透し、グローバル・サウスと呼ばれる格差・貧困問題を深刻化させています。そうした問題は、フェアトレードによって消費者の負担を増やすだけでは解決できません。そのためフェアトレードは、不公正な経済システムを根本から変革するという本来の目的に立ち返る必要があると、4-Pは結論づけます。

（今野泰三）

Gender

4-G　就職活動

❖ 就職活動とジェンダー

　就職活動は、インターンシップ→自己分析→業界研究／企業研究→各種説明会→エントリーシートの提出→筆記試験→数回にわたる面接試験→内定の獲得、という一連のプロセスからなりたっています。このプロセスにおいて、就職情報会社や服装メーカーは女子学生と男子学生にふさわしいスーツ、髪型、ふる

まい方を示し、多くの学生がこうしたガイドラインに則って就職活動を行っています。女子学生と男子学生は服装や振る舞い等に関して異なる形での就職活動を行っている点にジェンダーの影響が見ることができます。

この他にも、就職活動のプロセスにジェンダーはどのように関わっているでしょうか。性別に関係なく企業に応募できるのだからジェンダーの影響を受けていないと考える人もいることでしょう。企業が性別によって異なる扱いをしているはずがないと考える人もいるかもしれません。この節では、企業が学生を選ぶ際、そして学生が企業や職種を選ぶ際に、ジェンダーがどのような影響を及ぼしているのかをみていきます。

❖ 男女雇用機会均等法以前

第2次大戦後の1946年に制定された日本国憲法には男女平等が記されましたが、日本国憲法下でも職場における性差別は続きました。そのことは、女性に対してのみ、結婚したら退職することを約束させる結婚退職制や、女性が30歳や35歳になったら定年することを求める若年定年制という制度を持っていた企業が存在していたことからもわかります。女性に対してのみ結婚退職制を導入していた住友セメントから、結婚したことを理由に退職を求められた鈴木節子さんが同社を訴えたのは1963年のことであり、この制度が違法であるとの判断が示されたのは1966年のことでした（濱口 2015）。

このように男女雇用機会均等法（→**3**-G、**5**-P）以前の日本では、職場において男女に異なる扱いをすることは当然のことでした。この点について日本の労働問題について研究している濱口桂一郎は、「男性正社員が定年退職までの長期勤務を前提にして、手厚い教育訓練を受け、配置転換を繰り返していくのに対し、女性正社員はそういった雇用管理から排除されていました」と述べます。女性正社員には学校を卒業してから結婚退職するまでの短期間の勤務が想定されていたのです。女性にのみ若年定年制や結婚退職制が適用されたのは、会社にとって女性は結婚までの賃金の安い時期にのみ雇用する存在であったためでした。結果、企業が長い間、採用の対象としてきたのは、「結婚適齢期」までのある程度の期間、勤続が見込まれる高卒女性となり、その後、採用対象は短大卒女性に移行しましたが、四年制大学卒女性は依然として排除の対象でした（濱口 2013）。

女性を短期間働く労働力と捉えていた企業は、志望者を対象にして開かれる会社説明会の参加者を男性に限定したり、求人募集でも「営業：男、事務：女」のように性別によって応募できる職種に制限を設けていました。企業の多くは、就職活動をする学生に対して性別によって異なる扱いをすることに疑問を抱いていなかったのです。

❖ 男女雇用機会均等法の制定

　男女雇用機会均等法の制定（1985年）はこうした状況を変えるきっかけになりましたが、制定当初、この法律は、募集、採用、配置、昇進等における性差別を禁止せず、男女の機会均等を努力義務としていました。

　男女の機会均等が義務とされたのは、均等法が改正された1997年のことです。改正された均等法は、事業主は労働者の募集及び採用について、その性別にかかわりなく均等な機会を与えなければならない（第5条）とし、配置・昇進・教育訓練、福利厚生、職種の変更、解雇等について、労働者の性別を理由として、差別的取扱いをしてはならない（第6条）と定めたのです。その結果、会社説明会に一方の性の参加を拒むことや、「営業：男、事務：女」といった募集の仕方は均等法に違反することになりました。原則として、性別にかかわりなくあらゆる職業・職種への門戸が開かれるようになったのです。

❖ 総合職と一般職

　均等法制定後、企業はコース別雇用という新たな人事管理の方法を考え出しました。コース別雇用とは、新たにつくりだした総合職コース／一般職コースという職種をもとにした雇用管理のことです。幹部候補は男性のみ、補助業務は女性のみとしていた均等法以前の募集に代わって、採用希望者は性別にかかわりなく総合職／一般職に応募できるようになったのです。

　コース別雇用について説明する前に、みなさんが大手の民間企業に就職するときの職種の選択肢である総合職と一般職に加えて、準総合職と専門職について説明しましょう。ちなみに、大手の企業では総合職と一般職という職種がありますが、中小の企業ではこのような区分は通常みられません。中小の企業では、総合職と一般職という区別がない代わりに、さまざまな仕事を任されることになります。

　まず総合職とは、営業など基幹的業務または企画立案等の総合的な判断を要する業務に従事する職種です。総合職には、昇進に制限はない代わりに、原則として（全国）転勤や残業が求められます。つぎに一般職とは、事務などの主に定型的業務に従事する職種であり、昇進に制限はありますが、原則として転勤や残業はありません。しかし、近年では、一般職が担っていた業務を派遣社員や契約社員などの非正規労働者に置き換えていく企業が増えています。

　総合職と一般職の中間にあたるのが、エリア総合職とも呼ばれる準総合職です。準総合職は、総合職に準ずる業務に従事しますが、残業はあるものの転勤する地域は全国ではなく限定された地域（エリア）内にとどまります。準総合職は総合職の業務に魅力を感じるが全国転勤を避けたい人に人気がありますが、この職種を設けている企業は多くありません。最後に専門職は、塾講師や臨床心理士、販売職など資格や高度な技能に基づいて専門的業務に従事する職種です。

　つぎに、総合職と一般職の長所と短所について整理しておきましょう。まず総合職の長所は能力次第で昇進の道が開けており、取締役などの地位に就くことも可能な点です。また責任や裁量の幅が大きい仕事であることから、仕事にやりがいを感じやすく、給与も一般職に比べて高くなっています。一方で短所は、仕事における責任が大きく人によっては負担を感じることや、全国転勤も含めた転勤や残業の多い点が挙げられます。

　つぎに一般職の長所は、転勤や残業が基本的にないことです。短所は、昇進が限定的であり、給与も総合職に比べ低いことが挙げられます。また、仕事の内容も定型的なものが多いため、裁量や工夫の余地が小さいといえます。

　このように、総合職の長所は一般職の短所に、一般職の長所は総合職の短所と関連しています。また責任を伴う仕事を、自己の能力を発揮できる機会と捉える人もいれば、負担が大きいと捉える人もいるでしょう。何を長所・短所と捉えるかは、働くことに何を求めるかによって異なってきます。

❖ コース別雇用の実態

　先にも述べたようにコース別雇用とは、総合職コース／一般職コースという職種をもとにした雇用管理のことであり、性別にかかわりなく採用されています。コース別雇用は、男女別雇用が均等法に違反するために考案されたもので

したが、その実態は男女別雇用と大きく変わるものではありませんでした。

　実際に総合職として採用された者の多くが男性でした。2014（平成26）年時点で、企業において総合職に就いている男性の割合は90.9％であり、女性の割合は9.1％と1割を切っています（厚生労働省「平成26年度コース別雇用管理制度の実施・指導状況」）。平成24（2012）～26（2014）年の採用者でも総合職に占める女性の割合は2割前後にとどまり、一般職に占める女性の割合は8割前後です。コース別雇用管理制度が導入された頃から比べると女性の総合職は増えているとはいえ、いまだに採用に占める女性の割合は2割程度にとどまっているのが現状です。さらに同調査によれば、応募者の採用倍率は、男性が30倍、女性が44倍となっています。総合職として働くことは、女性にとって男性以上に、狭き門になっている現実があります。

　均等法によって、女性に総合職という機会が開かれ、実際に総合職で働く女性が生まれたのは大きな意義を持っていたといえますが、男性が幹部候補生（総合職）に就き、女性が補助業務（一般職）に就く現実は、均等法によっても大きく変わらなかったといえます。

❖ 統計的差別の理論

　総合職に男性を優先して採用し、女性を採用しようとしない企業があるのはなぜでしょうか。こうした現実を説明する際に持ち出されるのが「統計的差別の理論」です。統計的差別の理論とは、過去の統計に基づいた合理的判断から結果的に生じる差別を指します。この場合でいえば、「女性の働く能力になんの偏見もなくとも、企業が効率を求めて行動するかぎり男女差別が生じる」という理論です（濱口 2015）。言い換えれば、女性の雇用に関していえば、過去の統計に基づくと平均的に見て女性の方が（育児等により）離職率が高い、したがって会社の幹部となることを期待される総合職には男性を多く採用し、女性の採用は控えるというものです。会社に長く残ってくれる可能性の高い男性を総合職に多く採用し、男性総合職をより多く投資したいと考えるのは、会社からすれば当然のことだ、と考える人もいるかもしれません。

　しかし、統計的差別の理論には「予言の自己成就」という側面を持っていることが指摘されています。予言の自己成就とは、たとえ根拠のない予言、噂や思い込みであっても、人々がその予言等を信じて行動することによって、結果

として予言通りの現実がつくられることを指します。たとえば、統計的差別の理論が主張するように、女性の方が男性よりも離職率は高いという現実について考えてみましょう。

　統計的差別の理論によれば、女性の離職率が高いのは、女性が産む性であるということになるでしょう。しかし、こうした現実を「予言の自己成就」の観点から説明することもできます。たとえば、企業側に女性は早期に仕事を辞めるという思いこみがあったとします。そうすると経営者側は、女性にやりがいのある仕事やチャンスを与えなくなるでしょう。その結果、女性は、仕事にやりがいを感じられなくなり、男性よりも早期に離職するようになるかもしれません。このようにして、統計的差別の理論が前提とする、女性の方が早期に離職するという結果がもたらされるのです。しかし、予言の自己成就の観点からすれば、女性が男性よりも早く退職するのは、産む性だからではなく、企業側の思いこみによってもたらされることになります。

　採用に関する予言の自己成就が意味するのは、自分の能力を期待される環境と、期待されない環境とでは、パフォーマンスに差が生まれるということでもあります。女性は離職率が高いから貢献できないのでしょうか。それとも初めから女性は期待されないから離職率が高くなり、結果的に会社への貢献が少なくなるのでしょうか。統計的差別の理論は、女性が能力を発揮する機会を狭めているといえるでしょう。

❖ 総合職／一般職とジェンダー

　総合職には男性が、一般職には女性が多く就いている現実は、大学生自身の選択によって生み出されている側面もあります。総合職と一般職の長所・短所を示した上で、どちらを選択したいかを学生に尋ねると、男子学生の多くが総合職を志望し、女子学生の志望は総合職と一般職に分かれる傾向があります。もちろん、男子でも転勤や残業を嫌い一般職に就きたいという学生もいます。

　総合職を志望している男子学生にその理由を尋ねると、将来的に家族を養うこと（稼得責任）を考えて給与が高く、昇進・昇給の道が開けているからという回答が返ってきます。一方、一般職を志望する女子学生は、将来的に家事や育児といった家庭責任を担うことを考えて、転勤・残業が（ほとんど）ないことをその理由に挙げました。これらの女子学生は、総合職は（全国）転勤に応

じることを条件としていたために、家庭責任を担うことを考えて、総合職に応募することを諦めたといえます。女子学生は、将来、結婚するときに、夫が全国転勤のある総合職に就いている可能性や、自らが子育てを含む家庭責任を担うことを想定して転勤や残業のない一般職を選択したのです。男性が稼得責任を、女性が家庭責任を主に担うという日本社会の性別役割分業が、大学生の就職活動における将来の進路選択に影響を及ぼしているといえます。

❖ 課題と展望

　総合職には「総合」という名前が付いているように、営業や人事、総務など会社のあらゆる部署・業務に就く可能性があります。総合職に応募するということは、会社都合での転勤や残業を拒まず、あらゆる部署・業務に就くことを受け入れることであり、企業本位の働き方、言い換えればより多くの自己犠牲を伴った働き方を受け入れることでもあります。他方で、家庭責任を負わされることの多い女性は、会社本位の働き方を求められる総合職に応募することに躊躇することが男性よりも多く、結果として企業本位の働きから距離をとることが可能になっています。

　会社で高い給料を得て、高い地位を得るかわりにプライベートを犠牲にするか、それとも会社での高い給料や地位を諦める代わりにプライベートを充実させるか。これまで企業はこうした二者択一を迫り、学生はこの二者択一を受け入れて就職活動をしてきたといえるでしょう。しかし総合職とセットになっていた自己犠牲／会社本位の働き方から距離をとり、給与や昇進に制限があったとしても、全国転勤や残業を求められない働き方・生き方をしたいという学生も増えてきているように感じます。NTTは2025年をめどにグループの大部分でリモートワークを基本とした仕組みを整えることで、転勤が不要となる働き方を導入することを表明しました（朝日新聞2021年10月13日朝刊）。NTTが「昭和のスタイルを変える」として転勤や単身赴任をなくす方向性を示したことは、今後他の企業にも波及する可能性があります。このような働き方の普及が、転勤を前提としてきた総合職という働き方の見直しにつながるか、さらには性別にとらわれない働き方に波及していくか注目していく必要があります。

◎ディスカッションポイント

・みなさんは何を優先して仕事を選ぶでしょうか。優先する項目として、仕事のやりがい、給与の高さ、残業の有無や長さ、転勤の有無、個人や家族との時間などが考えられますが、自分にとって優先したい項目を考えた上で、なぜその項目を優先するか考えをまとめてみましょう。また、その優先順位付けに、ジェンダーが関係しているか考えてみてください。

★参考文献

濱口桂一郎『若者と労働——「入社」の仕組みから解きほぐす』中公新書ラクレ、2013年。

濱口桂一郎『働く女子の運命』文春新書、2015年。

(風間　孝)

Peace

4-P　武力紛争とフェアトレード

❖ フェアトレードは紛争を予防できるか

国連機関のユネスコ（教育科学文化機関）は、1986年、戦争は人間の本能や生物学的特徴に起因するものではないと結論づけました。つまり、人間は戦争をするために生まれてくるわけではないということです。にもかかわらず、世界では武力紛争、特に多くの国内紛争が発生しています。そして、こうした武力紛争の背景には、グローバリゼーションが影響しています。本節ではまず、グローバリゼーションとネオリベラリズム（新自由主義）がもたらす世界の格差と貧困、武器市場の世界的拡大、脆弱な国家の存在などが武力紛争の一要因になっていることを確認します。

そのうえで、グローバリゼーションの負の影響を減らそうという試みの1つ、フェアトレードについて学びます。このフェアトレードは、貧困削減に貢献してきた一方で、多くの課題も残されています。本節では、フェアトレードの意義と課題への理解を深め、先進国の消費者がどのように平和で公平な世界の実現と関係があるのか考えます。

❖ グローバリゼーションが内戦を起こす？

1986年、ユネスコ（→ 2 -P）がスペインのセビリアで国際会議を開催しました。この会議には、心理学・社会学・動物行動学・生物学などの専門家が集まり、「戦争は人間の本能によるものかどうか」というテーマで議論を行いました。会議後、科学者たちは「暴力についてのセビリア声明」を発表し、戦争には全て原因やそうなるまでのプロセスがあり、戦争を人間性や人間の本能で説明することはできないと結論づけました。

資料4-1にあるように、第2次世界大戦を1つの契機とし、国家間の戦争は減り、戦闘による死者数も減少傾向にあります。しかし他方で、世界中で武力紛争が起きています。それはなぜでしょうか。そこには、共通する要因があるのでしょうか。

まず押さえておきたいのは、資料4-2にあるように、第2次世界大戦以降、国際紛争つまり国と国の戦争は減る一方、小規模な武力紛争が増え、その大半は国内紛争であるということです。国内紛争は2000年代にいったん減りましたが、2010年以降、再び増えています。特に、近年の武力紛争の大半は、東南アジア、南アジア、中東、アフリカ大陸中部で起きています。その要因は、アメリカ主導の「対テロ戦争」による国家崩壊（→ 6 -P、 7 -P）などさまざまありますが、本節ではグローバリゼーションと植民地主義の負の影響に焦点を当てます。

まず、武力紛争に関わるグローバリゼーションの影響として、主に次の3つが指摘されています。

第1に、グローバリゼーションによって、国家を中心とする国際政治や国際経済の仕組みが弱まりました。他方で、戦闘や軍事訓練をビジネスとする民間軍事会社（→ 13 -P）などさまざまな非国家主体が国境を越え、活動を活発化させています。

第2に、疑似国家ないしは破綻国家の存在です。疑似国家ないしは破綻国家とは、国家としての統治機構が十分に機能していない国を指します。疑似国家や破綻国家は、他国からの軍事干渉と、グローバリゼーションの影響下での世界的な格差や貧困の深刻化を背景に生まれてきた問題です。たとえば、アフガニスタン、コンゴ民主共和国、シエラレオネなどが挙げられます。

第3に、グローバリゼーションは世界経済を1つに結び付けていますが、第三世界の多く（貧困国）は、植民地主義（→**7**-P、**11**-P）の負の影響から抜け出せず、一次産品の輸出を主とするモノカルチャー経済に依存する一方、先進国（旧宗主国）から高価な工業製品を輸入しています。そして一次産品の多くは、輸出国に不利な条件で取引され、国の経済の多元化と発展の可能性を狭めています。なかには、ダイヤモンドやレアメタルが輸出され、紛争当事者の資金源となり、紛争を長引かせる要因となっているケースもあります。

資料4−1　戦闘による死者数の推移（1946〜2008年）

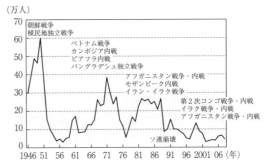

出典：PRIO Battledeaths Dataset.

資料4−2　武力紛争の種類別の発生件数（1946〜2016年）

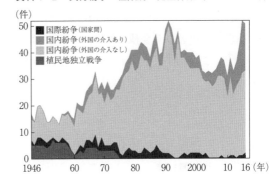

出典：Our World in Data; UCDP/PRIO Armed Conflict Dataset.

❖ フェアトレードの仕組みと意義

　国内紛争が起きている国の中には、一次産品の輸出に依拠し、貧困や格差の問題を抱えて脆弱国家や破綻国家となり、民間軍事会社や武装組織などの非国家主体の活動を管理できなくなった国が少なからずあります。そのため、世界の紛争を減らすには、グローバリゼーションの負の影響を和げることが1つの有効な手段です。そのため、第一世界（西側先進国）に求められているのは、自国の経済発展と世界のつながりを意識し、世界経済の仕組みを変えていくことです。その中でも特に消費と取引の問題に着目し、新しい仕組み作りの運動

として始まったのがフェアトレードです。

　フェアトレードとは、途上国の生産者と、先進国の販売業者・消費者がお互い対等であったなら達成されているはずの取引関係を目指す運動、または、対等なパートナーシップによる貿易を意味します。フェアトレードを行う団体には、一定の基準に基づいて企業が輸入・生産・販売する商品をフェアトレード商品として認証する団体と、独自のフェアトレードの基準に沿って独自の取引関係を構築し、商品を生産・輸入・販売する団体の2通りがあります（長坂2013）。

　フェアトレードの一般的な仕組みは資料4-3のようなものです。コーヒー豆を例に挙げます。コーヒー豆は、世界で最も多く取引されている商品の1つである一方、生産者にとって不公正な取引が浸透している商品です。

　上の図「コーヒー豆買い取り価格の推移」にある細い実線が国際市場価格です。これが、コーヒー豆の実際の取引のベースとなる価格です。しかし、この国際市場価格は大きく変動します。グラフでは、1.21ドルの所が太い線になっています。この1.21ドルというのは、生産者がコーヒーの生産にかかった費用を払ったうえで、さらに人間らしい生活を送るために必要とされる最低限の価格です。つまり、この1.21ドル以下になった場合、生産者は最低限の生活すらできなくなるということになります。ドキュメンタリー『おいしいコーヒーの真実』は、国際市場価格が暴落した際のエチオピアのコーヒー豆農家の悲惨な状況を映し出しています。

　フェアトレードは、生産者が人間らしい生活を送るために最低限必要な価格を取引の最低価格としています。さらに、フェアトレードはソーシャルプレミアムを商品価格に上乗せして支払います。この模式図では、0.1ドルがプラスされています。細い点線で表された1.31ドルが、ソーシャルプレミアムを加えた最低価格です。そして、資料4-3の下半分が、このプレミアムがどのように使われるかを表したものです。プレミアムは、コーヒー代金と一緒に生産者組合を通じて農家に渡ります。農家は、村や地域にとって何が必要か決めて、このお金を使うことができます。たとえば、地域に小学校が必要と考えれば、そのためにプレミアムを建設資金に充てることができます。

❖ フェアトレードの課題

　しかし、フェアトレードには課題もあります。ウッドマン（2013）は、フェ

資料 4-3 フェアトレードの仕組み

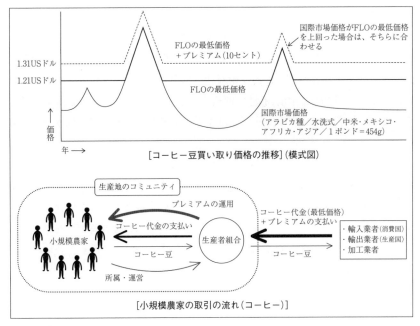

1.31USドル
1.21USドル

FLOの最低価格
＋プレミアム（10セント）

国際市場価格がFLOの最低価格
を上回った場合は、そちらに合
わせる

FLOの最低価格

国際市場価格
（アラビカ種／水洗式／中米・メキシコ・
アフリカ・アジア／1ポンド＝454g）

↑
価
格

年 →

［コーヒー豆買い取り価格の推移］（模式図）

生産地のコミュニティ

プレミアムの運用

コーヒー代金の支払い

小規模農家

生産者組合

コーヒー豆

所属・運営

コーヒー代金（最低価格）
＋プレミアムの支払い

コーヒー豆

・輸入業者（消費国）
・輸出業者（生産国）
・加工業者

［小規模農家の取引の流れ（コーヒー）］

出典：三浦 2008。

アトレードについて批判的な分析を行い、以下の2点をフェアトレードの問題
として挙げました。

　1つめは、先進国にあるフェアトレード認証団体が、企業から多くの認証費
用を受け取り、生産者に回るべきお金の多くを広告費に充てているという点で
す。また、フェアトレードは生産者組合を介して代金とプレミアムを支払うこ
とが一般的ですが、すべての組合が必ずしも民主的に透明性を持って運営され
ているわけではないため、組合の指導的立場にいる一部の人間が生産者に渡る
べきお金からマージンを抜き取っているという問題も指摘しています。いずれ
も大きな問題ですが、他方でこうした問題は改善可能であり、フェアトレード
認証制度そのものに内在した本質的問題ではないということもできます。

　ウッドマンが指摘する第2の問題点は、より本質的な問題です。それは、
フェアトレード認証団体が、認証商品を扱う輸入業者や輸出業者に対し、生産
者との長期契約を義務づけていないという点です。フェアトレードでは、設定

された最低価格より国際市場が高い場合、両者の価格が同じになるように最低価格は変動します。その場合、企業にとっては、フェアトレード認証商品と非認証商品のどちらを扱っても支払う代金はほとんど変わりません。そのため、フェアトレード認証を受けるインセンティブが働きます。なぜなら、企業は、余分なコストをほとんどかけず、倫理的行動をしていると宣伝することができるからです。他方で、国際市場の価格がフェアトレードの最低価格より低くなっている場合、フェアトレード認証を受けるインセンティブが働かなくなります。

　結果的に何が起きるかというと、国際市場の価格がフェアトレードの最低価格を上回っている場合は、多くの企業がフェアトレード市場に参入します。逆に、国際市場の取引価格がフェアトレードの最低価格を下回った場合は、それまでフェアトレード認証を受けていた企業は、長期契約は義務ではないので、フェアトレード商品から撤退する可能性があります。少なくとも、企業はそれを自由にできるわけです。

　なお、プレミアムの分、企業は余分に払っているではないかと思われるかもしれません。しかし、たとえば、330円のコーヒーのうち、3円程度が生産者にもともと入っていたお金であれば、それがたとえ4円になったところで、先進国の大企業にとっては宣伝費用として高くありません。ですので、取り引きの全体像を見ると、生産者にとって不公正な取引に手を染めている企業でも、追加費用をかけることなく、自分たちは健全な取引をしていますよ、エシカル（倫理的）ですよと、消費者に宣伝することができ、さらにいつでも自由にフェアトレードから撤退できるということです。

❖ 課題と展望

　戦争は人間の本能に基づくものではありません。しかし、現在も、世界各地で武力紛争が起きています。その要因の1つとしてグローバリゼーションの問題が指摘されています。そして、世界の格差拡大と経済的困窮をもたらしているグローバリゼーションの負の影響を減らす運動として、フェアトレードが提唱され、多くの生産者が恩恵を受けています。他方で、フェアトレードは、認証団体が支払代金の多くを宣伝費にかけ、不公正な企業にとっての免罪符となっているなどの批判も受けています。

　企業に長期契約のフェアトレードを義務づけるという選択肢はあるかもしれません。しかし他方で、その選択肢を採用すれば、多くの企業はフェアトレードから撤退し、フェアトレードの社会的認知は高まらず、ただでさえ狭いフェアトレード市場が広がることが難しくなるという問題もあります。

　認証団体や企業任せにするのではなく、国が介入し、フェアトレードの考え方と基準を法制化し、長期契約を義務づけ、広告費を補助する方法があるかもしれません。それは、強制力によって先進国の消費者の負担を増やすことを意味します。しかし、これまで旧植民地（第三世界）を犠牲に拡大してきた市場原理主義に基づくグローバリゼーションは、旧宗主国（第一世界）にも負の影響を広げ、グローバル・サウスと呼ばれる格差問題・貧困問題をもたらしています。先進国でも格差が拡大し、貧困問題が深刻化するなか、先進国の消費者ははたして、遠い途上国のための負担の増加を望むでしょうか（→ **6**-G）。他方で、輸出に依存する大企業や富裕層（経営者、株主、投資家）の税金負担は、日本など多くの先進国で減らされる一方です。

　こうしてみると、公平な世界経済の実現のためには、フェアトレード認証商品の推進だけでは十分ではないことは明らかです。いま一度、不公正な経済システムを根本から変革するという、フェアトレードの本来の目的に立ち戻る必要があるでしょう。

◇ディスカッションポイント
・本節で挙げたフェアトレードの課題を解決するための方法を考えましょう。
・フェアトレードや寄付以外の方法で、貧困を軽減する方法としてどのようなものがあるか考えましょう。

★参考文献
　ウッドマン、コナー（松本裕訳）『フェアトレードのおかしな真実——僕は本当に良いビジネスを探す旅に出た』英治出版、2013年。
　長坂寿久「フェアトレード」牧田東一編著『国際協力のレッスン——地球市民の国際協力論入門』学陽書房、2013年。
　三浦史子『フェアトレードを探しに』スリーエーネットワーク、2008年。

（今野泰三）

5 人　権

　冷戦後の世界では、大国が「対テロ」「人道主義」「人権」といった大義名分を掲げ、小国への武力介入と戦争を正当化することが常態化しています。そのため、「人権」と聞くと、戦争や介入を正当化するために都合よく利用されるものとの認識が広まっているかもしれません。しかし、真に注目すべきは、そうしたまがい物の「人権思想」ではありません。真に注目すべきは、人権を等しく保障する制度作りが国際的に、かつ非暴力的に進められ、国家による人権抑圧を制限する方向に発展してきているという点です。「人権」の名の下に戦争が正当化されるようになったことが冷戦後のネガティブな変化だとすれば、それに対するポジティブな変化（積極的平和）は、各国政府が、人権を保障する法律を整備し、具体的な政策を実行していく義務をこれまで以上に負うようになっていることだといえるでしょう。

　本章では、人権とは何か、人権を守るためには誰に何をする義務があるのかをみていきます。その前に、人権が、平和とジェンダーにどのように関わるか見ていきましょう。

　まず、平和との関連では、たとえば、SDGs（持続可能な開発目標）の中に「平和と公正をすべての人に」という目標があります。そこでは、「平和でだれもが受け入れられ、すべての人が法や制度で守られる社会をつくろう」という目標が掲げられています。さらにこの目標は、10個の目標に細分化されています。たとえば、「子どもに対する虐待、搾取、人身売買、あらゆる形の暴力や拷問をなくす」、「国内の法律や国際的な取り決めにしたがって（中略）基本的な自由がおかされず、守られるようにする」、「差別のない法律や政策をすすめ、実施する」などです。ここで重要なのは、平和と人権保障がイコールのものと捉えられており、そのための法律や政策の推進が各国に求められているということです。5-P が明らかにするように、人権とは、他

人に対する思いやりや、皆で仲良くやっていくことではありません。人権とは、政府が、個々人の権利を守るために法律や制度を整備し、政策を実施する義務があることを意味します。国連の場で作られたSDGsの中でも、そうした取り組みを各国政府が進めていくことこそが、国際的な平和であると述べられているのです。

　次に、人権とジェンダーの結びつきについては、SDGsの「ジェンダー平等を実現しよう」という目標を見てみましょう。この目標も細分化されており、その小目標の中には、たとえば、「すべての女性と女の子に対するあらゆる差別をなくす」ことや、「国際的な会議で決まったことにしたがって、世界中だれもが同じように、性に関することや子どもを産むことに関する健康と権利が守られるようにする」ことが掲げられています。さらには、「それぞれの国の法律にしたがって、女性も財産などについて男性と同じ権利を持てるように（中略）改革をおこなう」との目標も掲げられています。ここで述べられていることは要するに、各国の政府には、国際会議で決められたことに従って女性の人権を守っていく義務があるとともに、それに応じた法律や制度を整え、女性の権利を向上させる義務があるということです。

　2021年に世界経済フォーラムが公表したジェンダーギャップ指数（GGI）では、日本は156か国中120位で、OECDに加盟する38か国の中では37番目でした。そのため、国際的なスタンダードに照らしても、日本で女性の権利が十分に守られているとはいえません。その最たる例が、深刻な人権侵害であるDVを防止・禁止する法整備の遅れでした。日本でDVが犯罪として認知され、処罰の対象とされたのは、世界的な人権運動の高まりを受け、国内の市民運動・女性運動が政府に働きかけていった結果でした。このように、人権を保障するために市民がすべきことは、互いに対する思いやりや仲良くする術を磨くことではなく、自国政府に対し、人権スタンダードに沿った法律や政策を実行することを要求するということです。

　本章の**5**-Gは、1970年代から、欧米を中心に女性の人権と男女平等を重視する思想と運動が広がり、その中でDVが深刻な人権侵害であることが認知され、DV被害者のシェルターやDVを禁止・防止する法律や制度が整備されたと指摘します。日本でも、世界的に人権運動が高まり、国際的な場でDVを防止し根絶する対策を取ることが各国政府に求められたことで、

1990年代からDVに対する本格的な取り組みが開始されました。日本政府は2001年に「配偶者からの暴力の防止及び被害者の保護に関する法律」を施行し、その後の改定を経て現在に至っています。⑤-Gでは、この法律の中身を考察し、保護命令手続きなどに不十分な点があることや、デートDVに法律が適用されないといった問題があると指摘します。

⑤-Pでは、「人権を守るのは我々皆の責任」という考え方が全くの間違いであり、真の人権保護にとって有害であることを明らかにします。人権について考えるとは、国家の政府が何をやっているかを客観的事実として問題とすることです。しかし日本では、人権を保障する政府の責任は完全にスルーされる一方、市民が権利を求めることは望ましくないという誤解が広まっており、これは国際人権法の趣旨から外れていると、⑤-Pは指摘します。さらに、人権条約とは何か、締結国による条約の適用を監視する国際的枠組みとはどのようなものかが説明され、そうした監視の枠組みの中で市民団体の役割が重要であることが強調されます。そして最後に、日本政府は国内の人権状況について条約機関から厳しい指摘を受けており、女性の権利、そして人権および人権を保護する国際体制全体にする政府の姿勢が厳しく問われていると結論づけます。

(今野泰三)

Gender

⑤-G　DV

❖ DVは相手をたんに殴ったり蹴ったりすること？

「DV」と聞くと、ハデにちゃぶ台返しをして、殴る蹴るの場面を想像するかもしれません。ドラマや映画のそんなシーンが頭をよぎる人も多いでしょう。

もともと「DV」は、ドメスティック・バイオレンス(Domestic Violence)の略語です。直訳すると「家庭内の暴力」です。しかし、このドメスティック・バイオレンスという言葉は、「夫や恋人からの暴力」を意味するものとして、暴力を受けた女性や支援者たちによって1970年代のアメリカで誕生しました。

この暴力の特徴として、(1)暴力を振るう加害者と暴力を振るわれる被害者が赤の他人でなく親密な関係性にあり、(2)一方の強力な支配のもとに暴力が振る

われており、⑶性別にはそれぞれ役割があってしかるべきといった社会通念や、性別による経済格差など、個人の問題とはいえない社会構造的な問題を背景としていることが挙げられます。実際、加害者には性別役割に強いこだわりを持つ人が多くいます。

つまり、ジェンダー格差のある社会で、ジェンダー観に不必要に強く縛られた考えを持つことによって、親密な関係の中での平等が保障されないのがＤＶです。

冒頭の「ＤＶは相手をたんに殴ったり蹴ったりすること？」という問いの答えは「No」です。身体への攻撃だけがＤＶではありません。このようなＤＶに対し、私たちにできることはあるのでしょうか。

❖ ＤＶの種類

ＤＶにはどのような行為が含まれるのでしょうか。内閣府は2000年から女性に対する暴力調査を公表していますが、そこには「身体的暴力」「精神的暴力」「性的暴力」が挙げられています。ここにさらに「経済的暴力」「社会的暴力」を加える捉え方が定着しています。具体的な行為を資料5−1で確認してみましょう。

❖ ＤＶの被害

ＤＶを経験する人はどのくらいいるのでしょうか。内閣府男女共同参画局が2021年3月に発表した『男女間における暴力に関する調査報告書』によれば、女性の4人に1人、男性の5人に1人が配偶者から暴力を受けたことがあり、被害を受けたことのある女性の5人に1人、被害を受けたことのある男性の20人に1人が命の危険を感じました。

内閣府や警察庁の資料によれば、配偶者暴力相談支援センター（以下、配暴センター）への2019年度の相談件数は、およそ12万件（女性98％、男性2％）であり、警察における相談件数は8万件（女性80％、男性20％）を超えています。統計を取り始めた2002年と比べ、配暴センターへの相談件数は3倍以上になり、警察への相談件数は6倍に増加しました。しかしどこかに相談したという被害者は実は半数にも届かず、配暴センターや警察に相談した者はそれぞれ2％程度ということが上記調査報告書からわかっています。残念なことに関係機関に

資料5-1　ＤＶの種類と具体的内容

ＤＶの種類	具体的内容
身体的暴力	小突く、拳骨や平手や物で殴る、蹴る、噛み付く、押す、つねる、つかむ、突き飛ばす、包丁を突きつける、刃物で刺す、物を投げる、物で殴る、髪を引っ張る、引きずり回す、タバコの火を押し付ける、首を絞める、腕をねじる、階段から突き落とす、熱湯など液体をかける等
精神的暴力	大声で怒鳴る、殴る素振りや物を投げつける素振りや言葉で脅す、ののしる、卑下する、無視する、発言権を与えない、人前で侮辱する、自尊心を低下させる、命令口調で言う、子どもおよび子ども以外の家族に危害を加えると言う、子どもおよび子ども以外の家族に身体的・精神的暴力を振るう、大事なものを捨てる、大事なものを壊す、食事について嫌がらせをする等
性的暴力	女性の望まない性行為・妊娠・出産・中絶を強要する、見たくないポルノビデオ・画像・動画やポルノ雑誌を見せる、性に関わるあらゆる事を公にすると脅す、女性の胸や性器を傷つける、女性を性欲を満たす対象としてのみ扱う、暴力後の性行為、子どもができないことを一方的に非難する、浮気をする、男性関係を疑う等
経済的暴力	女性の就業を妨害する、仕事をやめさせる、生活費を渡さない、生活をしていけないほどの少額しか渡さない、収入や財産について女性に知らせない、借金を重ねる、働かない、家計を厳しく管理する等
社会的暴力	外出の制限・禁止、友人や実家との交流の制限・禁止、手紙の勝手な開封・渡さない・監視、スマホを勝手に見る・禁止・監視、家電話の禁止・監視、さまざまなツールを使用しての行動の監視・制限等

出典：杉本貴代栄編著『女性学入門［改訂版］』ミネルヴァ書房、2018年、177頁表8-2「DVの種類」
　　　を筆者加筆修正。

おいて「あなたも悪いのでは？」といった被害者への二次被害もあるようです。
　深刻な人権侵害であるＤＶはどのような影響をもたらすのでしょうか。ＤＶの被害者は、簡単には逃げられません。なぜなら長期間精神的支配を受け、自尊心や自立する自信を失くしているからです。しかも離婚を切り出すと暴力が激化します。殺害される確率は暴力的環境からの脱出直後に高くなることが国連の調査からわかっています。被害者への影響は、打撲、骨折、火傷、切傷といった身体的なもののみならず、鬱、不安障害、PTSD、薬物依存、過食・拒食、不眠、自傷行為、持病の悪化等があります。国連の『ドメスティック・バイオレンス特別報告書』は、ＤＶを受けた女性が、そうでない女性の12倍の高さで自殺を試みると記しています。
　被害者の子どもへの影響も甚大です。加害者は子どもにも暴力を振るう場合があるので外傷を負うこともあります。鬱、不安障害、夜尿、攻撃的行動、過食・拒食、不眠、自殺企図、発達の遅れ等さまざまな症状が報告されています。

特に脳研究の分野で、親の怒声や暴言を聞いているだけで、子どもの脳には深刻な影響が出ることが最近の研究でわかってきました。子どもの知能や語彙力低下も招きます。「面前ＤＶ」が注目されるようになったゆえんです。面前ＤＶとは、子どもの育つ家庭の中にＤＶが存在し、それが子どもの知るところとなることを意味します。また「世代間連鎖」といい、男の子が暴力を有効な手段と学んでしまったり、女の子が支配されることが自然であると学んでしまう危険性もあります。

❖ 欧米の取り組み

　日本の前に欧米の取り組みを見てみましょう。1971年、イギリスで世界初のＤＶシェルター「結婚困りごと相談所」ができました。夫の暴力・暴言に悩む主婦たちの声に、女性解放運動家であったエリン・ピッツィが応えて創設したのです。さらにＤＶへの認知を進めたのは、アメリカのBW運動（Battered Women's Movement：殴られた女性たちの運動）です。もともと女性たちをレイプ被害から救うために開設された相談電話に、夫からの暴力に苦しむ女性が殺到し、全米各地にＤＶシェルターが作られていきました。

　その根底にあったのは、女性の人権と男女平等思想です。1970年代、アメリカの女性解放運動家であったケイト・ミレットは、ラディカルフェミニズムという考え方を紹介し、職場や学校や政治参加といった公的領域だけでなく、家庭や恋人関係という私的領域においても、男女の対等性が欠かせないと訴えました。

　アメリカでは1976年に家族間暴力に関する初の州法が制定され、その後各州が続き、1994年に連邦法として「女性に対する暴力防止法」が成立しました。

　1979年心理学者であるレノア・E・ウォーカーはＤＶ研究をまとめ、「暴力のサイクル理論」や「バタード・ウーマン症候群」という語を広めました。前者は、「緊張の蓄積期→暴力の爆発期→ハネムーン期」というように暴力が激化する時とそうでない時を繰り返すことを意味し、後者は、ＤＶを受け続け、自分には価値がないと思い心の中が加害者で占められ自分がなくなっていくことを意味します。

　アメリカは、ＤＶ対応先進国として、ＤＶ専門の裁判所設置・加害者教育の制度化・ワンストップショップ（被害者支援の拠点）開設、ＤＶ関連民間機関への助成、支援機関のネットワーク化などさまざまな試みを四半世紀以上続けて

います。

❖ 日本の取り組み

　ここからは日本のＤＶ防止法制定への歩みを見ていきましょう。日本でＤＶに対する本格的取り組みが開始されたのは1990年代です。1992年、民間活動家、女性相談員、児童電話相談員、弁護士、研究者等からなる「夫（恋人）からの暴力」調査研究会が、ＤＶ実態調査を行い、その結果、地域、年齢、職業が異なっても多くの女性たちが「暴力」を経験していることが明らかになりました。

　1990年代、世界的に人権運動が高まり女性に対する暴力は国際的な課題とされ、1993年国連で「女性に対する暴力の撤廃に関する宣言」が満場一致で採択されました。1995年の北京女性会議では「北京宣言・行動綱領」が採択され、そこでＤＶを防止し根絶する総合的対策をとることが各国に求められました。1996年、国連特別報告者ラディカ・クマラスワミは『ドメスティック・バイオレンス特別報告書』の中で「女性に対する暴力犯罪に対する行動をとっていない国家は犯罪者と同様に有罪である」と記しました。

　北京女性会議に参加した女性活動家たちは、民間シェルター作り（2020年現在124か所）に乗り出し、1998年はシェルタームーブメントの年となりました。

　2000年２月、日本政府は初の『男女間における暴力に関する調査』を公表し、女性の20人に１人が命の危険を感じる暴力を受けていることが明らかになりました。各自治体も調査を行いました。６月にはニューヨーク世界女性会議で「ニューヨーク宣言・成果文書」が採択され、そこでＤＶ防止法整備が各国に求められました。国際的な潮流、民間の活動、政府・自治体の調査結果を受け、日本はＤＶ防止法制定に向けて取り組むこととなりました。

　2001年４月「配偶者からの暴力の防止及び被害者の保護に関する法律」が成立し、その後４回（2004年、2007年、2013年、2019年）の改正を経て現「配偶者からの暴力の防止及び被害者の保護等に関する法律」（以下、ＤＶ防止法）になりました。法律が制定されたことでＤＶが社会問題であるという一定の理解は得られました。

❖ ＤＶ防止法

　では法律の中身をのぞいてみましょう。第１条は「暴力」と「配偶者」の定

義をしています。「暴力」とは、身体に対する暴力またはこれに準ずるような心身に有害な影響を及ぼす言動をさします。第2条は、国が基本方針を定め、都道府県と市町村がそれぞれ基本計画を定めると記しています。第3条は、「配暴センター」の設置について規定し、ここで、相談、医学的・心理的指導、被害者の一時保護のほか、被害者の自立のための就業促進、住宅確保、援護等に関する制度の情報の提供、助言、関係機関との連絡調整等を行うとしています。なお配暴センターの一時保護所は、民間機関が運営している民間シェルターと対比して公的シェルターと呼ばれることもあります。

　第10条から第22条では保護命令について規定し、保護命令を裁判所に申し立てることができるのは、身体的暴力や生命等に対する脅迫を受けた被害者が、さらなる配偶者からの身体に対する暴力により、その生命又は身体に重大な危害を受けるおそれが大きい時であるとしています。保護命令対象は、被害者の申立てによって15歳未満の子ども、被害者の親族その他被害者と社会生活において密接な関係を有する者も含まれます。保護命令は、接近禁止命令（被害者の身辺につきまとい、被害者の住居や勤務先そのほか日常行くような場所の付近を徘徊してはならない）として6か月間、退去命令（被害者と共に生活した住居から退去することおよびその住居付近を徘徊してはならない）として2か月と定めています。保護命令違反者は、1年以下の懲役又は百万円以下の罰金に処せられます（第29条）。

　第6条1項は、配偶者からの暴力を受けている者（身体的暴力）を発見した場合、それを配偶者暴力相談支援センターまたは警察に通報するように努めなければならないとしています。第6条2項以下および第8条・9条は、医療関係者、警察、福祉事務所、児童相談所など被害者救出に関わりを持つ所は迅速に適切な対応をすることと規定しており、法律上、私たち1人1人にDV対応が求められています。

❖ デートDV

　DV防止法は、別々に住居を持つ恋人同士で起きるデートDVには適用されないという問題点があります。同居していたかあるいは同居している状態のみが法の対象です。そのためストーカー規制法、場合によってはリベンジポルノ防止法（プライベートに撮影された性的画像記録を不特定又は多数の者に提供する被害

の防止法）の適用が考えられます。

　内閣府の調査報告書によれば、女性の6人に1人、男性の12人に1人が交際相手から暴力を受けているものの、被害を受けた男女とも3〜4割はどこにも相談していません。相談先としては、男女とも半数以上が「友人」と答えています。

　デートDV被害者には結婚という縛りはないものの、学校に通っているケースが多いため加害者から遠く離れた県外に逃れることが困難です。

　デートDVの兆候として、「自分との約束を何よりも最優先にさせようとする」「洋服や髪型にアドバイスのつもりかうるさい」「どこで誰と何をしていたかしつこく聞き報告させる」「他の異性と仲良くすると不機嫌になったり怒る」「LINEなど常に連絡がないと不機嫌」「スマホを勝手に見ようとしたり、SNSでつながる友人を管理しようとする」「性的欲求に応じないと不機嫌になり、避妊に協力しない」「別れたら死ぬなどと言う」等があります。

　このように相手を束縛・支配することは、真の愛情表現とはいえません。愛する人を信頼し相手を自由にすることこそが本物の愛であることに気づくことが大切です。また自分と恋人を一体と考えず、相手を尊重すべき一個人とみなし、踏み込んではいけない境界線を意識することです。対自欲求（自分はこうありたいという欲求）を恋人にまで広げてはいけません。自律した個人と個人が支え合い楽しみ合う恋愛を心がけたいものです。

❖ 課題と展望

　DVは、長く個人的な問題とされてきましたが、70年代の女性解放運動と90年代の国際的人権意識の高まりを機に社会問題と認識されるようになりました。日本はDV防止法を整備しましたが、保護命令手続や、保護命令期間等改善すべき点がまだまだあります。加害者を更生させる教育制度も確立されていません。研修が不十分なためか裁判所や警察署等でも二次被害が聞かれます。

　実は、DV防止法には私たちがすべきことが盛り込まれており、また多くのDV被害者が友人に相談していることが調査からわかっています。このことを踏まえ、他人事ではなく自分事として、DVについて知っていくことが大切です。

◎ディスカッションポイント

・高校時代の親友と旅行に行こうとした日に恋人が一方的に食事の予約を入れ、「予定を勝手に決めるな」と怒鳴りました。どんな気持ちになりますか。あなたの気持ちを伝えるとしたらどんな言い方があるでしょうか。

・友人がＤＶを受けています。「それＤＶだよ、別れな」「自分のせいだよ」というのは友人を追い込みそうです。どう対応しましょう。

✝参考文献

山口佐和子『アメリカ発ＤＶ再発防止・予防プログラム——施策につなげる最新事情調査レポート』ミネルヴァ書房、2010年。

内閣府男女共同参画局「女性に対する暴力の根絶」(https://www.gender.go.jp/policy/no_violence/index.html：最終閲覧2022年2月20日現在)

（山口佐和子）

Peace

5-P　国際法と人権：人権は思いやりなどではない

❖ 日本における、人権の間違った考え

　皆さんが「人権」と聞くと、どのようなものと考えるでしょうか。まず思いつくのが「思いやり」「優しさ」などといったものではないでしょうか。逆に「人権を侵害する」と聞くと、「思いやりのない言動をする」「心ない言葉をかけて人を傷つける」などと思いつく人が多いのが日本の現状でしょう。世界人権宣言が採択されたのは1948年12月10日であるためその日は「国際人権の日」とされていますが、日本ではその時期に合わせて、法務省の人権擁護局や各自治体などで「人権啓発」の貼り紙などが多く見られます。それらのほとんどが、人権というのは思いやりを持つこと、人を傷つけないこと、皆と仲良くやっていくことかのように描いています。

　たとえば私がある日東京の電車で見かけたポスターには、サラリーマン風の男性が年老いた女性に席を譲っている場面があり、「皆で人権を守りましょう」とありました。また、日本政府の法務省人権擁護局のサイトにある、子ども向

けの「人権自己診断」にもやはり人権は思いやりであり、人の気持ちを傷つけるような言動を避ける、年配の女性の重い荷物を持ってあげることであるかのように書かれています。

　法務省人権擁護局のサイトを見ても、そのようなことがたくさん書いてあります。たとえば「啓発活動重点目標〜人権啓発キャッチコピー」のページを見ると、「まずは、互いの違いを認め合い、相手の気持ちを考え、思いやることのできる心を育むことが大切」とあります。そして例として挙げられている「人権問題」はたとえば学校でのいじめやネットの誹謗中傷など、どれも「心無い言動」と言えます。やはり人権イコール優しさ、思いやりとのことのようです。

　人権を守るというのが人に優しくするということであれば、当然、その責任は私たちや皆さんのものになります。私は大学で人権の授業をいくつか教えていますが、最初の授業で「人権を守る責任は誰にあると思うか」と学生に聞くようにしています。ほぼ100％の学生が、「我々皆の責任」と答えます。とても日本的で和を尊ぶ答えができたことに、皆さんはとても満足げな顔です。先ほど紹介した法務省人権擁護局のサイトでも同じで、たとえば「人権問題を誰かの問題ではなく、自分の問題として捉え、人権を尊重することの大切さについて考えていただける」ことが法務省人権擁護局の啓発活動の目標としています。やはり、人権を守るのは皆の責任、ということです。

　ところが私が「皆が責任を持つというのは、実際には誰も責任を持たないということではないか」と学生に言うと、皆がしーんとします。

　「人権は思いやり」、「人権は皆で考えること」。読者にしかと認識してもらう必要があるのは、これらの考えが完全に間違っているということです。それどころか、これから説明するように、これらは真の人権保護にとってきわめて有害な考えです。

　人権は思いやりや親切心、人の気持ちとは一切合切無縁です。もちろん、親切にするべきでない、人と仲良くやっていくべきでないということではありません。電車の中で年老いた人がいれば席を譲るべきですし、重い荷物も持ってあげてください。いじめもするべきではありませんし、可能な限り人の気持ちを考えましょう。しかし、それらは人権とは関係のないことです。

❖ 人権は国際法

　人権は、国際的な法律によって定義されています。法律は立証可能な客観的事実を問題にして、人の気持ちなど主観的なものは対象になりません。「人に優しくしなさい」という法律はどの国にもありませんね。「優しくする」というのはどういうことなのか人によって解釈が大きく違いますし、恣意的になります。それに対して、たとえば国際人権法の規定には「拷問はいかなる場合でも禁止である」というのがあります。そして拷問の具体的な定義とは何か、どのような状況でどのような扱いをすれば拷問に値するのか、国際的な人権機関や裁判所など、法律を解釈した多数の前例があるのです。拷問の定義は時代とともに変遷し、細かいところで議論が尽きないのですが、重要なのは、それらが全て客観的事実を見ており、人の気持ちを見ているのでないということです。

　もう１つきわめて重要なのは、責任の所在です。国際法で義務を履行する責任を負うのは、国家の政府です。すなわち日本国内で人権が保障されるように責任を負うのは我々一般市民でなく、日本政府なのです。ある国における人権問題を見るとき、目を向けなければならないのはたとえば国家の法律や政策が国際人権法に十分に適っているのか、書類上適合していてもそれらが効果的に実施されているのかなどといったものです。市民同士の問題でなく、国家の政府は何をやっているのかという視点が何よりも大事になります。

　人権が「皆の責任」という論理は、とてもおかしなところに行き着く可能性があります。たとえば法務省人権擁護局の2015年度の「啓発活動重点目標」には、最近の日本では「他人への思いやりの心が希薄で、自己の権利のみを主張する傾向が見受けられ、このような状況が様々な人権侵害を発生させる大きな要因の一つとなっています」とありました。国家の責任であるはずの人権保護が完全に市民の責任にされているばかりか、自分の権利を主張するのは他人の権利を侵害する悪いことになっています。そもそも人権を守るのは国家の責任なのに、その国家が市民に向かってまるで「権利を主張するのは、和を乱す悪い輩」と言うのは、とんでもない話です。

　その文言はもう法務省のサイトから削除されているようですが、同じような言説は日本では多く見られます。たとえば2017年に内閣府が人権に関する意識調査を行なっているのですが、「権利のみを主張して他人の迷惑を考えない人

が増えてきた」と答えた人（そもそもそのような選択肢があること自体私は問題だと思います）は72％にのぼりました。人権はいいことであったはずなのに、それを主張するのは我儘でいけないことかのように考えている人が多くいることが窺われます。政府が広めた言説が定着した結果なのかは分かりませんが、政府の責任が完全にスルーされており、市民が権利を求めるのが望ましくないこととされるのは、国際人権法の趣旨から完全に外れていると言えます。

❖ 国家の責任という視点：日本の例

　人権問題を考えるときに国家の責任を見る必要があるというのは、たとえばヘイトスピーチの問題が分かりやすい例です。国際法では人種間の憎悪を掻き立てる言論、すなわちヘイトスピーチは明確に禁止されていますが、それは「被害者がかわいそうだから」などということでは決してありません。ヘイトスピーチを放置していると必ずそれがエスカレートし、言論から実際の暴行に発展することを歴史が証明しているからなのです。各国にはヘイトスピーチを明確に禁止する法律を採択し、ヘイトスピーチをする人を取り締まる義務があるのです。たとえば逮捕して収監するべきかどうかは議論がありますが、放置するのは義務違反になります。

　ところが、日本は2016年にいわゆるヘイトスピーチ解消法を制定しましたが、その内容を見るとヘイト撲滅は国民全員の努力目標にとどまっており、取り締まることができません。法律ができたことで自治体が公園などをヘイト集会に使わせないようにするようになっており、そういう意味ではある程度の効果はあるようですが、ネットや出版物などでの発言は野放しになったままです。そして、日本のその無策は国際人権機関に厳しく指摘されています。日本政府は「ヘイトスピーチをやめましょう」と駅で張り紙などしていますが、それでは不足なのです。

　ジェンダーの分野でも、同じような問題があります。雇用や昇進などに関する男女差別は当然ながら国際法で禁止されていて、日本にも男女雇用機会均等法（→ ■3-G、■4-G）という法律があります。しかし日本では違反者取り締まりの仕組みは決して強くなく、被害者が裁判を起こすことで初めて権利を行使できる場合がほとんどです。訴訟を起こすのは莫大な時間と労力が必要なので、事実上「泣き寝入り」をほとんど強要していると言われても仕方がありません。

たとえば育児休暇で休んだ女性従業員が復職後降格されるというのは日本でも明確に法律違反なのですが、それにもかかわらずそれが2014年の最高裁判所判決まで実に30年近くも横行していました。女性差別を禁止する日本の法律の効果はもちろん決してゼロではありませんが、日本の現状は国際法が要求する基準には到達しておらず、やはり国際人権機関に指摘されています。

　市民同士の問題を取り上げましたが、当然ながら政府が直接人権を侵害するのも国際法で厳禁です。日本はその辺りでも、何度も国際人権機関に厳しく指摘されています。たとえば、「代用監獄」と呼ばれる制度がその代表的な例です。日本では刑事事件の容疑者が逮捕されると、取調べのためにほとんどの場合23日間警察の留置所で拘禁されます。それを海外の人権の専門家に話すと「23日とは、もちろん23時間の間違いだよね？」と必ず言われるほど、その期間の長さは国際的に異常です。しかも、日産のカルロス・ゴーン社長も100日以上そのように拘禁されたままだったことを思い返しても分かるように、23日間が終わっても「取り調べを通して別の犯罪の容疑が出てきた」と、またさらに23日間拘禁することができます。事実上、無期限です。

　その間は連日長時間の過酷な取り調べで、警察は自白を強要しようとします。弁護士は容疑者に会うことはできても取調べに同席することはできないので、容疑者を効果的に守ることができません。家族の面会も通常は禁止され、「自白さえすれば家族に会わせてやる」などと、「人質司法」と言われる所以です。当然ながら冤罪を次から次へと造り出すシステムになっており、裁判の公正手続きなどを規定した国際人権法に明確に違反しています。日本はこの制度のために長年にわたって国際人権機関に批判されており、ある機関の委員が制度を「中世のもの」と揶揄したこともあるほどです。

　難民の受け入れも、日本では大きな人権問題です（→⓮-P）。迫害から逃れた人を難民として保護して、難民の地位とそれに付随する権利を与えなければならないという国際法の規定があります。そしてそれらの制度の運用の仕方などの法的なガイドラインも国際的に決められています。しかし日本は難民の定義を極端に狭く解釈して、可能な限り受け入れないようにしていると長年指摘されています。「皆で難民のことを考えて、外国人を受け入れるようにしましょう」と描かれることの多い国内の難民問題ですが、市民がいくら受け入れる気になったとしても、政府によって法的地位が与えられないと始まりません。

国際人権法に基づく義務を履行しようとしない日本政府の姿勢は、この問題にも現れていると言えます。

❖ 数々の人権条約

　人権は国際法で定義されていると書きましたが、それにはさまざまな法文書があります。一番有名なのは「世界人権宣言」ですが、それ以外にたとえば「市民的及び政治的権利に関する国際規約」「経済的社会的及び文化的権利に関する国際規約」「あらゆる形態の人種差別撤廃に関する条約」「難民の地位に関する条約」など、数多くあります。

　わけても本書にとって重要な条約の１つに、1979年の国連総会で採択された「女子に対するあらゆる形態の差別の撤廃に関する条約」、すなわち「女子差別撤廃条約」があります。性別による差別はもちろん他の国際条約のいくつかの条項でも禁止されていますが、女子差別撤廃条約はどの国でも女性が直面する特殊な形態の差別に対処しようとしています。世界でさまざまな人権侵害を受けている最大のマイノリティは正しく女性であり、国際社会がその現状を直視して、多くは「文化」などで正当化されるその差別的構造にメスを入れようとしたのは、きわめて意義が大きいと言えます。

　実は、女子差別撤廃条約はもう１つの点でも大きな意味があるものです。1948年に採択された世界人権宣言には、たとえば表現の自由や信教の自由、拷問禁止など多くは「市民権」と呼ばれる権利と、医療の権利や教育の権利、十分な生活水準の権利など「経済権や社会権」と呼ばれる権利が区別なく一緒に掲げられています。どっちも同じ人権なので、カテゴリー別に分けることはできないという考えが強かったのです。そして、国際法では「宣言」は基本的に努力目標なので、その次は法的拘束力の「条約」を作る予定でした。

　ところが、冷戦（→ 3 -P）に本格的に突入すると政治的な理由で市民権と経済権が分けて考えられるようになってしまい、結局単一の人権条約を作ることが断念されました。1966年に資本主義圏が支持する「市民的及び政治的権利に関する国際規約」と、社会主義圏が支持する「経済的社会的及び文化的権利に関する国際規約」の２つを作らざるを得なかったのは、そのためなのです。

　しかし女子差別条約は人権をカテゴリー別に分けたその２つの国際規約後の条約として初めて、差別禁止、投票の権利や国籍取得の権利など市民権とされ

るものと、教育の権利、雇用の権利、医療の権利などといった経済権を一緒に掲げています。経済的な権利を確保しない限り女性の解放はあり得ないというフェミニズム（→序）の考えも背景にあったのですが、そもそも人権を恣意的に分類して「このカテゴリーは重要だがこっちはそれほどでもない」とするべきでないことを改めて国際社会に提示したと言えます。その後冷戦が終わり、いわゆる市民権や経済権は不可分であることが、1993年のウィーン世界人権会議でも確認されています。いま人権の分野ではそれが当然とされていますが、その先駆者の1つとして女子差別撤廃条約が挙げられます。

　女子差別条約に関して日本は消極的で、最初は締約国にならないつもりでした（どの条約でも国家が批准して締約国にならないと、拘束されません）。しかし国内の市民団体が結束して、日本が国際社会の一員として認められるには条約の批准がきわめて重大だと続けて運動すると、日本政府は折れて1985年に条約を批准しました。上記の男女雇用機会均等法（→3-G、4-G）も、条約が求める水準に日本の法律を合致させようという取り組みの1つでした。すでに述べたようにまだまだ決して完全ではありませんが、国際法が国内の法律などを通して我々の生活に影響を及ぼす一例です。

❖ 条約適用を監視する国際的枠組み

　他の人権条約同様、女子差別撤廃条約には締約国による条約の適用を監視する委員会（条約機関）、女子差別撤廃委員会（→10-G）があります。女子差別撤廃委員会は23人の専門家から構成され、締約国に選出されても委員は国家の代表でなくあくまで独立した専門家として任務を果たします。

　どの条約機関でも基本的に同じですが、女子差別撤廃委員会の主な仕事は、締約国の定期審査です。締約国は4年に1度委員会に実施状況の詳細な報告書を提出して、代表団を送って話し合いをしながら不足点がないかなどの審査を受けるのです。ところが政府が作成する報告書は当然のことながら都合よく書かれていることが多く、決して包括的なものでないことが少なくありません。したがって、補足情報として、各国の市民団体が人権状況の問題点を調査した報告書を委員会に提出します。委員会は多くの場合それら補足情報を頼りにして政府代表団に質問をして、最後に（必要とあれば厳しい）指摘を盛り込んだ最終見解を発表します。この過程における市民団体の役割は非常に重要で、市民

団体のインプットがなければ正当な審査が不可能なほどです。日本の定期審査の時も多くの市民団体が委員会の開催地のジュネーブに出向いて、日本の人権状況に関する大切な情報を委員会に提示しています。

　最終見解のたびに日本は厳しい指摘を受けており、たとえば雇用や教育における不平等や、少数者の女性が直面する問題への取り組みを強化するように言われています。そのような問題の存在を委員会が知ったのも、市民団体の提供する情報のおかげと言えます。委員会の指摘は厳密に言えば法的拘束力はないのですが、締約国を含めた国際社会全般が審査の権限を与えた専門家の勧告なので、無視するのはよしとされません。しかし残念ながら日本政府は勧告を実施しないことが少なくなく、そのこと自体も委員会に厳しく指摘されています。条約機関の専門家の見解を拒否するのならその具体的根拠を明確かつ説得力のある形で示すべきかと思われますが、そのような姿勢は基本的に見られず、条約機関が半ば呆れて同じ勧告を繰り返す場面が近年続いています。女性の権利、そして人権および人権を保護する国際体制全体に対する日本政府の姿勢が厳しく問われていると言えます。

◎ディスカッションポイント
・日本で人権が「思いやり」や「優しさ」と混同されがちであることに、どういう理由があると思いますか。それを直すために、日本政府そして市民１人１人はどうするべきだと思いますか。

✿参考文献
　川嶋聡・菅原絵美・山崎公士『国際人権法の考え方』法律文化社、2021年。
　申惠丰『友達を助けるための国際人権法入門』影書房、2020年。
　フリーマン、マイケル（髙橋宗瑠監訳）『コンセプトとしての人権――その多角的考察』
　　　現代人文社、2016年。

（髙橋宗瑠）

6 差　別

　差別とは、人々の間に優劣や序列をつけ、優れた側に分類された人と劣った側に分類された人の間で異なる対応をすることです。たとえば、人種差別とは、人間を優秀人種と劣等人種に分け、教育・職業・結婚等で劣等人種に属する人々を冷遇したり排除し、ある場合には抹殺したりすることです（関根政美『エスニシティの政治社会学──民族紛争の制度化のために』名古屋大学出版会、1994年）。また、就職差別という言葉もあります。性別や出身地や肌の色などに序列をつけ、採用プロセスで序列の低い人を冷遇したり排除したりすることです。在日コリアンであるからとか、肌が他の人より黒いといった理由で、他の就活生と同じように就職活動に参加させないのであれば、それは就職差別であり、人種差別です。

　差別という問題は、ジェンダー論と平和学の双方で、中心に位置する重要テーマです。ジェンダー論においては、そもそも、セクシュアリティと区別されるジェンダーという概念自体が、男女の間に優劣をつけ、女性に一定の役割を押し付けて差別する社会のあり方を批判する中で生み出されたものです。ジェンダー論はまた、男に男らしさを求め、女に女らしさを求め、その常識に当てはまらない人たちの存在を否定する差別と、そうした差別を許容する社会のあり方をも批判的に考察してきました。他方で、平和学では、人種差別等のさまざまな形態の差別が、平和を害する暴力の一形態として認識されてきました。なぜなら、差別は、それが個人による行動であれ、制度に埋め込まれたものであれ、基本的人権という、人が生きるためになくてはならないものを否定する暴力だからです。差別はまた、社会の不安定化、紛争、虐殺などをもたらすという点でも非平和的なものです。

　しかし、差別は人権侵害であり、暴力であるという認識が社会に浸透する一方、差別はより不可視化され、認識しづらい形に変わってきています。た

とえば、新人種差別というものがあります。これは、人種や遺伝子以外の基準を持ち出して差別を正当化するものです。たとえば、マジョリティの側にある人々が、自分たちこそが逆差別の被害者だと主張し、マイノリティに対する差別や不平等状況の改善策に反対することは、差別の維持を支持しているという点で人種差別です。職場での男女差別も、現在ではあからさまに女性を差別することは許されない一方で、男性を女性より優遇することには合理性があると主張し、差別を正当化する考えも根強く残っています（→ 4 -G）。

　こうした差別問題について、 6 -G では、日本で男女の賃金格差がなぜ生まれているのかを考察します。日本の男女賃金格差の第1の原因は、男性の方が正規労働に従事する人が多く、女性の方が非正規労働に従事する人が多いからです。2つめの原因は、同じ正社員でも、管理職に就く割合は男性の方が高く、給与格差がついているからです。では、なぜ女性の方が管理職に就く割合が少ないのでしょうか。原因は、管理職＝男性的というイメージと、女性は弱く無能であるという前提を暗に含む、男性は女性を守らなければならないと考える好意的性差別主義によって、女性の昇進意欲が下げられていることにあります。働く女性の5割超が非正規労働者ですが、非正規労働と正規労働の賃金には大きな格差があります。その格差の原因は、非正規労働の担い手だった主婦や学生は、生活費を恒常的に稼ぐ必要はなく、よって賃金は低いままでもよいと思われていたからです。しかし、非正規労働者には、夫との死別や離婚に遭遇して働きだす女性も含まれています。そうした女性に用意されている仕事が低待遇の非正規雇用であることが、日本の貧困問題の背景にあります。

　 6 -P は、2001年に起きた9.11アメリカ同時多発攻撃事件をきっかけに欧米で広まった、イスラーム嫌悪というムスリム差別を考察します。現在、世界人口の4人に1人以上がムスリムですが、9.11事件以降、欧米でムスリムに対する排外主義が強まり、ムスリムと非ムスリムとの関係は緊張の一途を辿っています。しかし、こうした衝突は、イスラーム対非イスラームという文明の衝突ではないと 6 -P は指摘します。なぜなら、いわゆるテロ等の武力行使の多くはムスリム社会の中で起きており、さらに、人間が国家という枠組みを使って自らの意思で争っているにすぎないからです。たとえばアメリカは、対テロ戦争としてイラクを攻撃しました。その原因は、当時のアメ

リカの政治家たちが、軍事力を使ってでも中東のムスリム社会に民主化をもたらすことが、アメリカの平和と安全のために必要だと考えたからでした。しかし、戦後、イラクは内戦状態となり、ISのような過激思想を生み出す温床となりました。このイラクでの失敗経験は、軍事介入による民主化や人道援助は実現不可能であり、国家による軍事力行使で紛争は解決できないことを示しているといえるでしょう。　　　　　　　　　　　（今野泰三）

Gender

6-G　賃金格差

❖ ジェンダーギャップ指数の低迷をもたらす経済における男女格差

　各国における男女格差を測るものさしとして世界経済フォーラム（World Economic Forum）が毎年発表する、ジェンダーギャップ指数（GGI）があります。この指数は、経済、教育、政治、保健の4分野から作成され、2021年の日本の総合順位は156か国中、120位でした。この順位は、G7（主要国首脳会議）の中では、イタリアの63位に次いで最も低く、アジア諸国の中でも韓国や中国、ASEAN諸国よりも低くなっています。日本が低迷する理由は、政治（147位）、そして経済（117位）の順位が低いためです。ちなみに教育は92位、保健は65位となっています（→ 5 -P）。

　政治の順位が低い理由は、国会議員と閣僚に占める女性の割合が低いためです。また経済の順位は、経済活動の参加と機会（68位）、労働力率（79位）、同様の仕事における賃金の同等性（83位）、勤労所得の推計値（101位）、管理職に占める比率（139位）、専門職に占める比率（105位）を総合して算出されます。この節では、経済の順位が低い理由の1つである、女性と男性の賃金が同等でないこと、すなわち男女間の賃金格差がなぜ生まれるかに焦点を当てます。

❖ 賃金格差の現状

　まず性別による賃金格差の現状から確認しましょう。資料6-1は、2020年における仕事からの年間収入別職員・従業員数の推移を男女別に示しています。まず正規労働の年間収入をみると、男性では500～699万円が、女性では200～

資料6-1　仕事からの年間収入別職員・従業員数の推移（男女別）（2020年）

（万人）

	男性正規	男性非正規	男性計	割合（%）	女性正規	女性非正規	女性計	割合（%）
100万円未満	23	187	210	7.0	42	595	637	24.3
100〜199万円	87	180	267	8.9	143	543	686	26.2
200〜299万円	285	136	421	14.0	309	190	499	19.1
300〜399万円	441	76	517	17.2	288	47	335	12.8
400〜499万円	419	33	452	15.1	171	12	183	7.0
500〜699万円	531	20	551	18.4	136	6	142	5.4
700〜999万円	359	9	368	12.3	54	2	56	2.1
1,000〜1,499万円	118	3	121	4.0	8	1	9	0.3
1,500万円以上	24	2	26	0.9	2	0	2	0.1
不　詳	49	19	68	2.3	40	29	69	2.6
合　計	2336	665	3001	100.0	1193	1425	2618	100.0

出典：「労働力調査」（総務省統計局）より著者作成。

299万円が最も多くなっています。また正規労働の人数は男性が2336万人であるのに対し、女性は1193万人です。同じ正規労働でも男性の方が年間収入が多く、また正規労働者全体に占める割合も男性は女性の約2倍であることがわかります。

　つぎに、非正規労働では男性も女性も100万円未満が最も多くなっていますが、非正規労働に就いている人数は男性が665万人に対して、女性は1425万人であり、女性は男性の約2倍の多さです。

　最後に女性全体と男性全体の年間収入を見ると、女性では300万円未満が7割（69.6%）であるのに対して、700万円以上は2.5%です。他方で男性は300万円未満が3割（29.9%）であるのに対して、700万円以上は2割弱（17.2%）となっています。正規労働には男性が、非正規労働には女性が多く就いていることが、男女間の給与所得の差を生み出しています。

　なおこの表のもとになった労働力調査では、勤め先での呼称によって、「正規の職員・従業員」「パート」「アルバイト」「労働者派遣事業所の派遣社員」「契約社員」「嘱託」「その他」の7つに区分し、「正規の職員・従業員」以外の6区分をまとめて「非正規の職員・従業員」として表記しています。

資料6-2　男女間所定内給与格差の推移

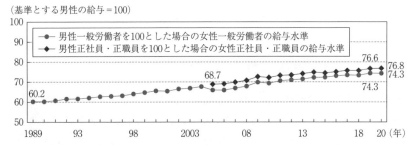

（基準とする男性の給与＝100）

- 男性一般労働者を100とした場合の女性一般労働者の給与水準
- 男性正社員・正職員を100とした場合の女性正社員・正職員の給与水準

出典：『男女共同参画白書　令和3年版』（https://www.gender.go.jp/about_danjo/whitepaper/r03/zentai/html/zuhyo/zuhyo01-02-10.html）。

❖ 正規労働者における男女間の給与格差

　資料6-1は同じ正規労働（正社員）でも男性と女性の間に賃金格差のあることを示していました。資料6-2でも同様のことが示されています。この資料によれば、男性の正社員の給与を100とした場合、女性の正社員の給与は76.8となっており、同じ正社員であっても、平均すると女性の賃金は男性よりも約25%少ないことがわかります。

　同じ正社員であるにもかかわらず、男女間に賃金格差が生じるのはなぜでしょうか。その理由を分析した厚生労働省の研究によれば、正社員の賃金格差を生み出す最大の要因は女性の職階が低いこと、すなわち役職者が少ないことでした（厚生労働省「平成23年版　働く女の実情」より）。

　民間企業において女性で役職者に就いている人の割合は上昇傾向にあるものの、2020（令和2）年時点で係長級、課長級、部長級に占める女性の割合はそれぞれ21.3%、11.5%、8.5%です。依然として、役職者の多くを男性が占めています。

　日本の管理職に占める女性の割合は国際的に見ても低い割合となっています。『男女共同参画白書　令和3年版』に掲載されている「就業者及び管理的職業従事者に占める女性の割合（国際比較）」によれば、民間及び公務員等において課長相当職以上に就いている割合は、日本が13.3%であるのに対して欧米諸国のフランスは34.2%、スウェーデンは40.2%、ノルウェーは34.5%、アメリカは41.1%、英国は36.8%、ドイツは29.4%です。またアジア諸国であるフィリ

ピンは50.5％、マレーシアは23.3％、韓国は15.7％であり、日本では管理職に就く女性の割合が欧米や韓国を除くアジア諸国と比べても低いことがわかります。

❖ 管理職に占める女性の割合が低い理由

　それでは女性が管理職に就く割合が低いのはなぜでしょうか。女性自身が昇進を望まないからだと言われることもありますが、女性の昇進意欲は就職する前の段階では男性よりも低いわけではなく、むしろ就職後に低くなるとの研究があります。社会心理学者の坂田桐子は女性の昇進意欲が下がる要因として、職場の環境が与える重要性を指摘しています。

　坂田は、女性の昇進意欲を下げる要因としてステレオタイプの影響と好意的性差別主義を挙げています。まずステレオタイプの影響から説明します。ステレオタイプとは、女性・男性という集団に対して社会に共有されている知識を指します。男性に関しては自信、独立、冒険的、支配、強さ、競争などが、女性には配慮、相互依存、温かさ、養育、従属性、協力などがステレオタイプに該当します。これらのステレオタイプは女性と男性が互いに補い合う役割を示すとともに、男性が女性をリードするという上下関係を含んでいます。重要なのは、有能な管理職のイメージが男性のステレオタイプと類似していることです。また男性が管理職に多く就いている現実は管理職＝男性的というイメージを補強します。ステレオタイプや管理職に占める男性割合の高さからもたらされる管理職＝男性的というイメージは、「管理職という役割は、本来の自分の役割ではない」という感情を女性にもたらし、その結果として昇進意欲が下がると考えられています。

　つぎに、好意的性差別主義が女性の昇進意欲を下げる点について説明します。女性に対する差別というと「女性は男性よりも劣っている」というようなあからさまな態度を思い浮かべる人が多いと思いますが、近年では女性に対する差別的態度はより複雑であると考えられています。性差別主義についての研究によれば、女性に対する差別には敵意的性差別主義と好意的性差別主義があります。敵意的性差別主義とは、「女性は競争に負けても女性差別のせいだと不満を言う」などのような女性に対する敵意的な見方や女性に対する反感のことです。一方で好意的性差別主義とは、「女性は、男性から大切にされ、守られな

ければならない」「多くの女性には、男性にはない清純な特性がある」などの
ような伝統的な女性役割を受け入れ、こうした女性を保護しようとする考えを
指します。しかし、好意的性差別主義は女性を大切にしているようでありなが
ら、実際には女性は男性より弱いものであり、無能であるという見解を暗黙の
うちに含んでいます。桐田の研究によれば、このような見解を含む好意的性差
別主義は、女性に「キャリアアップすることを期待されていない」という感覚
をもたらし、また責任が重い仕事を最初から女性に割り振らないことにより女
性の自尊心を低下させ、昇進意欲の向上を阻害する可能性があるとされていま
す。好意的性差別主義は、女性に対する悪意がないがゆえに女性にも認識され
づらい一方で、女性が能力を発揮する機会を制限し、また女性の昇進意欲を削
ぐ危険性があるといえるでしょう（桐田 2019）。

❖ 非正規労働者における男女間の給与

　つぎに、非正規労働者の賃金について取り上げます。資料6-3は短時間労
働者の1時間あたりの平均給与格差の移り変わりを示しています。男性一般労
働者を100とした場合、2014（平成26）年の短時間労働者の賃金は男性で55.7、
女性で50.4となっており、男女ともに男性の一般労働者の給与の約半分の水準
になっています。また、短時間労働者では男性と女性の間に一般労働者ほどの
大きな差はみられませんが、約5ポイントの開きがあります。

　ここで短時間労働者と一般労働者について説明します。短時間労働者とは非
正規労働者の一種であり、会社が基準として定める1日あたりの労働時間（1
日8時間労働という会社が多くなっています）よりも短い時間を働く労働者のこと
です。基準となる時間の「一部分」を働くことからパートタイム労働者と呼ば
れることもあります。一方、一般労働者とは、会社が基準として定める1日あ
たりの労働時間を「全て（フルに）」働く労働者を指し、フルタイム労働者と呼
ばれることがあります。

　つぎに男女別に非正規労働者の占める割合を確認しましょう。資料6-1に
よれば2020（令和2）年では、働いている女性の54.4％、男性の22.2％が非正
規労働者であり、女性の過半数は非正規で働いていることがわかります。女性
の過半数が正規労働者の約半分の給与水準である非正規労働に就いていること
も、男性全体と女性全体の賃金格差をもたらしています。

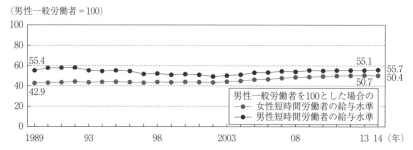

資料6-3　労働者の1時間当たり平均所定内給与格差の推移

（男性一般労働者＝100）

出典：『男女共同参画白書　平成27年版』より。

資料6-4　非正規の雇用形態についた主な理由（男女別）（2020年）

(%)

	男性	女性
自分の都合のよい時間に働きたいから	29.9	31.5
家計の補助・学費等を得たいから	12.4	23.1
家事・育児・介護等と両立しやすいから	1.1	16.9
通勤時間が短いから	4.3	4.9
専門的な技能等をいかせるから	12.5	5.9
正規の職員・従業員の仕事がないから	18.0	8.6
その他	21.7	9.1
合　計	100.0	100.0

出典：「労働力調査」（総務省統計局）より著者作成。

「2020年労働力調査」によれば（資料6-4）、女性が非正規雇用で働く理由として最も多いのは「自分の都合のよい時間に働きたいから」（31.5％）であり、次いで「家計の補助・学費を得たいから」（23.1％）、「家事・育児・介護等と両立しやすいから」（16.9％）の順になっています。一方、男性も女性と同様、「自分の都合のよい時間に働きたいから」（20.9％）が最も多くなっていますが、次いで「正規の職員・従業員の仕事がないから」（18.0％）、「家計の補助・学費を得たいから」（12.4％）という順になっています。女性は「家計の補助・学費を得たいから」「家事・育児・介護等と両立しやすいから」が多く、男性は「正規の職員・従業員の仕事がないから」が多いことからわかるのは、女性は家事等の合間の都合の良い時間に家計の補助として働くために非正規労働を選び、

男性は正規の職員・従業員に就くことができないため非正規労働を選んでいるということです。

❖ 非正規労働者の賃金が低い理由

日本の短時間労働者の賃金水準は一般労働者の半分程度でしたが、EU諸国では短時間労働者の賃金は日本ほど差はみられません。なおこれから紹介する2014年のデータは、男女別の賃金水準ではなく一般労働者を100とした場合の短時間労働者全体の賃金水準です。日本は56.6であるのに対し、イギリス71.0、ドイツ72.1、フランス86.6、イタリア66.4、オランダ74.3、デンマーク79.0、スウェーデン82.2となっており、EU諸国では日本ほどに短時間労働者と一般労働者の間に賃金格差のないことがわかります（「データブック国際労働比較2019」より）。

EU諸国において非正規労働者と正規労働者の間に待遇面で大きな差がない理由は、1980年代以降、非正規雇用が増え始めるなかで、非正規雇用が低賃金労働となることを避けるため、EUがさまざまな指令を出し、各国が法整備を進めてきたためです。その結果、EU諸国では正規と非正規の間で「均等待遇」確保の取り組みが進み、非正規雇用の待遇が改善されてきたのです。

それでは、日本では正規労働に比べ、非正規労働の賃金が低いのはなぜでしょうか。もともと非正規労働者は、主として家事をしながら家計を補助するために就労する主婦パートか、主に勉強しながら小遣い稼ぎのために就労する学生アルバイトから成り立っていました。そして、非正規労働の担い手であった主婦や学生は、生活費を恒常的に稼ぐ必要はないと思われていました。そこから企業は、夫や父親に扶養されている主婦や学生には地域最低賃金額に少し上乗せした程度の賃金を払ってきました。非正規労働者の賃金が低いのは、非正規労働の主な担い手が主婦や学生であったという歴史的な経緯が大きく関係しています（濱口 2013）。

しかし、非正規労働に就いているのは、夫や父親に扶養される主婦や学生ばかりではなく、夫との死別や離婚という不測の事態に遭遇して働き出す女性も、また未婚で1人で生計を立てている女性も男性もいます。こうした女性・男性たちにとって非正規の給与水準は生計を成り立たせるものではありません。また女性が結婚し、出産後に退職すると、再就職先の多くが非正規雇用であるた

め、離婚した場合には女性だけでなく子どもにも貧困が連鎖します。再就職する女性に用意されている仕事のほとんどが低待遇の非正規の雇用であることが日本の貧困問題の背景にあります。

❖ 課題と展望

　最後に性別による賃金格差をなくしていくための方向性を正規労働と非正規労働に分けて述べます。まず正規労働の賃金格差を減らしていくには、管理職やリーダーシップ＝男性的というイメージや責任が重い仕事は女性に任せないなどの好意的性差別主義を変えていくことが重要でしょう。リーダーシップ＝男性的というイメージを変えることに関していえば、女性のステレオタイプと関連づけられていた配慮や温かさ、協力などもリーダーに必要な資質であることを確認することを提案したいと思います。また非正規労働については扶養されている人が担う労働だから低賃金でよいという考え方を改め、非正規労働の価値を適正に評価する仕組み作りが必要でしょう。その際には、客観的な基準に照らして違う仕事であっても、同一の価値の仕事である場合には、性別や正規か非正規かにかかわりなく同一の賃金を受け取るべきであるという「同一価値労働同一賃金」の考え方が参考になるでしょう。

◇ディスカッションポイント
・男性の非正規雇用の賃金が低いのはなぜか、考えてみましょう。
・正規雇用と非正規雇用の長所と短所を考えてみましょう。

✚参考文献
　権丈英子「ジェンダー・ギャップ指数に見る男女の雇用格差」『三田評論』No.1243、2020年。
　坂田桐子「女性の昇進を阻む心理的・社会的要因」大沢真知子編著『なぜ女性の管理職は少ないのか――女性の昇進を妨げる要因を考える』青弓社、2019年。
　濱口桂一郎『若者と労働――「入社」の仕組みから解きほぐす』中公新書ラクレ、2013年。

（風間　孝）

6-P 対テロ戦争と中東

❖「テロ」への視点の置き方

　対テロ戦争（→11-P、13-P）という言葉は、2001年9月11日に起きたアメリカ同時多発テロ事件をきっかけに世界的に広まりました。同時にイスラーム（→7-P）は過激な暴力行使を肯定する宗教であるというイメージで、イスラーム嫌悪が欧米を中心に広まりました。なぜなら、その事件はイスラーム過激派組織によって行われたテロ行為だとされたためです。こうしたネガティブなイメージと、それを否定するムスリムの言動はすれ違い、非ムスリムとの溝がさらに深まっているのが現実です。これは、単純に宗教問題や文明の衝突という言葉で説明できるでしょうか。

　9.11事件直後、アメリカは対テロ戦争を宣言しました。その結果、アメリカはアフガニスタン（→4-P）のイスラーム主義政権ターリバーンとイラクのサダム・フセイン政権を武力により消滅させました。しかし、アフガニスタンとイラクへの武力行使は、大国が軍事力によってテロを撲滅するはずが、かえってテロを増加・拡散させることになりました。その原因は、ムスリムの強い反発を引き起こしたからではないでしょうか。「テロ」と呼ばれる事象は、アイデンティティや状況によって異なるイメージがもたれ、さまざまな暴力の形を含んでいるのではないでしょうか（→7-P、12-P、13-P）。たとえば、理不尽な抑圧、不公正な社会で不利益を強いられていると感じる人々が、加圧する側へ暴力を行使することがあります。こうした暴力は、「テロ」ではなく「抵抗運動」として正当防衛とみなされます。「テロ」という言葉が出てきたとき、誰にとって何が「テロ」や暴力なのかを注意深く考える必要があります（→11-P）。

❖ イスラームとは

　イスラームとは何でしょうか。簡単にいうと、「自らのすべてを神に委ねること」を意味します。ただし、神を心の中で信仰するだけではなく、目に見える形でイスラーム的善行を求めます。神の下で自ら努力（ジハード）すること

資料6-5　中東と考えられている地域にある国々

出典：http://www.moj.go.jp/psia/ME_N-africa.html

が前提ですが、人間の努力には限界があるので最終的にはすべてに神に委ねるということです。その意味で、神の下では全ての人間は平等であるとされます。

　中東地域に住む人々の多くが信仰するのがイスラームです。イスラームを信仰する人々をムスリムと呼びます。信仰というからには、イスラームは宗教であると考えられますが、イスラームは宗教以外の重要な面も持っています。それは、「国家」としての役割です。イスラームは、発祥の歴史的背景から常に社会問題と向き合い、政治や経済も内包し、発展してきました。ですので、個人の内面を扱う「宗教」と社会の安定を図る「国家」としての2つの役割を担っています。歴史上、国家は例外なく常に軍隊を持っており、自国の安全保障のために戦争の権利を持つのは当然とされています。そう考えると、欧米諸国が対テロ戦争を名目に中東地域を攻撃した際、ムスリムが自らに敵対する勢力に対して防衛を主張し、反撃を実行するのは国家の論理で考えれば常識的な反応ではないでしょうか。このように宗教面だけでなく、国家的役割も担っていることから「イスラーム教」ではなく、「イスラーム」と称されます。

❖ 拡大するムスリム人口とその社会

　2020年の全世界のムスリム人口は約19億人、世界の人口の約25％がムスリムであり、1年間の増加率は2.67％（2017年）と算出され、世界人口の4人に1人以上がムスリムになりつつあります（資料6-6）。ムスリムが最も多く居住

するのはアジア地域であり、
インドネシアは最大のムス
リム人口を有しています。
東南アジア、南アジア諸国
だけでなく、中央アジアや
コーカサス地方、トルコも
またムスリム人口が圧倒的
に多い地域です（資料6-7）。
このようにムスリムは必ず
しも中東地域に集中しているわけではありません。

資料6-6　世界のムスリム人口とその割合

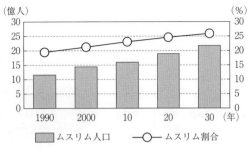

出典：https://www.atglobal.co.jp/strate/263

　人口比率に占めるムスリムの割合が高いのは、イスラームが発祥したアラビ
ア半島を中心とする西アジア地域や北アフリカで、イスラーム文明の拠点でも
あります。これらの地域の国はアラビア語を話す、アラブ民族の人々が中心で
す。イランは、言語や文化はアラブとは異なりますが、最大のシーア派人口を
有し、独自のイスラーム文化を持っています。パレスチナは、ユダヤ教やキリ
スト教発祥の地でもあり、イスラームと千年以上にわたる共生関係を築いてい
ました（→ **7**-P）。アフリカも赤道以北はムスリム人口が多い国々です。ヨー
ロッパもまた、ボスニア・ヘルツェゴヴィナ等、かつてのオスマン帝国の統治
地域を中心にムスリムが多く、西ヨーロッパ諸国に移民や難民として移住した
ムスリムも1500万人以上います。アメリカ大陸や、オーストラリアにもムスリ
ムは多数存在し、世界の広い地域に多くのムスリム社会が形成されています。

❖ イスラーム文明 vs 非イスラーム文明の衝突？

　前述のようにムスリムはほぼ世界中に居住しており、その人口は増加中です。
その中で、非ムスリムとの関係が緊張の一途を辿っているのは、世界の平和維
持や安全保障にとって重大な危機であることは異論の余地がありません。欧米
諸国を中心とした非ムスリム側が、ムスリムは自分たちを狙ってテロを起こす、
異なる文化や生活慣習で社会の分断を招く異分子であるとみなして、彼らの社
会からムスリムを排除しようとする傾向が顕著になっています（→ **11**-P、**12**-P）。
ムスリムは、非ムスリムの排外感情によって差別が固定化され、社会生活で不
利益を被ることや対テロ名目の戦争の犠牲になっています。欧米諸国をはじめ

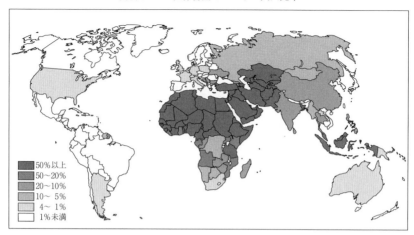

資料6-7　世界各国のムスリム人口比率

凡例
- 50%以上
- 50〜20%
- 20〜10%
- 10〜 5%
- 4〜 1%
- 1%未満

出典：http://www.dokidoki.ne.jp/home2/islam/study/oic.htm

とする非ムスリム側は、「対テロ」を名目とした戦いをムスリム側に行う必要があると考え、ムスリム側はそれを受けて敵対する戦争には応酬しなければならないと考える、つまり暴力の連鎖です。

　ここでいう暴力には、直接的暴力だけでなく、構造的な暴力も広く含まれており、近年はインターネットの発展に伴い、構造的暴力の意味が持つ範囲がさらに広く、深くなっています（→序）。

　こうした衝突は、かつてサミュエル・ハンチントンが言ったような「文明の衝突」なのでしょうか。ハンチントンは「文明の衝突」の中で、異なる文明同士は必然的に衝突すると論じています。しかし、IS（アラビア語でダーイシュ）のようにムスリムでありながら、同じムスリムを攻撃対象とする過激派組織があるように、暴力の加害者側と被害者側の両方がムスリムであるケースも珍しくありません。繰り返しますが、世界中にムスリムが多く存在しているということは、発生しているテロ等の武力行使の多くがムスリム社会で起きているともいえます。ですので、単純にイスラーム対非イスラームの異なる文明間での対立であるとはいうのは、現実にそぐわないのではないでしょうか。

　では、誰が衝突し、争いを起こしているのでしょうか。人間の意思です。人間が国家という枠組みを使い、自らの意思で争っているのです（→3-P）。つまり、「対テロ戦争」を名目とした争いは、イスラーム文明対非イスラーム文

明ではなく、ムスリムが多数を占める地域や国とそれ以外の国家の間に起きているといえるでしょう。

❖ イラク戦争とアメリカによる「民主化」がもたらしたもの

　9.11事件を契機として、2003年3月、アメリカが主体となり、対テロ戦争としてイラクに武力行使を開始しました（→⓬-P）。その開戦理由は明確ではなく、さまざまに推測されました。たとえば、イラクの油田を独占したいからフセイン政権を湾岸戦争時に潰せなかったので報復するため、反米イスラーム政権であるイランに対抗してイラクを同盟国にしたかったから等です。なぜこのような推測がされたのかというと、そもそもの武力行使の根拠が弱かったためです。9.11事件や、それを起こしたアルカーイダともイラクが直接的なつながりを持っていたわけではなく、アメリカが強硬に主張した大量破壊兵器の隠匿もありませんでした。

　では、なぜアメリカはイラクを攻撃したのでしょうか。9.11事件をきっかけに、アメリカは反米勢力が国外からでもアメリカ本土への攻撃を実行可能であることを目の当たりにしました。当時、反米感情の強い国の1つに、1991年の湾岸戦争でアメリカに攻撃されたイラクのフセイン政権がありました。湾岸戦争後、アメリカをはじめとする国際社会は厳しい経済制裁によってイラクを制圧してきました。しかし、フセイン政権がアルカーイダのようにアメリカに対して遠隔地からテロを起こさないとは限らないと疑い、予防的にフセイン政権を倒しておこうと考えたのです。当時のブッシュ政権は、新保守主義（Neoconser-vatism：略称ネオコン）の政治家が主導しており、彼らは「アメリカが平和で安全であるためには、世界中がアメリカと同じ価値観で民主化される必要がある。そのためには、相手の自由や正義を侵しても軍事力で介入することも厭わない」と考えました。

　この考え方は9.11事件以降、アメリカ国民の支持を得て広まり、イラクを攻撃してフセイン政権を倒すことは、中東のムスリム社会に「民主化」をもたらす「特効薬」とみなされました。しかし現実には、次に説明するように、イラクではアメリカが想像することとは正反対の事態が起き、この考え方は、リバタリアニズム（Libertarianism）の暴走として今日まで続くことになります。

　フセイン政権打倒後のイラクでは、制度的には民主化されたものの、国民の

生活環境は急激に悪化し、テロは急増して内戦状態となり、強い反米感情を基にダーイシュの最高指導者となったアブ・バクル・アル・バグダディのような過激思想者を生み出す温床となりました。アメリカは中東の民主化が世界の平和につながるとして、手始めにイラクを民主的な国にしようと戦争介入し、9年近く駐留しました。しかし、民主化や民主主義とは他国に戦争を仕掛けてまで行わなければいけないのでしょうか。そもそも、軍事介入による民主化や人道援助は成しえるのでしょうか。

　また、イラク戦争後、イラク国内では内戦が激化しました。この争いは、フセイン元大統領が属したイラクのムスリム人口の約4割を占めるスンナ派と、約6割のシーア派の宗派対立と言われてきました。しかし、イラク戦争前まで異なる宗派間での通婚や同じ地域での居住は一般的で、ここまで大きな争いが継続されることはありませんでした（→⑦-P）。何が宗派間の対立を煽り、激化させたのでしょうか。その理由として、イラクの宗派間格差と「民主化」が挙げられます。イラクの多数派であるシーア派は、イギリスの委任統治期以降、イギリスの意図により少数派のスンナ派に比べて政治経済社会の周縁に置かれてきました。また、シーア派住民の多いイラク南部地域は1980年代以降、さまざまな戦争に最も近い地域でもあり、政治経済政策の失敗のつけに直面しやすい環境でした。そのため、イラク戦争で従来の社会秩序が転覆した際に、これまで阻害されてきた自らの社会的立場を回復しようとしました。

　イラクには、スンナ派やシーア派に代表されるムスリム以外に、少数派のユダヤ教徒やキリスト教徒、ヤズディ教徒が存在し、民族的にもアラブだけでなくクルドも多く居住しています。戦後の混乱期に、どの選挙候補者の意見が正しいのか、自分たちの生活を改善してくれるのかを見極めることは容易ではなく、同じ宗派や民族、出身地の政治家に投票することが安全であると考える傾向があります。そうすると、人口が多い宗派や民族の代表者が選挙で勝つことになります。多民族や多宗教を有する社会では、候補者が票を集めるために必要以上に宗派や民族の違いを強調し、支持を取り付けようとすることがあります。これを、アイデンティティ・ポリティクスと言います。結果として、選挙結果は宗派や民族ごとの人口構成を反映するものとなり、民主主義の論理として多数派の人たちが有利になります。それが、異なる民族や宗派間での対立を生み出しました。民主的な選挙が、逆に対立を目立たせるアイデンティティ・

ポリティクスの現象は、中東に限らずヨーロッパやアジアでもみられます。

　イラク戦争から得た教訓は、外国の基準による民主化政策を、外国の介入で図ろうとして失敗したということです。その反面教師として起きたのが、2010年12月のチュニジアでのジャスミン革命を発端とする、いわゆる「アラブの春」でした。「アラブの春」では、若年層を中心に、各国の長期独裁政権に対して民主化を求める平和的なデモが中東各国に派生しました。その流れや結果はどのようなものだったでしょうか。

❖ 課題と展望

　近年、中東を中心とするムスリム社会の状況は急激に悪化し、その影響は世界中に波及しています。これは、17世紀半ばのウェストファリア条約以降、築かれてきた国民国家の枠組みが現代社会において機能しえなくなっていることを示しているといえるのではないでしょうか。軍事力行使によって紛争解決はできないということはすでに疑いようがない事実です。ユネスコ憲章（→ **2**-P、**4**-P）にあるように「戦争は人の心の中に起きるもの」であるならば、暴力の連鎖をくい止めるには私たち自身が問題を問い直し、新たな視点を構築することが必要ではないでしょうか。

◇ディスカッションポイント

・「テロ」という言葉が出てきたときに注意しなければいけないことはどんなことでしょうか。また、それはなぜでしょうか。
・「イスラーム嫌悪」による暴力にはどのようなことがあると考えられるでしょうか。直接的暴力と構造的暴力に分けて考えてみましょう。

✚参考文献
　酒井啓子『9.11後の現代史』講談社現代新書、2018年。
　末近浩太『中東政治入門』ちくま新書、2020年。
　西崎文子・武内進一編著『紛争・対立・暴力──世界の地域から考える』岩波ジュニア新書、2016年。
　Huntington, Samuel P., "The Clash of Civilizations?," *Foreign Affairs,* vol.72, no. 3（サミュエル・ハンチントン「文明の衝突」『中央公論』1993年8月号）

（齊藤優子）

7 歴　史

　歴史とは、「過去の人間社会に起こった出来事の変遷や発展の過程、また
はそれを一定の観点から記述したもの」す（野家啓一「歴史」『現代社会学事典』
弘文堂、2012年）。歴史が「一定の観点から記述したもの」であるなら、どの
ような観点から記述されるかによって歴史は異なるものになるといえます。

　また歴史は歴史を語る者の現代的関心と結びつけて語られます。それはそ
の歴史が語られる時代の制約や、歴史を語ろうとする者の利害関心を組み込
んだ上で、歴史が語られるということです。

　このように歴史を捉え返すと、歴史とは客観的に存在しているものではな
く、どのような時代に歴史が語られたのか、また歴史を語る者が何を目的と
しているのか、といった観点から歴史を見る必要があることを意味します。

　このように書くと、歴史とは歴史を語る者が自我を消し去り、客観的事実
に基づいて過去の出来事を再現するものではないのかという疑問を持つ人も
いるかもしれません。しかし、膨大に存在する事実の中から選び取った事実
をもとに叙述する時点で、歴史に主観が入ってくることは免れようのない事
実です。そうであるなら、客観を標榜するよりも、自分がどのような立場に
たって歴史を記述しているのかを表明することの方が学問として誠実なので
はないでしょうか。

　7-G「性規範の変化」は、ジェンダーおよびセクシュアリティの視点か
ら前近代、近代、現代という性規範の移り変わりを見ることを通じて、恋愛
や結婚、性行動に関わる人々の価値観や行動の変化を説明しています。前近
代では、見合い結婚が主流であり、性は家系を継続させ、労働力となる子ど
もを産むために存在していました。前近代は、性＝生殖の時代でした。これ
が近代になると、産業化とともに、性による家系の継続、そして労働力の生
産という側面が次第に重要視されなくなっていきます。また恋愛結婚が主流

となり、性は結婚を約束した人、あるいは結婚した後に行われることが求められるようになります。ここから近代では、性＝愛＝結婚が規範となっていきます。また近代では産業化とともに、夫が家の外で働き、妻は家事育児を担うという性別役割分業が生み出されます。近代の結婚では、恋愛感情とともに、性別役割分業が求められるようになりました。そして現代に入ると、女性の社会進出、そして避妊法の導入ならびに進歩とともに、性別役割分業が少しずつ薄れていきます。性別役割分業が希薄化したカップルにとって結婚は、愛情のみで支えられるものになります。また性は、近代では結婚と結びついていましたが、現代になると愛情があれば性的関係を持ってもよいという人が増え、性は結婚から切り離されるようになります。

　このように性規範は時代とともに変化してきましたが、男性は性に積極的な方が良い、女性は消極的な方が良いという考えは、現在でも存続しています。性規範の歴史は、ジェンダーとセクシュアリティの視点を持つことによって可能になったといえるでしょう。

　7-P「民族紛争という幻想」は、パレスチナ問題を、近代ヨーロッパにおける植民地主義と人種主義が折り重なった問題という観点から語っています。パレスチナ問題は、1948年にパレスチナの土地にイスラエルが建国されたことに端を発します。その背景にはイギリスの外相のアーサー・バルフォアがユダヤ人組織の指導者に宛てて書いた「バルフォア宣言」があります。この建国に対しては、第2次世界大戦中にヨーロッパで起きた人種差別であるホロコースト等への罪滅ぼしとして正当化されることがあります。この宣言は、パレスチナへのイスラエル建国を認めるものでしたが、この建国はパレスチナ人の立場からすれば、自分たちの意志を確認されないままに自らの土地にイスラエルが建国されたことを意味し、植民地化されたということができます。一方でユダヤ人からしてもイスラエル建国は、ヨーロッパ諸国で生起した反ユダヤ主義という人種差別に関してヨーロッパ諸国とユダヤ人との間での十分な和解がないまま、問題解決を図るものであります。イスラエルの建国は、パレスチナ人への植民地主義とユダヤ人への人種差別が折り重なったものだといえるでしょう。民族・宗教紛争の例として扱われるパレスチナ問題が実のところは、宗教紛争ではなく、近代における植民地主義と人種主義によって生み出された紛争なのです。　　　　　　（風間　孝）

7-G　性規範の変化

❖ どのように性規範は変化してきたか

　恋愛や結婚、性について、家族で会話をしているときに、祖父母世代、親世代、そして子世代の間に価値観の違いを感じたことはないでしょうか。なぜ異なるかといえば、それぞれの世代が生きてきた社会のありようを反映しながら性についての価値観がつくられているからです。この節では性規範が日本の歴史の中でどのように変化してきたのかを取り上げます。なお、規範とは「普通、人はこういう場合、どのように振る舞うべきか」という規準のことであり、性規範もその中に含まれています。性規範とは、恋愛や性行動に関してどのように振る舞うのが普通か、という規準を指します。そしてその規範は女性と男性の間、すなわちジェンダーによって異なることがあります。また性規範は、その社会における望ましさを示す一方で、時代とともに変化するものでもあります。

　この節では、前近代、近代、そして現代に至る性規範の移り変わりを、ジェンダーとセクシュアリティの視点から見ていきます。なお、前近代は明治時代まで、西暦でいえば1910年代前半までを指すこととします。大学生から見たら曽祖父母の世代の性規範だと言えるでしょう。つぎに近代は、1910年代後半から1950年代まで、日本の年号でいえば大正時代〜昭和時代の半ばまでとします。大学生にとっては、祖父母の世代の性規範が該当するでしょう。そして、現代は1960年代〜現在までの範囲を指すこととし、現代の性規範には、大学生の父母そして、現在の若者の世代が持つ性規範が含まれます。

❖ 前近代の性規範

　アニメ映画『この世界の片隅に』（2016年）の主人公である、広島市生まれのすずは、1944（昭和19）年に18歳で結婚をしていますが、夫と会ったのは結婚式当日のことです。このように昭和前半には、親が結婚相手を決め、結婚式の日に初めてお互いの顔を見ることも珍しくありませんでした。時代区分でいえ

ば、この結婚は近代に行われていますが、前近代の結婚の特徴と重なるところが多いといえます。

　前近代社会における結婚の主要な目的は、家の経済を意味する家計と、家のつながりを意味する家系を維持することでした。まず、前近代社会において結婚とは、労働力の獲得を意味していました。妻を選ぶ際に重視されたのは、「元気な働き者であること」、そして「労働力としての子供をたくさん産めることであ」り、女性の外見はそれほど重視されていませんでした。妻は、労働することに加えて、多くの子どもを産むことをより期待されていたのです。性は生殖のためにあったといえるでしょう。また結婚にあたっては、相手の家の格も重視されました。この傾向は、富裕で長く続く家系を持つ家の場合はより強く意識されました。家の格がつりあう相手との結婚が望ましいとされていたからです。前近代において結婚は、家計と家系の制約が強く働き、当事者同士の選択の余地は大きくありませんでした。したがって結婚では、恋愛感情や当人同士の相性よりも、家計や家系にみられるように家の存続が優先されていたといえるでしょう（瀬地山 1997）。

　つぎに前近代における結婚外での性について説明します。前近代では、男性は妻が男子を産めないときには、家系の継続のために妾を抱えることを許容されていました。妾とは、女性の衣食住全てを男性が面倒をみたうえで、手当を渡す妻公認の関係のことです。妾が認められていたということは、前近代では、（事実上の）一夫多妻制が存在していたといえるでしょう。また、男性は遊郭で遊び、性行為をすることも許されていた一方で、女性には婚前交渉と呼ばれる結婚前の性行為は認められておらず、結婚相手以外と性行為をしないことを意味する貞操が強く求められていました。ここから、男性の性行動には寛大である一方、女性の性行動には厳格である性のダブルスタンダードが存在していたことがわかります。適用される性規範が男女間で異なっていたのです（瀬地山 1997）。

　結婚が家計と家系を維持するために存在し、性は子どもを産むことが優先されていたことからもわかるように、前近代の性規範は性＝生殖であったといえるでしょう。さらに、前近代には男女間で異なる性規範が適用される性のダブルスタンダードが存在していました。

❖ 近代の性規範

　現在では結婚は恋愛の延長線上に存在すると考えられていますが、こうした考えが広まったのは近代になってからです。前近代の結婚に大きな影響を及ぼしていた家計と家系の制約が弱くなったことが、このような結婚観を後押しすることになりました。

　まず結婚において期待されていた妻の家計における役割は、産業化の進展とともに起こった職住分離によって低下していきます。職住分離とは、近代になって生じた現象であり、職場と住居が分離することを指します。多くの人が農業など第一次産業に従事していた前近代では、労働は自分の家・土地で行われていました。しかし、近代以降、産業化の進展とともに、労働の場は工場や会社へ移っていきます。こうした職住分離に伴って、女性は家事労働を担うことが期待されるようになり、男性は稼ぎ手の役割を担うようになります。料理の腕や家を飾るなどの家事能力を期待されるようになるとともに、農作業ができるかどうかといった労働力としての女性の位置づけは薄れていきます（瀬地山 1997：182-187）。

　また結婚における家系の比重の低下も産業化の進展が関係しています。産業化が進むとともに、若者は工場や会社のある都市に移住し、労働するようになっていきます。若者が農村から都市に移住することによって子との同居が減った親は、子の結婚に介入することが難しくなります。こうして、前近代とは異なり、結婚相手の家の格や家系の継続といった要素は次第に重視されなくなっていきます。また近代に入り、医療の発達とともに、多産多死が改善されていったことも家系の影響を減少させていきました。家の継承のために子どもを多く産む必要が徐々に薄れていったからです（瀬地山 1997）。

　こうして家計と家系の制約が減少する中で、しだいに結婚は当人同士の問題になっていきます。このような環境の変化の中で生まれたのが恋愛結婚です。日本で恋愛結婚が始まったのは大正時代のことですが、一部のエリートの間で行われていたにすぎず、恋愛結婚をする人が半数を超えるのは1960年代に入ってからのことです。

　近代の結婚は、愛情と性別役割を相手に求めました。まず恋愛結婚の広がりとともに、結婚には愛情が必要という認識が広がります。結婚は愛し合う相手

と行われるものになったのです。また、近代の結婚では、産業化に伴う職住分離を背景に男性には家の収入の稼ぎ手という性役割が、女性には家事育児の担い手という性役割が求められるようになりました。このような結婚相手に恋愛感情と性役割を求める家族のあり方を近代家族と呼びます（瀬地山 1997）。

　近代では、建前としては、性は家庭に閉じ込められるべきものとされています。前近代にみられた一夫多妻制に代わって、恋愛結婚の登場とともに、一夫一婦制が理想化され、貞操は男女ともに求められるようになっていきます。性は結婚相手との間で行われるものになり、家庭に閉じ込められるようになったのです。

　その一方で、性の家庭への閉じ込めは「建前」であると述べたのは、性のダブルスタンダートが依然として力を持っていたからです。その例として、結婚前の性交を挙げることができます。性欲が強いとみなされた男性の婚前交渉は大目に見られていたのに対し、女性の婚前交渉は強く規制されていました。また未婚・既婚を問わず男性が性風俗を利用することも許容されていました。男性には婚姻外の性が許容された一方、女性には許容されていなかったといえるでしょう。

　近代の性規範は、ロマンティック・ラブ・イデオロギーと呼ばれます。ロマンティック・ラブ・イデオロギーとは、性＝愛＝結婚の三位一体のことです。つまり、愛する人と結婚し、そのあとにセックスをすることが許される、というのが近代の性規範なのです。また近代の性規範では、結婚相手に恋愛感情と性役割が求められるようになり、性は婚約もしくは結婚した相手との間で、すなわち結婚の中で行うことが求められました。その一方で、性のダブルスタンダードも存在しており、男性には依然として婚姻外の性が許容されていました。

❖ 現代の性規範

　現代の性規範が形成される要因として、経済力を持つ女性の増加と、避妊技術の進歩の2つを挙げることができます。まず現代に入るとともに、男女間の賃金格差は依然として残っているものの、経済力を持つ女性が増え、男女平等が徐々に進んでいきます。男性に経済的に依存せず生活できる女性の増加によって、性役割は揺らいでいきます。また1950年代から避妊のためにコンドームが徐々に使われるようになっていきます（平山 2018）。避妊をして行う性交

の目的は生殖ではありません。避妊技術の普及とともに、性行為は必ずしも生殖を前提とするものではなくなっていきます。日本の避妊技術の普及に関して欧米と異なる点は、ピルの承認が遅れ、女性の間でピルの使用が広がらなかった点です。日本では、女性が避妊を自分の意志で行う状況が生まれなかったといえます（瀬地山 1997）（→ 13-G）。

　近代の結婚では愛情と性役割の2つの要素が重視されていましたが、現代に入ると性役割の要素が薄れることにより、現代の結婚は愛情によってのみ支えられるようになっていきます。近代の結婚では相手への愛情がなくなっても経済的な事情により、少なくない女性が離婚できない状態にありましたが、現代においては経済力を持つようになった一部の女性は愛情の消失により離婚を決断することが可能になりました。現代における離婚の増加の一因は、女性が経済力を持ったことだといえます。このような愛情のみによって支えられている家族を現代家族と呼びます（瀬地山 1997：187-190）。

　つぎに現代における、結婚外の性について説明します。現代の特徴として、結婚前の性行動の活発化、すなわち婚前交渉の増加を挙げることができます。現代においては、結婚前でも愛があれば性行為をしてもよいと考え、実際に性行為をする人が増えています。男性には近代においても婚前交渉が許容されていたため、婚前交渉の増加は、とりわけ女性に顕著に現れるようになりました。現代においては、性行為をするか否かの判断基準が結婚から愛情に移り変わったといえるでしょう。現代の性規範は、近代の性規範であるロマンティック・ラブ・イデオロギー、すなわち性＝愛＝結婚から結婚が切り離され、性＝愛になったといえます。

　また現代に入ると、愛情がなくても、互いの同意があれば性行為をしてもよいと考える人も増えています。同意に基づく性交渉の増加です。この場合には、性行為は、生殖からも、結婚からも、そして愛情からも切り離された、性＝快楽、になっているといえるでしょう（瀬地山 1997：187-190）。

　イギリスの社会学者のアンソニー・ギデンズは、現代の性を「純粋な関係性」という言葉で説明しています。純粋な関係性とは、愛情に高い価値を置き、愛があれば性関係を持つのは当然とする考え方のことです。こうした考え方が現代では多くの人の共有されるようになっています。

　現代の性規範の特徴は、性が結婚から切り離された、という点に求めること

ができます。近代においては、性行為は（とりわけ女性に対して）愛する人と結婚した後に行われるものとされていましたが、現代では結婚から切り離され、愛が性行為の条件になったといえます。また性＝愛、という規範は、新しい恋愛ごとにセックスをするということにもつながっています。一方で、性のダブルスタンダードは依然として残っています。「下ネタ」を話す女性に対して皆さん自身が、そして周囲の人がどのような眼差しを向けるかを想像してみてください。「下ネタ」を話す男性に対する態度とそれは同じでしょうか。男性が性について積極的であることは許容されても、性に積極的な女性が否定的に評価される現状は大きく変わっていません。

❖ 課題と展望

　日本の性規範が前近代、近代、そして現代とともに変化してきたことをみてきましたが、その移り変わりを知って、愛する人との性行為が許容される現代に生まれてよかったと思う人も多いことでしょう。一方で、男性は性に積極的な方が好ましいが、女性は性に消極的な方が望ましいという性のダブルスタンダードは日本社会に残存しています。性規範は変化しても、性のダブルスタンダードは消失していません。性のダブルスタンダードによって、女性は性に消極的であることを求められ、望まない妊娠や性感染症のリスクにさらされやすい状況にあることにも目を向ける必要があります。

　また、冒頭に「性規範とは、恋愛や性行動に関してどのように振る舞うのが普通か、という規則を指します」と述べましたが、あくまでも性規範はその社会・時代における多くの人が考える「普通」であり、すべての人がそのような考え方を持つとは限りません。たとえば、結婚前に性行為をすることに抵抗感を持つ人もいます。このように性のとらえ方には個人差があるからこそ、性には合意と、相手の尊重が必要です。

　最後に、現代の性規範が性的マイノリティにとってどのような意味を持つか考えてみましょう。たとえば、性や結婚の前提となっている愛情に、レズビアンやゲイは含まれているでしょうか。もし含まれていないなら、存在を前提とされていないレズビアンやゲイは生きづらさを抱えやすくなりますが、性別を問わない方向に愛情が位置づけられるようになればその生きづらさは解消されていくでしょう。また性的マイノリティの中には、恋愛感情や性的感情を持た

ない人もいます。すべての人が恋愛感情や性的感情を持つという前提も問い返される必要があるでしょう。

◎ディスカッションポイント
・前近代、近代、現代の性規範のそれぞれについて評価できる点と評価できない点を考えてみましょう。
・みなさんの身の回りにある、恋愛や性行動に関わる性のダブルスタンダードの例を挙げてみましょう。

✚参考文献
　瀬地山角「愛と性の二段階革命」大庭健ほか編著『シリーズ性を問う1　原理論』専修大学出版局、1997年。
　平山満紀「日本ではなぜ近代的避妊法が普及しないのか」『明治大学心理社会研究』14、2018年。

（風間　孝）

Peace

7-P　民族紛争という幻想

❖「民族」・「宗教」は絶対的なもの？

　世界には民族紛争や宗教紛争と呼ばれる紛争がたくさんあります。私たちはこうした言葉をふだん何気なく使っていますが、民族や宗教が異なれば人はおのずと対立しあうものでしょうか。そうした考え方では、異なる民族や宗教信徒は平和的に共存できない、ということになってしまいます。

　問題は、なぜ民族紛争や宗教戦争のように見えるのかです。つまり、民族や宗教を物差しとして対立しあう構造はどのように生まれたのかを問う必要があります。男性や女性などの物差しが、時代・文化・政治的状況によってその中身が違うように、民族や宗教の中身も時代や文化によってさまざまです。また、男性・女性という物差ししかない状況が、人々の多様で生き生きとした性のあり方を制約してしまうのと同様に、民族・宗教という物差しを絶対的なものす

ると、現地の人々の多様なアイデンティティを見落としてしまいます（→**1**-G、
1-P、**6**-P、**7**-G、**9**-G、**15**-G）。

　この節では、民族・宗教紛争として扱われる紛争の例として、パレスチナ問
題（→**11**-P）を取り上げます。一般にパレスチナ問題は、ユダヤ人とアラブ人
（パレスチナ人）間の民族紛争とされたり、ユダヤ教徒とムスリム（イスラーム教
徒）間の宗教紛争とされることが多いです。しかし、こうした理解では実態を
つかむことができません。なぜなら、パレスチナで民族や宗教が他者を排除す
る物差しとなるのは、近代になってからのことであり、この近代における認識
こそが、紛争を生み出してきたからです（→**6**-P）。この節では、パレスチナ
問題はなぜ民族・宗教紛争のように見えるのか、またパレスチナで民族や宗教
のカテゴリーがどのようにして生み出されてきたかを考えます。

❖ パレスチナ人のナクバ（大災厄）

　パレスチナ問題の根幹には、1948年に起きた「ナクバ」と呼ばれる出来事が
あります。ナクバとはアラビア語で「大災厄」を意味します。この言葉は、
1948年にパレスチナの土地の約78%にユダヤ人国家としてイスラエルが建国さ
れたことで、先住民であるパレスチナ人が追放され、難民（→**5**-P）となった
出来事を指します。ナクバでは、当時のパレスチナ人口の約半数の約75万人が
難民となり、500以上の村や都市が破壊されました。以降、パレスチナ難民は
追放の記憶を抱えた国なき民として離散しています。難民が避難したのは、レ
バノン・ヨルダン・シリアといった周辺アラブ諸国や、「ヨルダン川西岸地区（以
下、「西岸」）」と「ガザ地区（以下、「ガザ」）」と呼ばれるパレスチナの残りの
22%の地域でした。イスラエル領となった土地に留まったパレスチナ人もおり、
彼らは現在もイスラエル人口の約20%（約189万人）を占めていますが、ユダヤ
人国家であることを原理とするイスラエルでは、彼らの市民権は十分に認めら
れていません。

　また、現在ナクバはイスラエル建国時の追放のみならず、その後も続くパレ
スチナ人の苦難を象徴する言葉になっています。なぜなら、イスラエルは先住
民の大規模追放という国家創設時の暴力を抱えながら、その後の第3次中東戦
争（1967年）では、さらに西岸とガザ、シナイ半島（エジプト領）、ゴラン高原（シ
リア領）も軍事占領しました。このうち、シナイ半島は1980年にエジプトに返

還されましたが、ゴラン高原はイスラエル領に併合され、西岸・ガザは大部分においてイスラエル占領下のままです。現在のパレスチナ人は、(1)1948年に難民になった人々、(2)1967年にイスラエルが占領した地域に暮らす人々、(3)イスラエル国内で市民権が制約された中で暮らす人々に分断されています。

国連では、パレスチナ難民の故郷への帰還の権利（難民帰還権）が確認されており（1948年12月の国連総会決議181）、また第3次中東戦争でイスラエルが占領している地域についても、イスラエル軍に撤退を求める決議が出されています（1967年の国連安保理決議242など）。にもかかわらず、パレスチナ難民の帰還権の履行は認められておらず、またイスラエルによる占領も続きパレスチナ人の独立国家を設立することもできていません。

❖ 「民なき土地」とされたパレスチナ

なぜこれほど圧倒的な暴力が、パレスチナ人に対して振るわれ続けているのでしょうか。背景には、近代ヨーロッパによるパレスチナの植民地化があります。この植民地化のなかで、パレスチナ先住民にはパレスチナの土地に対する正当な権利が認められず、他方でこの土地での権利を申し立てるヨーロッパ系のユダヤ人に対して主権が認められることになりました。

大航海時代に始まる近代ヨーロッパは、アメリカ「新大陸」の「発見」以来、他の非ヨーロッパ地域を植民地化してその支配を広げました。支配拡大を狙うヨーロッパ諸国がパレスチナに戦略的な関心を持つのが19世紀です。理由は、パレスチナはエジプトのスエズ運河に次ぐ戦略上の重要地とされたためです。さらには、パレスチナがキリスト教の聖書物語の舞台だという理由で、ヨーロッパ・キリスト教文化の起源の地として巡礼や土地調査が行われ、旅行記の出版などを通して親近感が醸成されました。その結果、パレスチナは先住者であるパレスチナ人が長らく文化を育んできた土地であるにもかかわらず、先住民の文化やその歴史的権利は無視され、西洋諸国によって征服されるべき対象と見なされました。

第1次世界大戦初期の統計によると、パレスチナには約72万人の住民が住んでいました。しかし、20世紀初めまでこの地域の支配者であったオスマン帝国が第1次世界大戦でイギリスに敗れて解体されると、パレスチナはイギリスの植民地になりました。新しい支配者となったイギリスはパレスチナを「ユダ

人の民族的郷土」に作り変える政策を取りました。きっかけは、高校の世界史教科書にも登場する1917年の「バルフォア宣言」です。これは当時のイギリスの外務大臣アーサー・バルフォアが、パレスチナでのユダヤ人国家建設を目指していたユダヤ人組織の指導者に宛てて書いた声明でした。

この宣言は英語67語からなる短い文章です。

イギリス政府は、パレスチナにユダヤ人の民族的郷土を設立することを好意的に見ており、この目的達成のために最大限の努力を払う。ただし、パレスチナに現存する非ユダヤ人諸コミュニティの市民的・宗教的権利、および他の諸国でユダヤ人が享受している権利や政治的地位を損なってはならない。

パレスチナでのユダヤ人の民族的郷土の建設が約束されたこの宣言では、パレスチナにすでにある「非ユダヤ人諸コミュニティの市民的・宗教的権利」を損なわないと断り書きがあるものの、ユダヤ人と非ユダヤ人の権利には序列がつけられました。まず、宣言ではユダヤ人を「ユダヤ人」という民族集団として名指ししていますが、パレスチナの先住民たちは名前のない「非ユダヤ人」としてしか扱われず、しかも複数形で「諸コミュニティ」と呼ばれました。また、「民族」と名指されたユダヤ人には集合的権利が認められましたが、「非ユダヤ人諸コミュニティ」に認められた市民的・宗教的権利とは個人の権利でしかありませんでした。そのため、先住民たちは名前のない雑多な集団とされ、「ユダヤ人の民族的郷土」の下で個人としての市民的・宗教的権利しか認められないという構造が生まれました。

このようにバルフォア宣言では、先住民であるパレスチナ人の意志を確認せずに一方的にパレスチナに民族的権利を持つ集団とは誰かを、この土地の住民ではないイギリスが決定したのです。そして、その構造はイスラエル建国によって固定化されてしまいました。こうしたパレスチナの植民地化の構造が、パレスチナ人のナクバを継続させている要因です。

❖ イスラエルの建国と人種主義の問題

先住民の追放によって建国されたイスラエルの体制には、「ホロコースト（→**1**-P）を経験したユダヤ人が、なぜ？」という疑問も多く寄せられます。私たちは高校までの学習で、第2次世界大戦ではヨーロッパのユダヤ人に対す

る人種差別の究極形態であるホロコーストという未曽有の犯罪が起きたことを学び、戦後の世界は世界人権宣言（→⑤-P）やジェノサイド条約などの取り組みを通してこれを克服してきたと考えています。このストーリーの中でイスラエル建国の事実は、ヨーロッパ諸国の反ユダヤ主義に対するある種の罪滅ぼしとして正当化されてきました。しかしこのストーリーはイスラエル建国を正当化する一方、パレスチナ人の運命を忘却しているのであれば、それは植民地主義の構造的暴力に加担する物語だといえるのではないでしょうか。つまり、私たちが高校までに学んできた歴史の知識だけでパレスチナ問題を語ってしまうと、ヨーロッパ諸国がユダヤ人との和解を十分に行わないまま、パレスチナの植民地支配によってユダヤ人国家を設立して問題解決を図ったという歴史的不正義が見落とされてしまうのです。

　ヨーロッパでの反ユダヤ主義は、人種主義の1つの形態です。ホロコースト以前のヨーロッパには約900万人のユダヤ人が暮らしていたと言われますが、反ユダヤ主義とは、住む国も違えば話す言語も違う約900万人の多様なユダヤ人の生を、ユダヤ系の血が流れていることを指標としてユダヤ人という単一のカテゴリーに押し込め、劣等人種と見なす発想です。しかし、ヨーロッパのユダヤ人たちにとって「ユダヤ人であること」の意味は実に多様でした。ユダヤ教への信仰だったり、信仰はなくてもユダヤ文化（安息日を守るため休日は土曜日とするなど）を大事にしたり、ヘブライ語やイディッシュ語（東欧ユダヤ人が使用した言語で、ヘブライ文字を使うがゲルマン語の影響を受けた独特の言語）などの言語を使うことがユダヤ性だと見なされる場合もあります。さらには、ヨーロッパのキリスト教社会に同化し、他のキリスト教徒たちと同じ国民としてその社会を生きてきたユダヤ人も多くいました。しかし、反ユダヤ主義の究極形態であるホロコーストでは、こうした多様なユダヤ人のアイデンティティは無視され、単純に血筋でユダヤ人であるかどうかを一方的に定義し、結果としてヨーロッパ・ユダヤ人の3分の2にあたる約600万人を虐殺したのでした。

❖ 中東におけるユダヤ人国家の衝撃

　パレスチナにユダヤ人国家を建設し、世界のユダヤ人を移住させるという発想は、一見ヨーロッパでの反ユダヤ主義の解決法のように見えます。しかし、それは多様なユダヤ・アイデンティティを抱える人々を、パレスチナという1

つの地域に移住させてユダヤ人国家を作るという発想です。それはユダヤ人を
1つのカテゴリーに押し込む人種主義を克服するものというよりは、維持する
ものとなりました。そして、こうしたヨーロッパ型の人種主義を背景に、パレ
スチナでユダヤ人国家が誕生したことは、中東では大きな衝撃となりました。

　というのも、ユダヤの出自を持つ人々はヨーロッパだけではなく、中東や北
アフリカといった旧オスマン帝国領のさまざまな地域に住んでおり、彼らは
ヨーロッパ・ユダヤ人とは異なる生活様式・言語・宗教典礼を持っていたので
す。さらに、ヨーロッパ社会とオスマン帝国ではユダヤという指標についての
理解も違いました。オスマン帝国下では、ユダヤとは、人種であるよりも宗教
的な指標であり、そのため彼らはユダヤ人というよりユダヤ教徒として生きて
いました。また多文化・多言語のオスマン帝国のイスラーム的国家制度のもと、
ユダヤ教徒は近隣文化コミュニティとの接触を通してアラビア語、トルコ語、
ペルシャ語はじめさまざまな言語を話し、多様な歴史を育んできました。

　オスマン帝国下で、ムスリムやキリスト教徒に並ぶ隣人として存在していた
ユダヤ教徒は、イスラエルがユダヤ人国家として建国された後、中東各地から
イスラエルに移住します。それは旧オスマン帝国領で数百年間にわたって存在
したムスリム、キリスト教徒、ユダヤ教徒の共存の歴史の終わりを意味しまし
た。つまり、イギリスが導入したパレスチナにおけるユダヤ人の民族的郷土の
設立という植民地主義と人種主義の折り重なった政策が、中東におけるムスリ
ム、キリスト教徒、ユダヤ教徒の共存の歴史に幕を下ろし、パレスチナを舞台
とした民族紛争・宗教紛争をもたらしたのでした（→**6**-P）。

❖ 課題と展望

　私たちはユダヤ教徒のすぐ近くで直接顔を合わせて住んでたんだ。交流も付
き合いもあったし、イード（ムスリムの祝祭日）には彼らは私たちの所に来た
りしていた。私たちの所にやって来て一緒に食事したり、私たちとは良い関
係だったんだよ。

　ナクバで失われた故郷について記憶しているパレスチナ難民は、植民地支配
と人種主義による分断以前のユダヤ教徒との関係をこう語ります。パレスチナ
先住民であるムスリム・キリスト教徒・ユダヤ教徒たちは、同じアラビア語を

話し、また同じ1つの神を信仰する一神教徒ですので、かつては聖書に登場する預言者モーセ（アラビア語ではナビー・ムーサー）をはじめ三宗教に共通する聖者を祝う祭りも共に行っていました。しかし、イギリスの植民地支配によって住民間に分断と序列が埋め込まれてしまったため、こうした祭りが闘争の場となり、イギリス当局は共存のシンボルであったこの行事を禁止しました。

　第2次世界大戦後の世界の規範がホロコーストへの反省の下に打ち立てられたという私たちのよく知るストーリーの裏側には、植民地主義と人種主義の暴力に苦しむパレスチナ人の歴史があり、パレスチナ人には現代史の暴力が凝縮して降りかかっているといえます。バルフォア宣言以来、100年以上も植民地主義と人種主義に抗ってきたパレスチナ人は、「ユダヤ」という宗教や民族性を憎悪しているのではなく、植民地主義と人種主義の力による分断と排除の暴力に抗っているのです（→ **6**-P、**11**-P、**14**-P）。パレスチナ難民は、分断と排除が埋め込まれる以前のユダヤ教徒との共存を記憶し、その共存に立ち戻ることがパレスチナの脱植民地化だと語ります。パレスチナ人の脱植民地化のための歩みとは、ホロコーストが十分に教訓化できていない世界において、私たちが本当の意味で人権や平和の精神を貫徹できるかが賭かった問題だと言えます。

◎ディスカッションポイント
・私たちが日常生活で使う用語の中で、「民族」や「宗教」のように他者や自分のアイデンティティをしばるような用語は他に何があるでしょうか。

✚参考文献
臼杵陽『イスラエル』岩波新書、2009年。
金城美幸「パレスチナ難民はなぜ生まれたか──忘却されるナクバ」臼杵陽・鈴木啓之編著『パレスチナを知るための60章』明石書店、2016年。
パペ、イラン（田浪亜央江・早尾貴紀訳）『パレスチナの民族浄化──イスラエル建国の暴力』法政大学出版局、2017年。

（金城美幸）

8 地 域

　地域と聞いて、何が思い浮かぶでしょうか。「地域」より「地方」という言葉の方が、馴染みがあるかもしれません。日本語の「地方」という語は、室町時代に幕府の所在した京都内外を指すものとして使われ、それが転じて、世界や国内の一部分を指す言葉として使われるようになったようです。他方、「地域」という語は、地球表面を区分けし、その区画ごとの様を記述し、分析していくために生み出された地理学の用語です。では、地域とは何でしょうか。

　地域とは、その内部の自然環境や文化や社会のあり方に同質性があり、その独自性によって周囲と区別できるような地理的な範囲を意味します。自然環境を基準とすれば、熱帯雨林地域や乾燥地域などに分けられ、経済や社会を基準にすれば、商業地域、工業地域、市街地域などに分けられます。また、東アジア地域や東南アジア地域のように、ある程度の文化的・経済的・歴史的な共通性を念頭に置いた分け方もあります。

　本章では、こうした広い範囲の地域ではなく、より身近な、私たちが日常生活を送る範囲を指して、地域という言葉を使います。「地域」という概念がわかりにくければ、それを「地元（ジモト）」と言い換えてみると、わかりやすいかもしれません。皆さんの中には、ジモトに住み続ける人もいれば、ジモトを離れて一人暮らししている人もいるかもしれません。それでも、ジモトというのは、ポジティブなものであれネガティブなものであれ、なんらかの意味を皆さんの人生の中で持っているのではないでしょうか。

　まさにこれが、ジェンダーと平和を考えるうえで、地域という観点が大切な理由です。つまり、地域というのは、私たちの生活の基盤であり、私たちのアイデンティティの一部を形作るものです。そして、ジェンダー関係やそれに関わる規範のあり方も、平和を脅かす要因や平和を作るために利用でき

るリソースも地域によって異なります。たとえば、保守的な地域とリベラルな地域では理想とされるジェンダー関係は異なりますし、多様なバックグラウンドを持つブルーカラーの移民が集住する地域と、文化的・経済的に均質なホスト社会の中産階級が集住する地域では、平和を脅かすと住民が考える要因も暴力を排絶したり協調や安心を作るために住民が利用できるリソースも違います。しかし、ジェンダー論でも平和学でも、国の中であればどこでも均質・同質であることが前提とされ、地域という観点は意外と見逃されてきたかもしれません。そこで本章では、地域という観点から、ジェンダーと平和を考えます。

　8-G では、行政区域という地域単位に注目し、渋谷区と世田谷区という２つの自治体が、性的マイノリティのカップルをパートナーとして認証するパートナーシップ制度を導入した経緯を考察します。同性カップルは、パートナーとの共同生活を守り、性的マイノリティの生き方を承認させ、民間の考え方を変えていくために、パートナーシップ制度を求めています。他方で、自治体はそれぞれ独自の地域を代表する行政機関であるため、自治体によって制度が導入された背景や経緯は異なり、制度の内実も自治体によって異なります。また、パートナーシップ制度の導入を目指していた自治体の中には、住民から反対意見が出され、導入を中止または延期したところもあります。このように自治体間で差があるということは、パートナーシップ制度を利用できる人とできない人が国内に存在することを意味します。それは、国民を平等に扱うという国民国家理念とは矛盾します。そのため、8-G では、制度の地域差を解消するため、国が一律に性的マイノリティのカップルの権利を擁護することを提案します。

　8-P では、日本国民の大半が自国の安全保障に役立ってきたと考える日米安保体制が、一部地域に犠牲を強いているという問題について考えます。日本政府は、日米安保体制を維持・強化するため、在日米軍施設の大半を日本全体の0.6％の面積しかない沖縄に集中させ、さらに、「島嶼防衛」という名のもとに、与那国島や石垣島などの南西諸島に自衛隊を新たに配備しています。しかし、この配備計画について、地元住民との対話の機会は十分持たれず、石垣島では住民投票で住民の意思を明らかにしようと住民たちが動きだしましたが、配備推進派の市長や市議会によってその動きは封じ込められ

ました。防衛省は、石垣島での戦闘を想定した作戦を検討し、造営工事中の自衛隊基地に戦闘に備えた武器の配備を検討しています。しかし、実際に戦闘が起きた時、約5万人の住民はどのような状況に置かれてしまうのでしょうか。8-P では、安全保障問題は国家の専権事項だとする考え方に対し、私たち1人1人が、幸せを享受する営みを、自分たちの暮らす場所から問うことこそが重要であると論じます。

（今野泰三）

Gender

8-G　パートナーシップ制度

❖ 導入が進む（同性）パートナーシップ制度

　東京都渋谷区と世田谷区で2015年から始まった（同性）パートナーシップ制度は、現在110を超える自治体で導入され、制度を持つ自治体の総人口は全国の4割を超えています（2021年9月1日現在）。渋谷区が同性パートナーシップ制度を含む条例案を区議会に提案することを発表した際には、多くの人から賛成や反対の意見が表明されました。舛添要一・東京都知事は「差別や偏見をなくすことにつながる」として評価しましたが、自民党の国会議員はブログに「同性パートナーシップ制度が結婚に相当すると区自体が認め」ることは、「「両性の合意」を前提とした日本国憲法第24条と、それを前提とした民法体系、我が国の家族制度の根幹に関わる大問題」であると書き込みました。

　本節では、なぜ同性カップルがパートナーシップ制度を求めたのか、またパートナーシップ制度に対してどのような反対意見が存在するのか、をみていきます。

❖ 渋谷区における導入の経緯

　渋谷区におけるパートナーシップ制度導入をめぐる議論は、2人の区議会議員による議会質問から始まりました。最初に質問した長谷部健区議は、国際都市東京がダイバーシティ（多様性）を受容するとともに、同性カップルが安心して暮らせる環境を整備する必要性を訴え、渋谷区在住のLGBTにパートナーとしての証明書の発行を提案しました（2012年6月）。翌年の区議会では岡

田麻理区議がLGBTのパートナーシップの証明書による「病院の利用や手術の立ち会い、不動産、区の証明書の代理手続きなどについて配慮が可能になる」仕組みを提案しました（2013年6月5日）。

これらの質問に対する桑原敏武・渋谷区長の答弁は、同性カップルに対して区が証明書を発行するという、国内で前例のない制度を作ることが自治体の事務範囲を超えることへの懸念を示しました。最終的に区長は、「法制上の制約」のあるパートナーシップ証明書の発行について、新たに設置されることになった「多様性社会を推進する検討会」での議論に委ねました。

「検討会」では、パートナーシップ証明書の発行を提案した岡田区議、そしてトランスジェンダー男性およびゲイ男性からの聴き取りが行われています。この聴き取りを通じて明らかになったことは、同性カップルは部屋を借りることが難しい現状があることや、パートナーが救急搬送されたとき、親族でないため、最後まで付き添うことができなかった現実があり、同性パートナーは緊急時でもケアできない状況にあることでした。こうした聴き取りを踏まえて、検討会はパートナーシップ証明書発行の必要性を記した報告書を桑原区長に提出し、2015年3月にパートナーシップ制度を含む条例案が区議会で可決されたのです。

❖ 世田谷区における導入の経緯

世田谷区におけるパートナーシップ制度の導入にあたって中心的な役割を担ったのは、トランスジェンダー女性であることを公表している上川あや区議です。上川区議は、パートナーシップ制度の創設にあたり、世田谷区在住の同性カップルの存在を行政に示すことによって、パートナーシップ制度への強い要望を示す必要があると考え、「世田谷ドメスティック・パートナーシップ・レジストリー」という団体の創設を呼びかけました。呼びかけによってレジストリーに集った同性カップルは、パートナーシップ制度がないことによる困難を語り合い、保坂展人・世田谷区長に宛てた要望書を作成します。

要望書には、同性カップルが実際に経験した、ケアをめぐる困難が記されています。たとえば住居に関しては、「二人で最初にアパートを借りようとした時に不動産屋から男同士には貸さないけど、そんなにいうなら管理費を倍払えば大家に掛け合ってやると言われ、仕方なく6年間、毎月、倍（3000円×2）

支払った」体験が記されています（エスムラルダ、KIRA 2015：204-205）。また「当時交際していたパートナーが倒れて入院し、病室にすんなり入れずとても悲しい思いをしたことがありました。（中略）結婚している男女であればこんな思いをすることはなかったのだろうと思うと、やるせない気持ちです」という医療の場面での経験も述べられています（エスムラルダ、KIRA 2015）。レジストリーのメンバーは、それぞれが経験した住居や医療に関する困難をもとにして、同性パートナーシップの公的な承認を区に要求したといえます。要望書の中でレジストリーが求めたのは、同性同士で生活する者を家族として扱う「パートナーシップの登録認証制度」の創設と、その存在を公に認める方策をとることでした（棚村・中川 2016）。

❖ パートナーシップ制度を要求する理由

　パートナーシップ制度は婚姻制度とは異なるため、自治体からパートナーとして認証されても、法律上の権利・義務が発生するわけではありません。にもかかわらず、なぜ同性カップルはパートナーシップ制度を求めたのでしょうか。

　性的マイノリティがパートナーシップ制度を要求した理由は大きく分けて３つあります。１つめは、パートナーとの共同生活を保護するためです。同性カップルは、大家や不動産業者により、部屋や家を借りることに苦労している現実があります。その結果、片方の名義で賃貸契約をすることが多くなりますが、契約者が先に亡くなった場合、契約者でないパートナーは退去しなければなりません。また医療に関しても、同性パートナーは親族ではないという理由により、病状の説明を受けられない、同意書にサインできない、看護ができない状況に置かれることがあります。しかし、パートナーシップ制度を持つ自治体では、公営住宅の応募要件を親族だけでなく、認証を受けた同性カップルにも広げ、また公立の病院において性的マイノリティのカップルを親族として扱うことが始まっています。制度の創設は、自治体におけるパートナーとの共同生活の保護に向けた第一歩であるといえるでしょう。

　２つめは、性的マイノリティの生き方の承認につながるという点です。制度の創設は、自治体が同性カップルを施策の対象と位置づけることを意味します。制度の創設は自治体が性的マイノリティの存在を認知したうえで、施策を遂行することを示しています。また、自治体による認知は、自らの性自認や性的指

向に悩んでいる性的マイノリティにとって、自己の性のあり方が肯定されていると感じることができ、希望を持って健康に成長できる環境づくりにつながるといえるでしょう。

3つめは、民間を変える力になるという点です。パートナーシップ制度を導入している自治体では、不動産業者や民間の医療機関などに対して、自治体の考えを説明し、同性カップルを家族として扱うよう働きかけを行っています。その結果、同性カップルを異性カップルと同様に扱う不動産業者や民間の医療機関が現れてきています。また、携帯電話会社や保険会社などでパートナーシップ制度によって認証されたカップルを対象に、家族割などのサービスを提供する動きも広がっています。行政によるパートナーシップの認証は、自治体サービスの範囲を超えて、民間にも影響を及ぼしています。

なお、パートナーシップ制度は同性愛者や両性愛者だけではなく、トランスジェンダーのカップルにも利用されています。たとえば、戸籍の性は女性で性自認が男性のトランスジェンダー男性と、戸籍も性自認も女性であるシスジェンダー女性のカップルは、異性同士として惹かれあう異性愛カップルですが、戸籍上は女性同士であるため、婚姻できません（シスジェンダーとは出生時に割り当てられた性と性自認が同じ人のことを指します）。このように、法律上同性のカップルには、同性愛者同士のカップルに加えて、一方が性的マイノリティであるカップルも含まれています。パートナーシップ制度を持つ自治体の多くは、こうしたカップルも制度の対象としています。

❖ パートナーシップ制度の内容

渋谷区は、「渋谷区男女平等及び多様性を尊重する社会を推進する条例」の第2条でパートナーシップを「男女の婚姻関係と異ならない程度の実質を備える戸籍上の性別が同一である2者間の社会生活関係をいう」と定め、「性的少数者に対する社会的な偏見及び差別をなくし、性的少数者が、個人として尊重されること」（第4条）との理念に基づいて「パートナーシップに関する証明」（第10条）を行っています。渋谷区のパートナーシップ制度の特徴は、法務大臣によって任命された公証人が作成する公文書である、公正証書（具体的には任意後見契約および共同生活に関わる合意契約）の作成を求めている点です。渋谷区は、公正証書を作成し、かつ(1)渋谷区に居住し、かつ住民登録があること、(2)20歳

以上であること、(3)配偶者がいないこと及び相手方当事者以外の者とパートナーシップがないこと、(4)近親者でないこと、を満たした場合に、証明書を発行しています。

世田谷区は、パートナーシップの宣誓の取扱いに関する要綱に基づいてパートナーシップを認証しています。要綱とは自治体における内部事務の取扱いを定めた文書のことです。この要綱では、宣誓にあたっては、カップルが担当課職員の前で記入するパートナーシップ宣誓書を提出すると、職員が収受印を表示した宣誓書の写しとパートナーシップ宣誓書受領書を交付することになっています。宣誓書には「私たち○○と○○は、『世田谷区パートナーシップの宣誓の取扱いに関する要綱』に基づき、互いを人生のパートナーとすることを宣誓し、署名いたします」と記されています。制度を導入している自治体の多くが要綱に基づく宣誓方式によってパートナーシップを認めています。

このようにパートナーシップ制度は各自治体によって定められるために、制度の内容が異なっています。証明書方式を採用するか宣誓方式を採用するかという点の他に、制度を利用できるのは戸籍上同性であると定める自治体がある一方で、三重県のように「一方又は双方が性的少数者」である２人と定め、戸籍上同性同士でなくても利用できる自治体もあります。さらにはパートナーシップを「お互いをパートナーとするおふたりが、その生活をともにしている、またはともにすることを約束した関係」と定義する愛知県豊明市のように、性的マイノリティでなくても利用できる自治体もあります。また同性カップルの中には、以前に異性と婚姻していた際に出産した子どもといっしょに暮らす同性カップルや、人工授精によって産まれた子どもと一緒に暮らしている同性カップルもいます。このような同性カップルと子どもの関係を認証するパートナーシップ・ファミリーシップ制度を導入している自治体もあります。このように自治体によって制度の内実が異なるのが現状です。

❖ パートナーシップ制度に対する反対意見

パートナーシップ制度の導入を目指していた自治体の中には、住民から反対意見が示されたことを理由に、導入を中止、もしくは先延ばししたところもあります。

山口県宇部市では、2020年12月にパブリックコメントを実施したところ、

「法律婚にある夫婦とのサービスの差が解消できるよう努めてほしい」、「より広範囲の地域で使える制度にしてもらいたい」などの賛成意見16％に対し、「結婚して子どもを育てるのが本来の家庭のあり方」、「制度導入は時期尚早」、「多様な性を学ばせることで、未成熟な子どもの精神的な混乱を招く」などの反対意見が8割程度を占めたために、市民の理解が不足しているとして導入を延期しました（朝日新聞2021年3月4日）。ちなみに宇部市がパートナーシップ宣誓制度を導入したのは半年後の2021年9月のことでした。

　2018年5月にパートナーシップ宣誓制度を導入した札幌市でも、導入前にパブリックコメントを実施したところ、「少子化に拍車をかける」「LGBTはおかしい」「家族制度や結婚制度が崩れる」といった800件もの反対意見が届いたと報道されています。しかし、廣川衣恵・男女共同参画課長は大量の反対意見を読み、「(性的)マイノリティの方たちってこんな偏見のある中で暮らしていらっしゃるんだっていうことがわかったので、だからこそ本当に制度が必要だという思いを強めた」そうです（NHKハートネット「パートナーシップ制度「進まないLGBTs理解　地方の現実」）。札幌市は、制度についての多数の反対意見が届いたことを、むしろ制度導入の必要性として受け止めたといえるでしょう。

❖ 課題と展望

　反対意見があるなかでパートナーシップ制度の実施を中止・延期する自治体がある一方、制度を導入することで性的マイノリティ（のカップル）が経験する、生きづらさを軽減しようとしている自治体もあります。反対と賛成で意見が分かれる状況において、自治体は性的マイノリティの人権（→5-P、14-P）の尊重という課題にどのように取り組むべきでしょうか。

　またパートナーシップ制度が自治体の制度であることは、住んでいる自治体によって制度を利用できる人と、利用できない人がいることを意味しています。こうした差をなくすには、同性婚などを通じて国として性的マイノリティのカップルの権利を擁護することが必要になります。2021年現在、全国5か所（札幌、東京、名古屋、大阪、福岡）で同性婚訴訟が行われています。この訴訟において国は、性的マイノリティのカップルを施策の対象としない現在の政策を維持するのか、それとも立法措置を講じるのかが、問われているといえるでしょう。

◇ディスカッションポイント

・もしあなたの家族がパートナーシップ制度を利用したいと言ったら、家族からはどのような意見が出るでしょうか。どのような反対意見が出てくる可能性があるかを考えたうえで、その意見について自分の考えをまとめてみましょう。

✙参考文献

エスムラルダ・KIRA『同性パートナーシップ証明、始まりました。――渋谷区・世田谷区の成立物語と手続きの方法』ポット出版、2015年。
棚村政行・中川重徳編著『同性パートナーシップ制度――世界の動向・日本の自治体における導入の実際と展望』日本加除出版、2016年。
NHKハートネット「パートナーシップ制度「進まないLGBTs理解　地方の現実」」ウェブサイト（https://www.nhk.or.jp/heart-net/article/43/：最終閲覧2021年12月末日現在）

（風間　孝）

Peace

8-P　地域から問い直す日米安保体制：島嶼防衛に揺れる石垣島から考える

❖ 日本の安全保障と日米安保

　日本の安全保障は、長らくの間、日米安保体制によって維持されてきたと考える人が多いようです。2017年に内閣府の行った「自衛隊・防衛問題に関する世論調査」を見てみると、日米安全保障条約が日本の安全に役立っていると回答した人は、全体の77.5％（「役立っている」29.9％＋「どちらかといえば役立っている」47.6％）を占めています。また、日本の安全を守る方法として、「現状どおり日米の安全保障体制と自衛隊で日本の安全を守る」と答えた者の割合が81.9％にも達しています。しかし、日米安保体制が誰かの犠牲を強いているということはないでしょうか。

　現在、在日米軍が専用で使用する施設の約7割は、日本全体のわずか0.6％の面積しかない沖縄県に集中しています。このため、日米両政府は1996年4月、普天間飛行場を全面返還して「沖縄の負担軽減」を図ると発表しました。ただ

し、返還する基地と同等の機能を有する施設を、名護市辺野古のキャンプ・シュワブ沖の一部を埋め立てて建設することを条件としました。今まで内陸の土地にあった普天間飛行場を海上に「移設」することとなれば、これまでになかった軍港機能が加わるため、「新基地」建設なのではないかとの批判を招いています。この問題については、すでに多くの議論があります。

しかし、「島嶼防衛」という名のもとに、今まで軍事基地のなかった与那国島や石垣島、あるいはすでに航空自衛隊のレーダー基地のある宮古島や奄美大島に、新たに陸上自衛隊のミサイル部隊を配備するといった南西諸島の自衛隊配備の問題はあまり聞いたことがないのではないでしょうか。ここでは、この問題について考えてみたいと思います。

❖ 「尖閣問題」と「島嶼防衛」

政府文書の中に南西諸島への自衛隊配備の必要性が初めて明記されたのは、2004年12月に閣議決定された「防衛計画の大綱」においてです。その後、政府内において、南西諸島における、自衛隊の具体的な整備計画について議論が進められると同時に、自衛隊を配備しようとする島々の地元自治体との話し合いの場が持たれてきました。しかし、どの島においても、地元住民に対する説明は政府からの一方的な説明に終始し、住民たちとの「対話」の機会が十分に保たれることはありませんでした。すでに与那国島、宮古島、奄美大島には陸上自衛隊の基地が開設されました。石垣島では、後で述べるように、住民投票を行って、住民たちの意思を明らかにしようと住民たちが動きましたが、市長や市議会によって、この動きが封じ込められてしまいました。現在、石垣島では2022年中の完成を目指して、造成工事が進行中です。

2012年4月16日、石原慎太郎東京都知事は、アメリカの保守的なシンクタンクであるヘリテージ財団で講演を行い、東京都が尖閣諸島を購入すると表明しました。尖閣諸島のうちの3つの島（魚釣島、北小島、南小島）は当時民有地であり、石原都知事の動きを放置すると、中国側との紛争に発展すると懸念した野田佳彦首相は、2012年9月11日、日本政府が地権者より購入して国有化することを閣議決定しました。すると、中国国内において、激しい反日デモが起きたほか、これを契機に、中国の公船が尖閣諸島の近海に頻繁に現れるようになりました（→ 2 -P）。

　中国の「海警局」という、日本でいう海上保安庁にあたる部門の巡視船が近年、頻繁に尖閣諸島付近を航行し、日本の海上保安庁は警戒を強めています。このため、近年、「島嶼防衛」という言葉によって、南西諸島の警備を強めるべきだという声が高まってきました。

❖ 集団的自衛権の限定的容認と日米防衛協力の指針（ガイドライン）の再改訂

　日本政府は2014年7月1日、「国の存立を全うし、国民を守るための切れ目のない安全保障法制の整備について」という文書を閣議決定しました。この中で、日本は個別的自衛権しか行使することができないとするこれまでの憲法解釈を改め、「我が国に対する武力攻撃が発生した場合のみならず、または我が国と密接な関係にある他国に対する武力攻撃が発生し、これにより我が国の存立が脅かされ、国民の生命、自由及び幸福追求の権利が根底から覆される明白な危険がある」場合（これを「存立危機事態」といいます）には、自衛権を行使することができるとして、集団的自衛権行使への道を開きました。その結果、日米両政府は、1978年に策定された「日米防衛協力のための指針（ガイドライン）」を1997年に改訂したのに続いて、2015年4月27日に再度改訂しました。

　国連憲章第51条では、自衛権を規定しています。ある国が自国を攻撃した場合、それに反撃する権利のことを個別的自衛権といいます。これに対して、攻撃を受けた国と同盟を結ぶ第三国が、攻撃を受けた国に成り代わって反撃を加えることを集団的自衛権といいます。長らくの間、日本政府は、日本国憲法第9条は、個別的自衛権の行使を否定するものではないが、第9条2項に、「戦力の不保持」と「交戦権の否認」を謳っており、集団的自衛権はこれに該当するため、集団的自衛権は行使できないという憲法解釈をしてきました。しかし、安倍晋三政権は2014年7月、この憲法解釈を立法機関である国会で議論することなく、行政機関である内閣で一方的に憲法解釈を変えてしまったのでした。

　現行の日米安全保障条約第6条では、日本の安全のみならず、「極東」の平和と安全のために、日本は米軍に対して施設及び区域を提供することが明記されています。ここでいう「極東」とは、地理学上正確に確定されたわけではないとしつつ、大体において、フィリピン以北並びに日本及びその周辺の地域であって、韓国及び台湾がこれに含まれるとされていました（1960年2月26日政府統一見解を書き改めた）。日米安保条約は、もともとは冷戦構造を前提に、アメ

リカが日本の安全を保障することを取り決め、アメリカが矛、日本は盾の役割を演じるとして、「日米防衛協力のための指針」が合意されてきました。しかし、冷戦構造が劇的に変化してもなお、日米安保体制は必要なのか、という疑問に答えるため、1996年4月に発表された日米安全保障共同宣言において、日米安保の役割の「再定義」を行い、日米安保体制はアジア太平洋地域の不安定性及び不確実性に対処するために引き続き必要であるということを確認しました。この考え方をさらに推し進めて、「我が国と密接にある他国」の典型例ともいえるアメリカに対する武力攻撃が発生し、そのことによって日本の存立が脅かされる場合には自衛権を行使することができるとする「閣議決定」がなされたのです。これに基づいて日米両政府で合意されたのが、2015年の「日米防衛協力のための指針（ガイドライン）」です（→ 3 -P）。

　民主党政権から再び自民党と公明党の連立政権となり、安倍晋三が首相に就任すると、安倍首相はバラク・オバマ大統領に対して、尖閣諸島が日米安保条約の適用範囲であることの確認を求め、オバマ大統領はそれに応えました。しかし、2015年のガイドラインでは、尖閣諸島が有事の際、最初に戦うのは自衛隊であり、米軍はあくまでも自衛隊のサポートにまわることが確認されました。このため、中国の公船が繰り返し尖閣諸島近辺に訪れるようになると、海上保安庁の巡視船だけでは足りず、海上自衛隊を出動させることが必要だとの声も高まってきました。

❖ 石垣島の住民投票

　ここで、石垣島のケースを取り上げましょう。尖閣諸島の行政区は石垣市であり、海上保安庁の巡視船は普段は石垣港に停泊しています。

　沖縄県は土地開発を行う際に、環境アセスメントを求める条例を定めています。この条例が改定され、2019年4月以降に一定規模以上の土地造成を伴う事業に環境アセスメントが義務づけられることから、これを回避するため、防衛省は条例が改定される前年度にあたる2019年3月1日から、石垣市平得大俣地区において、駐屯地の造成工事に着手しました。

　石垣市では、自分たちの将来に関わる大切なことはみんなで考えようと、島の若者たちが「石垣市住民投票を求める会」を立ち上げ、住民投票を行う動きが起きました。地方自治法によれば、有権者の50分の1の署名をもって住民投

票条例の制定を要求することができることが定められているのですが、石垣市には独自の自治基本条例があり、住民投票を求める有権者の4分の1以上の署名が集まったときには、市長には住民投票を実施する義務が生じることが明記されていました。このため、「求める会」は自治基本条例に定められた住民投票請求要件（「選挙権を有する者」の4分の1）を超える1万4263筆の署名を集め、2018年12月20日、中山義隆市長に対して直接請求を行いました。

　中山市長は議会に住民投票条例を提出したものの、2019年2月1日、議会は辺野古への基地建設を問う県民投票を実施するための予算案を可決する一方で、石垣市への自衛隊基地建設をめぐる賛否を明らかにする住民投票の実施を否決しました。「求める会」は、議会で否決されたとしても、市長は住民投票の実施義務があるのではないかと訴訟を起こしました。しかし、2020年8月27日、那覇地裁は訴えの内容が訴訟の対象ではないとして判断を回避しました。市長の主張は、「求める会」による直接請求は地方自治法第74条に基づくものであったため、議会によって否決され、手続は完了したとの立場をとっています。中山市長は自衛隊容認の立場であり、住民投票によって石垣市民の意向が明らかにされるのを拒んでいるのです。その後、市議会では、住民投票規定を削除するなどの石垣市自治基本条例の一部改正案が提出され、2021年6月28日に可決しました。このことにより、「市長は所定の手続きを経て、住民投票を実施しなければいけない」とする規定が削除されることになりました。

❖ 住民の暮らしを守る

　2018年11月29日に開かれた衆議院安全保障委員会において、防衛省の内部文書「機動展開構想概案」が2012年に策定され、石垣島を想定した「島嶼奪回」作戦の検討を行っていた事実が明らかにされました。これは、あらかじめ2000名の自衛隊が配備された石垣島に計4500名の敵部隊が上陸し、島全体の6か所で戦車を含む戦闘が行われることを想定し、「（敵・味方の）どちらかの残存率が30％になるまで戦闘を実施」した場合、戦闘後の残存兵力数は自衛隊が538名、相手は2091名で相対的に我が方は劣勢であることが述べられています。また、その後、1個の空挺大隊、1個の普通科連隊から成る1774名の増援を得て相手の残存部隊と戦闘を行うと、最終的な残存兵力数は自衛隊899名、相手は679名となり、相対的に我が方が優勢だとしています。

ここでは、敵国がどことは明記されていないものの、尖閣諸島をめぐる有事が起きた場合、石垣島を舞台に戦闘の行われることが想定されていることに注目したいと思います。自衛隊は、現在造成工事が進められる自衛隊基地には中距離地対空誘導弾や地対艦弾道弾、小銃迫撃砲のほか、中距離多目的弾道弾の配備も想定していることが明らかとなっています。これは、高性能弾道弾を収めた発射装置を高機動車の荷台に積載したもので、有事の際にはミサイルを発射しながら島中を走り回ることになります。このとき、住民はどのような状況に置かれるのでしょうか。

　有事のとき、国民をどのように避難させるのかを定めた「国民保護計画」の策定を都道府県や市町村に義務づけた国民保護法は2004年に成立しました。その後、集団的自衛権の行使容認を定めた閣議決定を経て、2015年９月、平和安全法制関連２法が可決・成立し、国民保護法の中の文言が「武力攻撃事態」と書き改められました。石垣市も国民保護計画を策定し、武力攻撃事態として「着上陸侵攻、ゲリラや特殊部隊による攻撃、弾道ミサイル攻撃、航空攻撃」の４類型を対象とし、有事の際には、住民はいったん島の中の避難施設に避難した後、空港や港から沖縄本島へ島外避難することが書かれています。しかし、本当に武力攻撃事態が起きたとき、はたしてこのような計画は役に立つのでしょうか。

❖ 課題と展望

　本節では、尖閣諸島をめぐる日中関係が悪化した場合に備えて、石垣島に陸上自衛隊を配備し、そこにさまざまな兵器をおいて、有事の場合にミサイルが飛来するだけではなく、島に敵が上陸した場合に、どの程度の損害が発生するのか、その見積もりまで政府が行っていることを見てきました。政府は私たちが考えている以上に、軍事力による安全保障を実行に移しています。

　安全保障の問題はとかく「国家」の視点で考えてしまいます。また、尖閣諸島も自分たちの住んでいる場所からはかけ離れたところにあり、他人事のように考えてしまいます。しかし、石垣島には５万人弱の人々が暮らしています。また、多くの観光客でにぎわうリゾート地でもあります。太平洋戦争中には、マラリアの有病地帯に避難を余儀なくされ、当時の人口の約12％が亡くなった場所でもあります。

　住民たちが自衛隊基地を受け入れるか否か、自分たちの意思を表そうとした住民投票の実施もうやむやにされてしまいました。安全保障の問題は国家の専権事項だとして、地域住民の意思を問うことを否定する考え方もあります。しかし、私たちは、自分たちが思う存分に幸せを享受する営みを自分たちの暮らす場所から問うことが求められています（→ **9**-P、**15**-P）。

◇ディスカッションポイント

・私たちの「安全な」暮らしはどのように守られているのか、さまざまな意見があるなかで、特に自分の意見と異なる人がなぜそのような意見を持っているのか、お互いに議論してみましょう。

・2015年に定められた「平和安全法制」後の動きについて、特に、敵基地攻撃能力を保有する必要があるとの政府の意見に対して、皆さんはどのように考えるのか、お互いに議論してみましょう。

♣参考文献

　新垣毅ほか『これが民主主義か？──辺野古新基地に"NO"の理由』影書房、2021年。

　日本平和学会編『「沖縄問題」の本質』早稲田大学出版部、2020年。

　星野英一ほか『沖縄平和論のアジェンダ──怒りを力にする視座と方法』法律文化社、2018年。

　内閣府「平成29年度　自衛隊・防衛問題に関する世論調査」（https://survey.gov-online.go.jp/h29/h29-bouei/2-6.html：最終閲覧2021年12月末日現在）

（池尾靖志）

9 性

　日本語の性は、男女の差異という意味と性愛という意味を持っています。前者はさらに生物学的性差（セックス）と社会や文化がつくりだす性差（ジェンダー）という意味が、後者には恋愛感情や性的欲望、性的行動を指すセクシュアリティという意味が含まれています。

　ジェンダーは、性差には生物学的性差（セックス）では説明できない側面があることを示す概念であり、性差に関連した社会的・文化的規範を指します。それはある行為者の性別に関連して期待される役割のことです。ジェンダーが規範であるなら、「男らしさ・女らしさ」は生物学的に決定されたものではなく、社会や文化の影響を受けながらつくりだされたものであり、人間によってつくり変えていくことができることを意味しています。ジェンダーという概念を持つことで、私たちは男性という性別、女性という性別、それ以外の性別に対してどのような期待を持ち、それがどのように変化していったのかを明らかにすることができます。

　一方で、セクシュアリティは恋愛感情や性的欲望、性的行動を分析する概念です。WHO はセクシュアリティを「生涯を通じて人間であることの中心的側面をなし、セックス、性自認とジェンダー役割、性的指向、エロティシズム、快楽、親密さ、生殖がそこに含まれる」と述べています。WHO によれば、セクシュアリティはどの性別に惹かれるか（性的指向）や、自分の性別を一貫してどのように認識するか（性自認）、さらには上で述べた性別に関連してどのようなことが期待されるか（ジェンダー役割）を含む包括的な概念です。セクシュアリティが人間であることの中心的側面であるということは、セクシュアリティは感情や行動に関わるだけでなく、個人の尊厳や権利に関わるものであることがわかるでしょう。

　■9-G では2021年に開催された東京オリンピックをジェンダーとセクシュ

アリティの視点から検討しています。まずオリンピックは女性を排除してき
た歴史を持っています。実際に第１回大会では女性の参加は認められていま
せんでした。女性がスポーツへの参加を制限されてきた背景には、近代ス
ポーツの影響があります。文章化されたルールのもと、平等な条件で勝利を
目指して競い合う近代スポーツのほとんどが瞬発力や筋持久力の優位を競い
合うスポーツであるため、男性は女性よりも優位に立ちやすく、一方で女性
はスポーツに適性がないと考えられてきたのです。オリンピックは、スポー
ツにおける男性優位の考えを世界共通の価値に押し上げる役割を果たしたと
いえるでしょう。

　徐々にオリンピックなどの大会に参加する女性選手が増加するようになる
と、不正をして女性競技に参加する男性を排除するため、女性を対象に性別
確認検査が行われるようになりました。いくつかの検査方法の変遷を経て、
現在では男性ホルモンの一種であるテストステロン値を測定する方法が採ら
れていますが、その結果、女性競技に出場できない選手が出てくるようにな
りました。その選手にとって競技への出場を認められないことは、第三者に
よって女性であることを否定されることを意味するとともに、女性のみが性
別を疑われる点において女性に対する人権侵害であるともいえます。また東
京大会ではトランスジェンダーの選手の出場に対してさまざまな議論が巻き
起こりました。身体の性、性的指向や性自認によって居心地の悪さを感じる
ことなく個性を発揮できるスポーツ環境をつくり出していくためにジェン
ダーやセクシュアリティの視点を欠くことはできないといえるでしょう。

　9-P はジェンダーが戦争の中でどのように利用され、どのような影響を
個人にもたらすのかを考察しています。まず戦時中には、ジェンダー役割を
再定義した例を見出すことができます。第２次大戦前の日本において女性は
若くして結婚し、家事育児を担うことを求められましたが、軍が支援した国
防婦人会において女性は「お国のために」と家の外に出る機会を得ました。
女性たちから積極的な戦争協力を引き出すため、軍部は第２次大戦前のジェ
ンダー役割とは相容れない国防婦人会の活動を利用したといえます。同様の
傾向はアメリカでも見られました。女性たちは労働力が不足するなかで男性
に代わって工場での労働を担い、また軍隊への参加を認められることもあり
ました。そして戦闘には参加しなかったものの、35万人もの女性が看護や輸

送等の分野で活躍の機会を与えられました。しかし活躍の機会が与えられたのは戦争中にすぎず、戦後女性たちはこうした役割を奪われ、家庭に戻ることを求められました。

　また戦場では女性のセクシュアリティが戦争遂行のために利用されることがあります。「純潔」や「貞操」を汚すことで敵の士気をくじくために女性への性暴力が行われ、兵士を性的に「慰安」するために、軍によって「慰安所」が計画・運営されたこともあります。　　　　　　　　（風間　孝）

Gender

9-G　性的マイノリティとスポーツ

❖東京オリンピックとジェンダー／セクシュアリティ

　2021年に開催された東京オリンピックは、さまざまな角度から、スポーツとジェンダー／セクシュアリティの関係に焦点を当てる大会となりました。

　オリンピックにおいてジェンダー／セクシュアリティが議論される理由は、オリンピック憲章が第4項で「スポーツをすることは人権の1つである。すべての個人はいかなる種類の差別も受けることなく、オリンピック精神に基づき、スポーツをする機会を与えられなければならない」と定め、さらに第6項でオリンピック憲章の定める権利および自由は「人種、肌の色、性別、性的指向、言語、宗教、政治的またはその他の意見、国あるいは社会的な出身、財産、出自やその他の身分などの理由による、いかなる種類の差別も受けることなく、確実に享受されなければならない」と述べているためです。オリンピック憲章は、スポーツすることを人権（→5-P、14-P）と捉え、性別や性的指向などを理由に差別を受けることなく、すべての個人にスポーツをする機会を提供することを求めています。オリンピックと関わってジェンダー／セクシュアリティについて議論された理由は、オリンピック競技大会を開催した東京都、そして日本政府は、性別や性的指向を理由とする差別のない大会を準備する必要があったからなのです。

　本節では、東京オリンピックを1つの切り口にして、スポーツの場がすべての人にとって個性や能力を発揮でき、また参加できる機会となっているのかを、

ジェンダーとセクシュアリティの視点から考えます。

❖ オリンピックからの女性の排除

　オリンピックは人権や反差別といった高邁な理念が掲げていますが、ピエール・ド・クーベルタンの提唱によって始まった第1回オリンピック（1896年）の参加者は欧米先進国の白人男性のみでした。これらの理念とは程遠いところから近代オリンピックは開始されました。

　女性のオリンピックへの参加が認められたのは第2回パリ夏季大会（1900年）ですが、女性種目はゴルフとテニスの2種目に限定され、女性アスリートの参加者は1066人中12人にとどまりました。ゴルフとテニスが認められたのは、身体的接触がない個人競技であるからでした。女性の参加種目は、大会を運営する男性が「女性らしい」とみなす競技に限られたのです。

　夏季大会において女性選手がわずかに増加したのは、1928年のことです。この年に開催された第9回アムステルダム大会において、国際女子スポーツ連盟が国際陸上競技連盟とIOC（国際オリンピック委員会）に対してオリンピック大会への陸上競技の採用を要求したことにより、試験的に5種目が採用されました。当時のIOC会長であったバイエ・ラトゥールが「女性の競技は、フェンシング・乗馬・体操など美的なものでなければならない」と述べたといわれているように、陸上競技を「女性向き」ではないと考えた男性が主導するスポーツ組織と、陸上競技の実施を望む女性を擁護するスポーツ組織の間には対立がみられました（來田 2012）。

　いろいろな壁を乗り越えながら、1990年前後から女性選手の参加比率は大きく増加し始めます。1996年のアトランタ大会では女性の参加比率は30％、2004年のアテネ大会では40％を超え、2021年の東京大会では49％になりました。東京大会は、参加比率に関してはオリンピックの歴史上、最もジェンダーバランスの取れた大会となりました。

　一方で、スポーツ団体における意思決定機関に占める女性の参画には課題が残っています。2021年2月時点で、IOC理事会の女性比率は33.3％、日本オリンピック委員会（JOC）の女性理事比率は20％にとどまっていました。また五輪で開催される33競技の各中央競技団体における女性理事比率は平均16.6％であり、女性理事ゼロの団体もあります。東京オリンピック・パラリンピック大

会組織委員会会長で元首相の森喜朗は JOC 臨時評議員会で「女性がたくさん入っている理事会の会議は時間がかかります」と発言したことにより、国内外から批判を受け、辞任に追い込まれましたが、この発言は、女性が意思決定の場に参加することの難しさとスポーツ界の課題を浮かび上がらせたといえるでしょう。なお、森会長辞任の後、大会組織委員会会長に就任した橋本聖子が示した男女平等施策を受けて、2021 年 6 月に JOC の女性理事は 40% となりました。

❖ 近代スポーツ

オリンピックは女性の参加を制限してきた歴史を持ち、また現在のスポーツ組織における女性の意思決定の場への参画は低い割合にとどまっている理由として近代スポーツがもたらしてきた影響を挙げることができます。

近代スポーツとは、文章化されたルールのもと、平等な条件で個人やチームが、勝利を目指して激しく競い合うスポーツのことです。いま私たちがスポーツと聞いて思い浮かべるものの多くが近代スポーツです。

19 世紀後半の西洋社会に誕生した近代スポーツは、近代産業社会の中堅となる人物に必要な「資質」とされた「男らしさ」（→ 9 -P）を獲得するうえで、最良の手段とみなされていました。近代スポーツは、理想的な「男らしさ」に必要な特性であるとみなされていた、勇気、忍耐力、協調的集団精神、リーダーシップ、強壮な身体を育むことができると考えられていたのです。

また近代スポーツは、男性優位を正当化する役割も果たしました。近代スポーツのほとんどが瞬発力や筋持久力の優劣を競うスポーツであるため、女性よりもこれらを平均的に多く持つ男性が優位に立ちやすいためです。たとえば、近代スポーツには含まれないヨガで男女が競いあったとしても、男性が女性よりもつねに秀でる結果にはならないでしょう。このように近代スポーツは、男性に有利な種目から成り立っているために、男性の方が女性よりも体力的に優れているという男性優位の考えを生み出し、支える役割を果たしてきたといえます。近代スポーツを通じて「男性」と「女性」には、明確な身体能力の差が存在するというイメージがたえず生産されてきたのです。オリンピックは、こうした役割を担ってきた近代スポーツを「世界共通の価値」に押し上げる役割を果たしてきたといえます。

❖ 性別確認検査

　オリンピックなどの大会に参加する女性選手が増加するようになると、不正をして女性競技に参加しようとする男性を排除するため、女性を対象に性別確認検査が実施されるようになりました。

　最初に実施されたのは1966年の陸上競技欧州選手権大会（ブダペスト）と言われています。医師の前で女性競技者が全裸で行進するという方法によって性別確認が行われました。しかし、この方法に対しては競技者から屈辱的との声が上がりました。

　そのあとに実施されたのは、性染色体を検査する方法です。これは、女性の性染色体がXX型であるのに対して、男性がXY型であることを利用して男性と女性を区別しようと試みる方法です。この方法に対しても、染色体がXY型でも他の女性よりも競技において有利であるかを決定することは簡単ではないこと、また性分化疾患を持つことにより検査に不合格になった女性アスリートのプライバシー侵害を引き起こすなどの問題点が指摘されるようになります。なお性分化疾患とは、男女それぞれに特徴的な内性器や外性器がつくられる性分化の過程で何らかのトラブルが生じ、生まれつき性染色体、性腺、内性器、外性器が非典型的である状態を指します。このような理由により2000年のシドニー五輪から性染色体検査は廃止されました。ちなみに、オリンピックで最後に性染色体検査が行われた1996年のアトランタ・オリンピックでは、検査対象となった女性アスリート3387名のうち8名がY染色体につながる遺伝子を持つと診断されました。

　現在では、性別に疑いが持たれた一部の選手にのみ性別確認検査が実施されるようになっています。2011年から実施されている現在の検査は、生物学的性別を直接判定するのではなく、男性ホルモンの一種であるテストステロン値を測定する方法をとっています。現在のルールは、2018年に世界陸上競技連盟によって定められたもので、血液中のテストステロン濃度が5ナノモル／リットル以上の選手は、陸上競技400〜1600mには出場できないというものです。国際陸上競技連盟は、このルールが制定された理由として、400〜1600mではテストステロンの血中濃度が高い性分化疾患の女性選手が優位であることが確認できたことを挙げています。

このルールがつくられたことにより、ロンドンとリオデジャネイロで開催された オリンピックの女子800mで連覇を成し遂げた南アフリカのキャスター・セメンヤは東京オリンピックに出場できなくなりました。体内のテストステロン値が生まれつき高かったセメンヤは、出場するためには、その値を下げる治療が必要でしたが、治療をすると怪我をしやすくなることを理由に出場を断念したのです。

　また東京オリンピックが開会してからもテストステロン濃度を理由に競技への参加が認められなかった選手もいます。ナミビアのクリスティン・エムボマとベアトリス・マシリンギは400mで急激に記録を伸ばしたことにより、性別確認検査の対象になり、テストステロンの血中濃度が高かったことを理由に女子400mへの出場を認められませんでした。2人は、規定対象外であった女子200mに出場し、エムボマは銀メダルを獲得し、マシリンギは6位となりました（朝日新聞2021年8月3日）。

　スポーツ社会学者の鈴木楓太は、性別確認検査をオリンピックの名の下で行われた女性に対する人権侵害であると主張しています。その理由は、(1)性別確認検査の結果、ある日、第三者により女性であることを突然疑われ、否定されること、そして(2)女性のみが性別を疑われ、「本物の女」である証明を求められる、というのがその理由です（鈴木 2020）。実際に、エムボマとマシリンギはテストステロンの血中濃度が高いことを今回の検査で初めて知らされたといいます。この2人は、世界中が注目するオリンピックの場で性分化疾患であることを知らされ、女子400mに出場する機会を奪われました。出生時の性で望んだ種目への参加が認められなかったことは、彼女らの女性としての性自認の否定であるといえるかもしれません。

❖ トランスジェンダー女性の競技参加

　国際オリンピック委員会においてトランスジェンダー選手の競技参加が認められたのは、2004年のことです。その条件とは、生まれたときに男性を割り当てられ女性として生活しているトランスジェンダー女性に対しては、(1)性自認が女性であること（ただし、女性であることを宣言した後4年間は変更できない）、(2)出場までの1年間、そして女子カテゴリーで競技を希望する期間を通して血清中のテストステロンレベルが10ナノモル／リットル以下、というものでした。

一方で、生まれたときに割り当てられた性別が女性で、男性として生活しているトランスジェンダー男性の選手には条件は設けられませんでした（日本スポーツ協会 2020：10）。

　東京オリンピックは、この条件を満たしたトランスジェンダー女性が女性競技に参加した初めての大会となりましたが、彼女の女性競技への参加の是非をめぐって議論が起きました。女子87キロ超級に出場したニュージーランドのローレル・ハバードに対して、「男性」が女性の機会を奪っているとの批判の声が上がるとともに、スポーツをする人の中にはトランスジェンダーも含まれることが可視化されたことの意義を訴える声もありました。

　ハバードの参加を契機に、トランスジェンダー女性の参加条件を定めた規定に対して、男性として第二次性徴を経験した人は、骨密度や筋肉量が女性より高くなるなど、生物学的に有利だとの見解も表明されるようになりました。こうした批判に対して、国際スポーツ医学連盟は、ホルモン治療を経たトランスジェンダー女性がシスジェンダー女性（生まれた時に割り当てられた性と性自認がともに女性のこと）と比べてスポーツのパフォーマンスで有利だと証明する科学的な証拠は現時点では存在しないと主張しています（朝日新聞2021年8月2日）。

　今後、現在の規定が不公平といえるのか科学的な検証が行われていくことになるでしょうが、その際に考えるべき点を2つ挙げます。1つめは、オリンピック憲章の精神に基づきトランスジェンダーにも競技参加の機会が保障されなければならないということです。たとえば、性別を変更したことにより出生時の性で競技に参加することができないトランスジェンダーが性自認に基づいて競技に参加を認められないことは、競技参加の機会を奪うことにならないか検討する必要があるでしょう。2つめは、なぜ性別における平等にこだわるのかということです。たとえば、同じ性別の出場選手間にも身長差や体重差があり、また競技に有利な施設や器具、用具を利用できる経済的に発展している国とそうでない国との間に存在する経済格差（→4-P）については問題視せず、ホルモン量にのみ着目するのはなぜでしょうか（「トランスジェンダー選手の五輪出場『オリンピックは排除ではなく、迎え入れる場所だ』。専門家はこう見る」ハフィントンポスト2021年7月30日）。

❖ 課題と展望

　東京オリンピックでは、過去最高の182人の性的マイノリティのアスリートが参加したと報道されましたが、日本からの出場選手に性的マイノリティであることをカミングアウトした人はいませんでした。その理由として、性的マイノリティのアスリートがカミングアウト（公言）しやすい環境が整っていないことが挙げられます。その中には、トランスジェンダーが競技参加しやすい環境が整っていないことの他に、同性愛嫌悪（ホモフォビア）（→■-G）によって生じている問題もあります。

　男女を分けることを当然と考えるスポーツの世界では、異性同士が惹かれあう異性愛を「普通」と考え、同性愛や両性愛を嘲笑し、蔑視する傾向があると言われています。とりわけその傾向は男性間で顕著だとされています。近代スポーツが理想的な「男らしさ」と結びつけられてきたことはこうした傾向を助長します。男性のチームスポーツでは、ロッカールームを共有するとともに、いっしょに銭湯に行くなどの「裸のつきあい」によってチームの結束を深めることがあります。これらの行為が性的なものではないことを示すために、男性間で女性部員の容姿やスタイルを品定めしたり、男性同性愛を揶揄する発言が行われているとの研究もあります（鈴木 2020）。

　こうした雰囲気は、同性愛者のアスリートのカミングアウトを困難にしています。競泳で五輪金メダルを5つ獲得しているオーストラリアのイアン・ソープ選手は、引退後の2014年にゲイであることを明らかにしました。彼はインタビューで「オーストラリアがゲイのチャンピオンを望むかどうか、不安に思う自分がいた」と答えています。また彼は何年間も鬱病で闘病し、自殺を考えたこともあったとも述べています（日本スポーツ協会 2020）。

　スポーツの世界も、性的指向や性自認のあり方によって居心地の悪さを感じることなく、個性が発揮できる環境に変化させていくことが求められています。

◇ディスカッションポイント
・学校教育におけるスポーツの目的をふまえて、トランスジェンダー女性が中学や高校の女性種目・競技に参加することについてどのように考えますか。

✦参考文献

飯田貴子・熊安貴美江・來田享子編著『よくわかるスポーツとジェンダー』ミネルヴァ
　書房、2018年。

來田享子「指標あるいは境界としての性別」杉浦ミドリ他編著『身体・性・生──個
　人の尊重とジェンダー』尚学社、2012年。

鈴木楓太「人権とジェンダー・セクシュアリティからみたオリンピックの現在」『季
　刊　SEXUALITY』97号、2020年。

日本小児内分泌学会「性分化疾患」ウェブサイト（http://jspe.umin.jp/public/seibunka.
　html：最終閲覧2021年12月末日現在）

日本スポーツ協会『体育・スポーツにおける多様な性のあり方ガイドライン──性的
　指向・性自認（SOGI）に関する理解を深めるために』、2020年。（https://www.
　japan-sports.or.jp/medicine/tabid1242.html：最終閲覧2021年12月末日現在）

（風間　孝）

Peace

9-P　戦争におけるジェンダーの利用

❖ 戦争とジェンダー

　戦争という行為とジェンダーはどのように関係するのでしょうか。ジェンダーをシンプルに社会や文化が規定する「女らしさ」「男らしさ」「女役割」「男役割」（→6-G、9-G、15-G）と捉えて、思いつくことを述べてください。たとえば男性であれば、戦場に赴いて死を恐れずに勇ましく戦うイメージ、女性であれば、兵士を増やすために子どもを産み、銃後を守る姿、あるいは敵の攻撃に逃げ惑い、性暴力の対象ともなる弱者というイメージでしょうか。

　しかし、第1次世界大戦以降、男性労働力の不足を補うため、女性を危険な兵器工場で働かせた国、正規軍への女性の入隊を認めた国、さらに女性兵士を実戦に参加させた国もありました。その後、2度の世界大戦を経て、軍隊に参加する女性は増えています。2015年12月、アメリカ軍はすべての戦闘任務を女性兵士に解禁すると決定しました。また、女性には母性があるため暴力を嫌い、暴力に手を染めないと言われますが、多くの戦争・紛争で女性も暴行や殺害を行っています。たとえば1994年のルワンダ虐殺では、ツチ族とフツ族和平派に対する殺害に加担した女性もいます。

戦争では極限まで人的資源を動員する必要があります。そのため、既存の
ジェンダー規範を利用・強化する傾向が見られますが、必要に応じ、利用する
「らしさ・役割」を変えるご都合主義でもあります。しかし、動員されるのは
生身の人間であり、その影響はその人の生活、人生、家族・人間関係を変えて
しまいます。本節では、ジェンダーが戦争の遂行にどのように利用され、それ
がどのような影響を個人にもたらすのか考察し、その策略を乗り越えていく方
法を探ります。

❖ ジェンダー規範の強化と緩和

　国際政治学者のシンシア・エンローは、戦争を家父長制に基づく巨大な人的
資源動員の体系と捉え、そこにはジェンダーによる人心操作がちりばめられて
いるとしました。家父長制とは、1つの家（組織）の中でその長である男性が
権力を握り、家族の生活や人生を独裁的に決めてしまう政治システムのことで
す。そこで、子を産むという女性の再生産能力は重要な意味を持ち、男性の支
配の対象となります。平和学研究者の江口昌樹は、この見方を冷戦後の旧ユー
ゴスラビアの民族紛争にあてはめ、非民主的かつ女性の権利を認めない各民族
の指導者が、戦争に市民を動員するために既存のジェンダー役割を再定義した
と指摘します。民族を超えて性暴力被害者の治療を行ったボスニア（→**6**-P、
13-P）のメディカ女性セラピーセンターのリエナ・セニコビッチは、「戦争は
男性を『本物の』男にし、女性を『本物の』女にした」と述べ、戦争に赴くこ
とは「母なる国と我々のか弱い女性を守る」という「男らしい男」の義務とな
り、一方、多くの女性が民族の子を産み息子を戦場に送る「英雄的母親」とし
て戦争協力に動員されたと述べました。女性たちの活動は、戦争反対を唱える
側と戦争に協力する側に分裂しました。

　では、第2次世界大戦（→**2**-P、**3**-P、**7**-P）時の日本ではどうだったので
しょう。最大時の会員数が1000万人にまで達した国防婦人会は、満州事変後の
1932年、大阪の1人の女性が出征兵士に茶をふるまい見送ったことから始まり
ました。当時女性は若くして結婚し、夫の家で姑に仕え、家事・育児を担いま
したが、それは窮屈な暮らしでした。国防婦人会はそんな女性たちが「お国の
ために」と外に出る機会となりました。女性に参政権はありませんでしたが、
戦意高揚のためなら演題に立つこともできました。国防婦人会の創設2年後、

軍部は同会に注目し指導と監督を行うようになります。そして、軍部のテロ
（5.15事件、2.26事件）と警察の思想弾圧により軍縮や反戦の動きはつぶされまし
た。1937年に日中戦争が始まると、軍を讃える国民の熱狂のもと、女性たちの
戦争協力は加速化します（NHKスペシャル「銃後の女性たち〜戦争にのめり込んだ
〈普通の人々〉」2021年8月14日放送）。歴史家の加納実紀代はその活動を大要次の
ように述べています。

　女性たちは家族の出征を励まし、戦死を名誉として受忍しました。人前で涙
を見せるのは恥ずべきことでした。1938年の国家総動員法を受けて、活動は消
費節約から、金属供出や戦時国債購入へと拡大しました。女性は食糧や軍需物
資の生産にも従事しました。「産めよ増やせよ」と結婚・出産を奨励し、わが
子に兵役志願を促しました。戦争が長期化すると、遺骨の出迎え、傷病兵への
救護活動に比重が移り、未婚女性に傷痍軍人との結婚が奨励されました。空襲
に備え、敵機監視や防空演習、防火対策も行いました。また、こうした行動に
従わない女性を監視し、圧力を行使しました（『軍事主義とジェンダー――第二次
世界大戦期と現在』インパクト出版会、2008年）。

　1941年12月、日本軍の真珠湾攻撃によりアメリカは第2次世界大戦に参戦し
ました。では、アメリカの女性たちはこの戦争にどう反応したのでしょう。こ
こで、アメリカの女性史研究者のサラ・エヴァンの研究に注目します（サラ・
エヴァン『アメリカの女性の歴史――自由のために生まれて』明石書店、2005年）。

　太平洋を隔てたアメリカでも、女性たちは愛国的熱意に駆られます。また、
以前は女性的でないとされた活動が愛国的義務として認められるようになりま
す。日本との違いは、当初から女性団体が女性の軍隊への参加を求めたことで
す。その結果、陸軍や海軍の看護部隊に加え、1942年から陸軍、海軍、沿岸警
備隊、海兵隊に女性部隊が編成されました。女性たちは戦闘には参加しなかっ
たものの35万人がこれらの組織で働き、さらに1000人が空軍パイロットとして
輸送飛行機を飛ばしました。また、産業分野でも男性労働力の穴を埋め、まず
独身女性が、次に既婚女性が製造業など男性職種に進出し、黒人女性にも家事
使用人以外の雇用が開けました。

　では、こうした女性の活躍は男性の意識を変えたでしょうか。エヴァンによ
ると、戦時対応であっても女性の進出に男性は反発しました。理由は、男性と
しての権威の失墜と当時低賃金の女性労働者に今後の雇用を奪われることへの

不安でした。そのため戦時情報局は、率先して（たとえば化粧した綺麗な女性が工具を握る）ポスターを制作し、メディアや産業の宣伝担当者に「女らしさ」は損なわれていないと手本を示しました。また、戦時の労働問題を扱う機関が女性の雇用に反対する男性の労働争議に介入し、均等賃金を指示しました。さらに政府とメディアは、女性の活用は一時的対応にすぎず、男性の復員後は仕事を明け渡し、復員男性が安らげる家庭を作ると宣伝しました。そして戦後女性たちは解雇され、家事に戻らされました（→**4**-G、**6**-G）。

❖ 戦場の性暴力とジェンダー

　次に、戦場に目を移してみましょう。女性は平時からジェンダー暴力の対象とされますが、戦時・紛争下ではその差別的・抑圧的な傾向が極限に達します。戦場での暴力は戦争遂行のためのニーズと結びついて展開されます。それは、以下のような行動として浮かび上がります。

　敵対勢力の攻撃ポイント：国連安保理決議1820が指摘しているように、性暴力は軍事戦略として利用されます。家父長制の強い社会では女性の「純潔」や「貞操」は守るべき財産であり、それを汚すことで敵の士気をくじくことができると男性が考えるからです。また、レイプ（→**10**-G）で生まれた子どもはレイプした男性の血統を引き継ぐと考えるので、自民族の血統を増やしたと考えます（例：旧ユーゴの「民族浄化策」で実施されたレイプによる強制妊娠）。さらに、レイプでHIVに感染させ、敵にHIVを広め、女性を「時間をかけて殺す」という戦略もあります（例：ルワンダのジェノサイドとしてのレイプ）。

　ジェンダー的資源の調達：平時の女性の役割の中で軍事組織が必要とするものがあります。たとえばセックスです。そのため、女性が誘拐・拘束され奴隷化される場合があります。特定の将校や兵士がその女性を占有する場合、「妻」と呼ばれたりもしますが、「妻」は別の人物に引き継がれることもあります（例：ウガンダ「神の抵抗軍」、インドネシア軍駐留下の東ティモール）。性的「慰安」を軍が計画・運営したのが日本軍「慰安婦」制度（→**10**-P）ですが、敗戦後日本政府は本土を占領する連合軍のために「特殊慰安施設」を用意しました。また、長期の紛争では、敵対勢力の「人口」を抑制するため、被支配地域で強圧的な人口管理策の実施が見られます（例：現在の新疆ウイグル自治区など）（→**13**-P）。

　世界観の教化：いわゆるイスラム原理主義勢力は、より多くの人々を彼らの

規範に従わせ、その規範が貫徹する世界を拡大させることを目的とします。そこで標的となるのは「イスラム規範」に従わない女性です。その規範は恣意的に規定されたもので、服装、教育、男女の分離などに関して定められます。近年の例では、パキスタンで女子教育を推進する当時14歳のマララ・ユスフザイさんがパキスタン・タリバン運動に銃撃され、ナイジェリアの女子校がボコハラムに襲撃されて女子生徒が誘拐・奴隷化される事件が起こっています。

❖ 性暴力被害者の'終わらない戦争'

　戦時性暴力が被害者に与えるダメージは戦後も続きます。そのダメージはその心身と社会生活に及びます。まず、性暴力は性病や妊娠をもたらします。性感染症はHIV／エイズのように命に関わるものもあります。そして、妊娠によって女性は産むか中絶するかの選択を迫られます。多くの宗教が中絶を禁じていますが、生まれた子が家族や社会に受け入れられるとは限りません。実は、紛争時の性暴力は適切に捜査され、処罰されなければ、その実態が明らかになることはありません。性暴力には常に社会の無理解と偏見がつきまとい、被害者が差別を受けることが多いのです（→10-G、10-P）。

　世界中の戦争と紛争で性暴力が発生していますが、再度日本の戦争に目を向けてみます。日本軍の「慰安婦」制度は、現地にトラウマを抱え社会の差別にさらされた女性たち、そして日本軍人の庶子を残しました。一方、日本人女性は純潔を守れと自決を迫られました。敗戦時海外には日本軍に保護されず置き去りにされた日本人がいました。たとえば満州への移民です。その中には侵攻したソ連軍の兵士からレイプされた女性、また、ソ連軍に現地住民からの報復から守ってもらうために移民団から「接待役」として差し出された女性もいます。レイプで妊娠した女性たちもいました。命からがら乗り込んだ引き揚げ船が日本に近づくと、海へ身を投げる人が多かったそうです。厚生省は西日本の主要引き揚げ港に隣接する国立大学の医学部長に対し、被害女性を隔離し、性病対応と超法規的な中絶手術を施すよう密命を下しました（上野千鶴子・蘭信三・平井和子編『戦争と性暴力の比較史へ向けて』岩波書店、2018年）。

❖ 兵士たちの壊れた心

　アメリカは、ベトナム戦争の泥沼化と広がる反戦運動の中で徴兵制を志願制

へと変更し、イラク戦争（→**6**-P、**12**-P、**13**-P）では米軍兵士の14％が女性となり、その任務も戦闘地域に拡大しました。しかし、除隊後多くの女性兵士が深刻なPTSD（心的外傷後ストレス障害）に苦しんでいます。PTSDは男性兵士も抱えますが、女性兵士は「母性」との板挟みになります。2008年9月21日放送のNHKBS世界のドキュメンタリー「壊れゆく家族〜イラクから帰った女性兵士」では、銃撃してきた子どもを射殺したある女性兵士が、帰還後に生まれた息子の顔を見るたび罪悪感に苛まれて世話ができなくなったと語ります。第2次大戦以来女性で初めての「ブロンズスター勲章」を授与された別の女性は、帰還後、悪夢や幻聴など深刻なPTSDの症状に悩まされ、子育てができなくなりました。ブロンズスター勲章とは、「作戦において英雄的、かつ名誉ある奉仕を行い成果をあげた」米軍兵士に対して授与される勲章です。彼女は「自分は英雄などではない、戦場で人を殺した自分が母親に戻れる日はくるのか」と自問します。

　一方、男性兵士の心が壊れる問題が認識されたのは第1次世界大戦以後です。第1次大戦では大量殺戮兵器によって多くの兵士が死傷し、連合軍では「女のように」泣き叫ぶ戦争神経症の兵士が多数出現しました。当時の戦争神経症は「男のヒステリー」と呼ばれました。それまでヒステリー症状は「女の病」とされてきたため、医学界と軍隊がこの問題と向き合うまで時間がかかりました。

　では、日本軍の戦争神経症はどのように扱われたのでしょうか。軍事史研究者の中村江里は次の知見を提示しています。日本でも軍隊は近代日本の「男らしさ」を構築していく上で大きな役割を担いました。兵役を男性に限定し義務化する背景で、〈男性＝理性的／女性＝感情的〉という二分法と、「男子の本分」は兵士であり、「女子の本分」は家庭で子どもを育てることとする言説が流布しました。一方、1931年に貴族院議会で「婦人公民権法案」が圧倒的多数で否決された時には、女性が男性と同等の権利を持つためには女性も兵役の義務を負うべきという意見が出されました。徴兵検査は「一人前の男」の仲間入りを果たす儀式であり、軍隊は「真性の男子」を作る場であり、戦友愛は至上のものとされました。その結果、ヒステリー症状は理想の軍人像に反する存在となり、天皇が統率する皇軍では症例は少ないとされ、病名の変更、過酷な電気痙攣療法の実施、除隊後の恩給査定に影響する傷痍疾病等差の格下げといった措置が取られました。さらなる悲劇は、患者、家族、地域社会がそうした偏見を

内面化してしまったことです（中村江里『戦争とトラウマ——不可視化された日本兵の戦争神経症』吉川弘文館、2017年）。

❖ 課題と展望

　私たちは自分の生活や人生を少しでも良いものにしようと日々格闘しています。しかし、私たちが権力者の利害で分断され、真実から遠ざけられると、そうした努力はエンローがいう「軍事化」というマシンにからめ取られてしまいます。日米両国で戦争協力に邁進した女性たち、原爆を投下した側と投下された側、日本軍の性暴力の被害者と戦死した日本軍兵士の妻や母、こうした人々はその後つながれたでしょうか。私たちはこの策略を徹底的に追及すべきです。

　最後に、2021年1月21日に放送されたNHK BS世界のドキュメンタリー「ルワンダ 虐殺の子どもたち」の一コマを紹介します。ある25歳の男性は母親がフツ族民兵隊長にレイプされて生まれ、親戚に預けられて育ちました。彼は母親に質問します。なぜ彼女は自分で息子を育てなかったのか、なぜ自分は親戚や近所の人からいじめられたのか、父親はどんな人か、自分は生まれなかった方がよかったのか、自分はまともな人生を送れるのかと。母親は「単純なことじゃない」と前置きして、当時自分は幼かったので家族全員を殺された叔母が育てたいと申し出たこと、中絶しろという声が強かったが子どもは彼女の血を引いていると言ってくれた人もいたこと、その隊長は一族の虐殺を命じたこと、拘束中は手榴弾やナタが怖くて身がすくんで男の顔も見られず何ひとつ憶えていないこと、再婚後も男性といることは苦痛であることを語りました。そして、父親に似るな、残虐なことはするな、自分を救出した人のように勇敢な男になれ、この国には両親を亡くして自分の出身さえわからない子がたくさんいるがお前には自分がいる、母としてできることは何でもすると述べました。息子は彼女を支えて生きると答えました。絶望を克服する第一歩は、真実を知り、お互いを理解することかもしれません。彼らがつくる未来に期待します。

　子は親を乗り越えて進む存在です。歴史を学び、人々を分断と憎悪の渦に巻き込む策略を見抜き、それを許さない行動を取ることは可能です。

◇ディスカッションポイント
・韓国では、女性が徴兵を免除されていることへの非難が起きています。女性

が兵士になることはジェンダー平等のために必要でしょうか。また、米軍が徴兵制から志願制に変更した後、どのような人が軍隊に志願しているのでしょうか。

・戦前の日本において警察権力による思想弾圧と右翼と軍部によるテロ活動がどのように行われ、体制への批判が封殺されたのでしょうか。その中で女性たちによる非戦運動はどのように展開され、どのように挫折したのでしょうか。

・世界の戦争や紛争において国や民族を越えた平和運動や被害者支援の取り組みはないか調べましょう。

✿参考文献

アレクシエーヴィチ、スヴェトラーナ（三浦みどり訳）『戦争は女の顔をしていない』岩波現代文庫、2016年。

江口昌樹『ナショナリズムを越えて──旧ユーゴスラビア紛争下におけるフェミニストNGOの経験から』白澤社発行・現代書館発売、2004年。

エンロー、シンシア（池田悦子訳）『戦争の翌朝──ポスト冷戦時代をジェンダーで読む』緑風出版、1999年。

古沢希代子「軍事化されるジェンダー──現代の紛争と女たち」岡本三夫・横山正樹編『新・平和学の現在』法律文化社、2009年。

NHKスペシャル「銃後の女性たち──戦争にのめり込んだ"普通の人々"」（2021年8月14日放送）（https://www.nhk.jp/p/special/ts/2NY2QQLPM3/blog/bl/pneAjJR3gn/bp/pGX6DpAa6l/：最終閲覧2022年2月25日現在）

（古沢希代子）

10 性暴力

　性暴力は、ジェンダー不平等という問題と密接に関係しています。性暴力の問題には、性別格差や性別による決めつけがある社会のあり方と、支配被支配関係を当然として犯罪を矮小化する個々人の心のありさまが関係しているということです。当然、そうした社会や心のあり方は、平和とも真っ向から対立します。女性が性暴力におびえなければならない社会も、性暴力の重大性・犯罪性を矮小化する社会も、平和とはかけ離れています。平和とは、戦争がないだけでなく、あらゆる暴力がない状態、もしくは暴力が減っていく状態だからです。

　平時のジェンダー不平等や性暴力と、戦時の性暴力を切り離して理解することもできません。戦時性暴力は、戦場で命を危険に晒された男性兵士たちの異常心理の下で起こる問題ではありません。むしろそれは、ジェンダー不平等や性別役割分業の影響を強く受けた平時の文化・社会・政治・経済のあり方と連続性を持った問題です。逆にいうと、平時のジェンダー不平等や性暴力を減らすことが、戦時の性暴力を減らすことにもつながるということです。

　ジェンダー平等も平和も、それを1人1人が自らの責任として認識し、その責任を果たしていくことで少しずつ増えていくものです。マイケル・ジャクソンの歌に、「マン・イン・ザ・ミラー（鏡の中の男）」という曲があります。その中に、「世界を良くしたいなら　鏡の中に映る自分から変えていこう」という歌詞があります。しかし、鏡の中に映る自分と、その自分を作り上げている社会をどのように変えれば世界が良くなるのかを知らなければ、平和を増やすことはできません。「それは良くないことだ」と考えているだけで、ジェンダー平等と平和が増えるわけではないからです。そのため本章では、最も身近な暴力の1つである性暴力の問題に焦点を当て、性暴力を減らす取

り組みを紹介し、日本社会と「鏡の中に映る自分」の何をどのように変えていけば、性暴力を減らすことができるのかについて考えます。

10-G では、まず、「レイプ神話」という社会通念が、性暴力被害を甚大にしていると指摘します。さらに、日本において性犯罪の対象が広げられ、刑法が厳罰化され、同時に、被害者支援の制度が作られていった背景や経緯を説明します。他方で、この刑法改正には課題もあると指摘されます。課題とは、被害者支援がいまだ十分に整備されていないこと、刑法で女性間の強制的な性行為や「モノ」の性器への挿入が処罰の対象とされていないこと、暴力や脅迫がなくても強制性交罪等の処罰対象となる監護者に教員、上司、同居していない親族などが含まれていないことなどです。また、この刑法改正では、暴力または脅迫という要件が強制性交罪の規定に残され、公訴時効が撤廃されず、配偶者間の強姦は規定されなかったなどの問題も残されました。10-G は、ジェンダー平等の観点から、日本の性犯罪刑法はいまだ劣悪であり、それを変えていく若い力が期待されていると論じます。

10-P では、日本における「レイプ神話」や性犯罪刑法の劣悪さと鏡関係にある、慰安婦問題について取り上げます。「慰安婦」とされた女性たちが名乗り出を始めたのは、民主化後の韓国において、女性に対する暴力に反対する運動が被害者の訴えの受け皿となってからでした。受け皿ができたことで、女性たちは自らの被害を吐露し、それが受け止められることを確認しながら、被害回復の道を歩み始めることができました。と同時に、被害者の女性たちは、戦時性暴力被害者を支援する運動家になっていきました。「慰安婦」制度の被害者たちは、日本政府に対し、事実を正しく認め、謝罪して賠償し、記憶し、教訓を継承していくことを求めています。しかし日本政府は、被害者たちが認めるように求めてきた事実については否定しています。そのため被害者たちは、日本政府の「お詫びと反省の意」を謝罪として受け止めていません。10-P は、「慰安婦」問題に関する事実を具体的に認め、それを繰り返し教育し、その教訓を生かしていくことこそが問題の解決であると提言します。

（今野泰三）

10-G　レイプ

❖ #Me Too －ハリウッド俳優も私たちも抱える問題は同じ？

　2017年10月『ニューヨークタイムズ』紙の記事は、映画プロデューサーのハーヴェイ・ワインスタインが30年にわたって、俳優や部下に性的嫌がらせ（→ **3**-G）や性暴力（→ **9**-P、**10**-P）を行ってきたことを暴露しました。俳優アリッサ・ミラノは、性的嫌がらせや性暴力を受けてきた女性たちに「#Me Tooと声を上げよう！」とTwitterで呼びかけ、#Me TooはSNSを通じ世界的な性暴力告発の動きとして瞬く間に広がりました。2018年1月第75回ゴールデングローブ賞授賞式では性暴力への抗議の意を込め、女性俳優陣をはじめ業界関係者など300人が全身黒づくめの服装で参加しました。

　2017年5月、日本でも大手放送局記者から性暴力を受けたジャーナリスト伊藤詩織さんが自ら告発し、「日本の #Me Too」といわれました。2017年は性暴力に関しメルクマールとなる年でした。性暴力に関する刑法が110年ぶりに大幅改正されたのです。ところが2019年春には、日本各地で性暴力被害者に不利となる判決が続きました。それを無念に思う女性そして男性も含めさまざまな人々はフラワーデモを始めました。日本各地の駅前等に思い思いの花を携え集まり、被害者の想いに寄り添い性暴力撤廃を訴える活動です。2019年4月から翌年3月までで2万人が参加しました。

　性暴力は、ハリウッド俳優も私たちも無縁ではありません。性暴力の問題を少しずつでも解決していくにはどうしたらよいのでしょうか。

❖ 性暴力の被害状況

　心理学者の小西聖子は、7～8割の女性が、抱きつき、痴漢などの強制わいせつにあたる行為や公然わいせつにあたる露出などの性被害を経験しているといいます。2021年に内閣府が発表した『男女間における暴力に関する調査報告書』では、無理やりの性交等の被害経験を持つ女性は14人に1人、男性は100人に1人です。18歳未満に被害を受けた者のうち1割強は、監護者（子どもを

育てている親など）からの被害者です。被害者の6〜7割はどこにも相談せず、相談しても、友人・知人が最も多く23％、警察への相談は5％です。加害者は、交際相手・元交際相手が3割で最も多く、配偶者、元配偶者、職場・アルバイト先関係者、親戚、学校・大学の関係者が続きます。全く知らない人というのは1割程度で、加害者は被害者と同性の場合もあります。被害に遭った年齢は20代が半数程度を占めて最も多く、次いで30代（16.2％）、18〜19歳（14.8％）、小学生・40代（11.3％）となっています。被害後、当事者の7割が生活上困難を抱えるようになっています。精神面の不調が多く、学校や職場をやめたり、転居した人もいます。また、PTSD発症率が5割、自殺や自傷率は2.5倍から8倍以上になることもわかっています。

　法務省『令和2年版犯罪白書』によれば、強制性交等の認知（被害届・通報・相談等）件数は1405件、そのうち検挙数は1311件であり、『平成27年度版犯罪白書』によれば、検挙された強姦の50.9％は知っている人や親族からのものです。

　これらのことからわかることは、(1)性暴力は身近なものである、(2)面識のある者から被害を受ける、(3)自責や恥じる気持ちから、被害を警察などに届けず友人に相談する、(4)被害は命・心そして社会活動に影響する、(5)男性も被害を受ける、(6)同性からも被害を受けるということです。

　性暴力被害を曲解させる通念に「レイプ神話」があります。それは、派手な服装をしている女性が被害に遭う、本当に嫌なら抵抗するはずだ、夜外を独り歩きする女性が被害に遭う、レイプは知らない人によるもの、レイプは男性の衝動性からきている自然なもの等、真実と異なる言説です。大学生への調査によれば、「男は男らしくし男としての役割があり、女は女らしくし女としての役割がある」と強く信じる性役割意識（→ 5 -G、 9 -P）の強い者ほどレイプ神話を信じ、性暴力を矮小化する傾向があることがわかっています。レイプ神話が社会や個人の心の中に根付き、それが「二次被害」に拍車をかけます。二次被害とは、友人あるいは警察等の相談機関及び司法の場で被害者を理解せず犯罪を矮小化する行動を指します。

❖ 性被害への取り組み

　日本において、性犯罪は1世紀以上前の1907年に公布された刑法に基づき裁

かれてきました。第2次大戦後も性犯罪規定に大きな変更はなく、親告罪（被害者の告訴がなければ、刑事事件として起訴することができない罪）規定に至っては1880年から2017年まで続いていました。

　欧米では1960年代から70年代に女性解放運動が起き、1980年代から90年代にかけて欧米各国で性犯罪に関する刑法の見直しが行われました。一方日本では1980年、女性が望まない性行為はすべて強姦であるという認識のもと、東京・強姦救援センターがようやく開設されました。

　1990年代、国連を中心とした国際社会では、女性に対する暴力問題への取り組みが活発化していきました。2000年代に入ると日本は、国連の女性差別撤廃委員会（→5-P）、児童権利委員会、自由権規約委員会から刑法改正を求める勧告を次々と受けました。女性差別撤廃員会委員長であった林陽子が男女共同参画会議専門調査会に入ったことにより、2010年、第3次男女共同参画基本計画において性犯罪に関する罰則のあり方を検討すると記されました。刑法の検討を求める衆参両議院法務委員会の付帯決議もあり、翌年から男女共同参画局「女性に対する暴力に関する調査委員会」において議論が進められ、2012年、性犯罪への厳正な対処を求める報告書がまとめられました。そして2014年から刑法研究者・裁判官・検察官・弁護士・被害者支援団体からなる「性犯罪の罰則に関する検討会」が法務省において発足し、翌年からは法務省法制審議会で議論が継続され、その結果2017年6月に改正案が国会に提出され、改正法は成立・施行となりました。

　法改正を後押ししたのは国際的圧力だけではありません。女性民間団体は一定の役割を長年果たしてきました。2008年に活動を開始した「性暴力禁止法をつくろうネットワーク」等市民団体は、第3次男女共同参画基本計画の策定時から法案成立まで活発に政策提言を行いました。2014年の松島みどり法務大臣による性犯罪厳罰化を宣言した就任会見にも影響を及ぼしました。

　2017年には、衆参法務委員会付帯決議が出され、性暴力被害者の心理等の調査研究、司法関係者等への研修の実施、ワンストップ支援センター設立促進などが盛り込まれました。ワンストップ支援センターとは、米国のDV対応拠点であるファミリージャスティスセンターのワンストップショップ機能（被害者が必要とするサービスが1か所に集まっている）を取り入れたものです。日本では、2010年に初めてSACHICO（Sexual Assault Crisis Healing Intervention Center Osaka）

が開設され、2021年現在は全都道府県に設置されています。ワンストップ支援センターは、性犯罪や性暴力に関する相談窓口であり、産婦人科医療やカウンセリング、法律相談などの専門機関とも連携しています。

　2018年に法務省は「性犯罪に関する施策検討に向けた実態調査ワーキンググループ」を設置し、2020年から2022年の３年間を政府は「性犯罪・性暴力対策の集中強化期間」と定めています。

❖ 性暴力に関する刑法改正内容

　2017年の刑法改正内容を見ていきましょう。１点目は、性犯罪が非親告罪化されました。すべての性犯罪が被害者の告訴がなくても起訴できるようになったのです。被害者の名誉・プライバシー保護のためと謳われながら、「親告罪」の法的意味として、「罪の性質上非常に軽微であり、本人が取り上げない以上は国が関与して罰する必要がない」というものもあります。いずれにせよ、旧刑法の親告罪規定は、被害者の「信じてもらえないだろう」という諦めや自責や恥じる気持ちから告訴する行動を抑制することに働き、場合によっては被害者の告訴の取り下げを目的とした示談交渉が加害者から行われて加害者を有利にするものでした。

　２点目は、強姦罪から強制性交等罪へ変更となったことです。旧刑法第177条における強姦罪の構成要件は「暴行または脅迫を用いて13歳以上の女子を姦淫すること」でしたが、改正刑法は、性別を問わず、暴行または脅迫を用いて性交、肛門性交または口腔性交をすることを強制性交等と規定し、それに準じて準強姦罪も準強制性交等罪に名称変更されました。旧法下で姦淫の罪が重かったのは、貞操を守るべき女性を妊娠させないためでした。それは家制度の下で家の血統を維持する意味がありました。改正刑法では女性が男性に対して性器を挿入するよう強制することも罰せられます。改正刑法によって女性のみならずLGBTQ当事者や男性に対する被害救済が期待できます。

　３点目は、監護者による性犯罪に関する規定の新設です。わいせつな行為、性交等をした監護者（子どもの世話をする親など）は、18歳未満の者に対しては、暴力または脅迫がなくてもただちに強制わいせつ罪、強制性交等罪の処罰の対象となります。地位や関係性を悪用した性行為を罰する初の規定です。

　４点目は、性犯罪に関する法定刑の引き上げです。強制性交等罪、準強制性

交等罪を3年以上から5年以上の懲役に変更しました。2004年に2年以上から3年以上に引き上げられたものの、強盗罪の5年以上よりも短いことは刑が軽いと考えられ、厳罰化が一般予防の効果があると判断されました。5年になると執行猶予は認められなくなります。

❖ 将来に向けて改善すべき点

　改正法にも残された課題は多くあります。1点目は、男性性器のみが問題とされているため、女性間に起きた強制性交等の場合、女性被害者は対象外になってしまいます。また、手指や「モノ」の挿入も強制性交等罪からはずれてしまいます。2点目は、地位や関係性を悪用する者は監護をする親等に限らず、教員、スポーツコーチ、上司、離婚し別居している父、叔父、祖父、兄、母の恋人、医療者（被害者が患者である場合）、ケアワーカー（被害者がケアを必要とする者の場合）などが想定できるため、対象を広げる必要があります。3点目としては、強制性交等罪を構成する暴行脅迫要件が見直すことです。判例では暴行脅迫を被害者の抵抗程度によって判断していますが、殺されるかもしれない恐怖で抵抗できなくなっていることは多いのです。4点目は、公訴時効の撤廃です。被害者は自分の胸の内を長い間言い出せないため、時の経過により証拠散逸の恐れはあるかもしれませんが、なんらかの手立てをすべきです。5点目は、性交同意年齢の引き上げです。被害者が13歳であれば、性暴力犯罪に抵抗し立ち向かったかどうかが裁判で問われます。しかし13歳で可能でしょうか。せめて義務教育終了年齢の15歳まで引き上げるべきでしょう。6点目は、配偶者間の強姦についての規定を入れることです。配偶者間強姦の被害者の鬱病発生率は他人から強姦を受けた場合と同程度であることが明らかにされています。

　今回実現しなかった暴行脅迫要件の撤廃ですが、2018年改正のスウェーデン刑法では同意のない性行為をレイプ罪に問うことができます。「暴行脅迫」などもってのほかで、「イエス」という積極的な同意が示されなければ「ノー」という扱いになります。相手が「ノー」という意思を明確にしていなくてもそれに気がつくべきだという「過失レイプ罪」も創設されました。また、諸外国では、性交同意年齢が15歳から18歳であり、未成年時の被害は時効停止です。イギリスでは年齢問わず時効なしです。くわえて欧米諸国では、1990年代に配偶者間であっても強姦罪が適用されるようになりました。フランスでは婚姻内

強姦の刑を重くしています。ジェンダー平等の観点から日本の刑法は世界と比べ格段に遅れています。

❖ 課題と展望

　性暴力は、性別格差と性別による決めつけがある社会と、支配被支配関係を当然とし犯罪を矮小化する個々人の心の有様が関係しています。ジェンダー平等に無関心な者が多ければ性暴力は蔓延します。そのようななか、若い力が期待されています。2016年の「刑法性犯罪を変えよう！プロジェクト」の「ビリーブ（Believe）〜わたしは知っている〜キャンペーン」に関わった「しあわせなみだ」「明日少女隊」「性暴力と刑法を考える当事者の会」「ちゃぶ台返し女子アクション」はどれも若い世代によるものです。このキャンペーンは刑法改正と性を取り巻く社会のカルチャーを変革することを目的としています。ＪＫビジネス、ＡＶ出演強要、子どもへの性虐待なども含め、若年への人権侵害である性暴力が後を絶たない状況を反映しています。

　それぞれが性暴力についての正しい知識を持ち、法律や社会を少しずつでも変えていくことが大切です。

◎ディスカッションポイント
・性暴力被害に関する最近の裁判について調べ、その判決においてどこが問題か、どこが評価されるべきか皆で話し合ってみましょう。

✦参考文献

小西聖子『新版 トラウマの心理学──心の傷と向き合う方法』ＮＨＫ出版、2012年。
齋藤梓・大竹裕子『性暴力被害の実際──被害はどのように起き、どう回復するのか』金剛出版、2020年。
ハーマン、ジュディス・L（中井久夫訳）『心的外傷と回復［増補版］』みすず書房、1999年。
ミラー、アリス（山下公子訳）『魂の殺人──親は子どもに何をしたか［新装版］』新曜社、2013年。

（山口佐和子）

Peace

10-P　慰安婦問題

❖ 「慰安婦」とは

　皆さんは「慰安婦」という言葉から何を連想しますか。「慰め」「安らがせる」女性。語義どおりに解釈すれば、そうなると思います。しかし、それは軍隊の側から見た身勝手な呼称で、身体を拘束されて性暴力（→ 9-P、10-G）を繰り返された女性の側からすれば「慰め」や「安らぎ」とは正反対の奴隷状態というべきものでした。

　そこで、この問題が被害者自身によって告発された1990年代初めから、国際的な議論の中では"sexual slave"という用語が使われてきましたし、漢字語圏でも近年、日本軍性奴隷という、被害女性の側に視点を置いた呼称が定着しつつあります。

　本節では、日本軍「慰安婦」（→ 9-P）という呼称を用います。これは、1993年に被害者と支援者らが集まって開催した第2回アジア連帯会議で了承された呼称です。「慰安婦」という言葉自体の問題性と不当性を認めつつ、しかしその不当な名称を歴史から消すことなく、それはあくまで被害女性の立場を無視したものであったという意味を込めて括弧でくくり、日本軍の被害者であることを明確にするために日本軍「慰安婦」と呼称するようになりました。「慰安婦」という言葉には問題がありますが、そのような呼称を付けたこと自体にこの問題が象徴的に表れていると思うため、また、日本では「慰安婦」という呼称が広く知られているため、本節では日本軍「慰安婦」という用語を使います。

　では、「慰安婦」にされた女性たちはどのような人々だったのでしょうか。また、彼女たちはなぜ半世紀後に名乗り出たのでしょうか。公に証言した後、女性たちはどのようになったのでしょうか。そして、この問題はどうすれば解決できるのでしょうか。

❖ 「慰安婦」にされた女性たち

　「慰安婦」とは、1932年の第1次上海事変から1945年の日本の敗戦までの期間に、戦地や占領地に日本軍が設置した慰安所で軍人の性のはけ口にさせられた女性たちのことです。戦地での無差別な強姦による弊害や性病蔓延による戦力低下、情報漏洩を防ぎながら兵士に「慰安」を与えて戦争を遂行しようと考えた日本軍は、侵攻する先々に軍慰安所を設置しました。そこには日本人だけでなく日本の植民地だった朝鮮と台湾から女性たちが騙されるなどして連れていかれ、占領地の女性たちも被害に遭いました。また、占領地では軍が設置した慰安所以外で日本軍の性暴力に遭った女性も大勢います。そのような意味でも、実は「慰安婦」という用語で被害者全体をくくることはできないのです。

　元日本軍兵士の金子安次さんは次のように語っています。

> 「慰安所で1円50銭払うなら、強かんはタダ。チャンコロ（中国人）の女をやってなぜ悪いんだ、どっちみち殺すんじゃないか、こういう気持ちで強かんしたわけです。当時、陸軍刑法では強かんは、やって7年以上、見ただけでも4年以上という刑罰がありましたが、中隊長や大隊長は自分の部下が強かん罪を犯しても決して陸軍刑法を持ち出さない。だからわれわれ兵隊はできうる限り強かんをやったわけです」（2000年女性国際戦犯法廷の証言より）

　日本軍の性暴力被害者の中に、軍が設置した制度的な慰安所で被害に遭った女性たちがいるというのが実態です。

　このような被害者たちが1990年代に入って、韓国、フィリピン、オランダ、台湾、中国、北朝鮮、インドネシア、東ティモール、マレーシアなど各国で声を上げ、日本政府に対し被害回復措置を求め始めました。そのきっかけをつくったのが、韓国の金学順さんでした。

❖ なぜ50年も経って名乗り出たのか

　金学順さんは1991年8月14日、韓国で初めて記者たちの前で、自らが日本軍の「慰安婦」にされた被害者であることを告白しました。当時の韓国で、それは決して易しいことではありませんでした。性暴力の被害者に対する冷たい視線があり、とりわけ日本軍人の性暴力を継続的に受けたのですから、それは本

当に勇気のいることでした。それでも金学順さんは記者たちの前で「被害者が
ここにいる」と訴えました。なぜなのでしょうか。

　それは忘れられなかったからです。17歳で受けた性暴力の記憶は、67歳に
なってなお、被害者を苦しめ続けていたのです。それは、金学順さんに続いて
各国で名乗り出た被害者たちも同様でした（→**2**-P）。しかしなぜ、50年も沈
黙を守っていたのに、今になって訴えたのでしょうか。それは、聴いてくれる
人々が現れたからでした。

　韓国では、市民が軍事独裁政権を倒して民主化を勝ち取った1987年を前後し
て、民主化運動を闘った女性たちの間から、女性への暴力に反対し女性の人権
を守ろうとする声が上がり始めました。そのような中で、日本軍「慰安婦」問
題も取り上げられるようになったのです。当時は、「キーセン観光」という日
本のビジネスマンによる買春観光が問題になっていました。これに反対する女
性たちは、かつての日本軍「慰安婦」問題と現代のキーセン観光は根を一にす
る問題だと考え、真相究明と被害者への謝罪、慰霊碑の建立などを求めて立ち
上がり、韓国挺身隊問題対策協議会（挺対協）という団体を結成しました。

　真相究明を求める挺対協に対して、日本政府の応答は「民間業者が連れ歩い
たもので軍は関与していない」「証拠がないから認められない」というもので
した。これを知った金学順さんが挺対協を訪ね、証拠は自分自身だと言い、記
者会見の場を設けてくれるよう自ら申し出たのでした。

❖ 名乗り出た女性たちのその後

　アジア各国で続々と現れた被害者たちは、戦後も被害を克服することができ
ずに苦しんできたことがわかりました。中国人被害者の侯巧蓮さんは、たびた
び発作を起こして暴れ、気を失うまで子どもたちを殴ったと言います。韓国人
被害者の文必琪さんは、夜中に「ミオサキ！」という名を叫び、隣に寝ていた
妹の首を絞めることがよくあったそうです。そんな被害者たちが、名乗り出て
活動をする中で大きく変わっていきました。中国で7年間「慰安婦」にされて
戦後日本に渡ってきた宋神道さんを知る隣人は、次のように言いました。「あ
の人は変わったね、前は会ったらいきなり殴りかかってきたからね」。

　女性たちがなぜ暴力を振るうのか、なぜうなされるのか、そのゆえんを知ら
ない人々は、その行動を「奇行」と見なし、その声を「雑音」として聞き流し

てしまったのです。アジア各地で、取り乱し、泣き叫び、身もだえしていた被害者たちの訴えが「声」として受け止められるには、「受け皿」が必要でした。1990年代に入ってやっと韓国で挺対協が結成された後、台湾やフィリピン、そして日本でも受け皿となる団体が立ち上げられ、被害者たちの思いを受け止めて共に歩むことができるようになったのです。

　性暴力の被害者は、まず安全が確保されていることを確認した上で、自らの被害を吐露し、それが受け止められることを何度も、何度も確認しながら被害回復の途を歩みます。名乗り出た日本軍「慰安婦」被害者たちは、証言をすると気持ちが楽になると言いました。聴いてくれる「良い人たち」がいて安心したと、口々に言いました。そして、はじめは自らの被害を訴えるのが精一杯だった被害者たちが、その経験を社会の中に位置づけることができた時、被害者たちは運動家になっていきました。

　「二度と戦争をしてはならない」

　「私たちのような被害者を生まない平和な世界にしなければならない」

　自身の経験から湧き出る平和への切実なメッセージは多くの人々の胸を打ち、人々から寄せられる尊敬のまなざしは被害者たちをますます生き生きとした運動家にしていきました。戦争のあるところでは現在でも女性たちが性暴力に遭っているという事実を知った日本軍「慰安婦」被害者の中には、現代の戦時性暴力被害者を支援する「ナビ（蝶々）基金」の設立を提唱し、自ら献金して運動した人もいます。

❖ 日本政府の対応

　このような被害者たちが日本政府に求めたことは、まず、事実を正しく認めることでした。そしてその事実に立脚して謝罪し賠償すること。さらに、再発防止のために教育等を通して記憶し、教訓を継承することを求めてきました。

　日本政府は何度も謝罪したという声があります。たしかに、日本政府は「お詫びと反省の意」という文言を繰り返してきました。直近では、2015年12月の日韓合意発表の際にも安倍晋三首相の「お詫びと反省の意」が岸田文雄外相の口を通して表明されました。しかし、これは「謝罪」として被害者に受け止められることはなく、かえって怒りをかってしまいました。なぜでしょうか。

　そこには具体的な事実に対する言及がなく、合意直後から日本政府は「強制

連行を直接示すような記述は見当たらない」「性奴隷といった事実はない」「戦争犯罪を認めたわけではない」「1965年の請求権協定で法的には解決済み」（2016年1月18日参議院予算委員会での政府答弁）など、被害者たちが認めるよう求めていた事実についてはむしろ明確に否定しました。そして、この合意によって「慰安婦」問題は「最終的・不可逆的に解決された」とされ、「今後、国際社会で非難しない」ことが合意に盛り込まれました。安倍首相はこれをもって「韓国が慰安婦問題をもう蒸し返さないと約束できるのなら、子どもたちを謝罪の宿命から解放できる」と述べました。日韓合意は、明らかに被害者側が「黙ること」を条件にしていたのです。「黙ること」と引き換えに表明される「お詫びと反省」を真の謝罪と受け止められる人が、はたしているのでしょうか。

ドイツ政府は現在も繰り返し、過去のナチスの犯罪（→1-P、7-P）について謝罪し続けています。たとえば2009年6月、イタリアのチヴィテッラ村における住民虐殺65周年式典に出席したドイツ大使は長文の挨拶を述べていますが、そのほとんど全てが事実を述べる内容でした。つまり、「事実は周知のことである。（中略）無防備の市民を捕まえて殴り殺し、銃殺し、家もろともに焼却した。犠牲者の数ははっきりとはわからないが、244人に上る。その内訳は、115人がここチヴィテッラ村で、58人がコルニアで、71人がサン・パンクラツィオで」というふうに、チヴィテッラ村でナチスが何をしたのかを現ドイツ政府は具体的に認識している、という表明だったのです。このような加害事実を具体的に述べた上で、大使は「我々ドイツ人は、罪を感じ、そして悲しみと恥じらいを感じている」と述べました。「謝罪」や「お詫び」という文言はどこにもありません。しかし、事実を具体的に認識し、それを恥じているという要人の言葉が現地で発せられたことで被害者とその子孫たちは大きな慰めを得ています。これこそが「許し」につながる謝罪のあり方ではないでしょうか。

被害者たちは、二度と自分たちのような被害者を生まないでほしいと訴えてきました。そのためには「慰安婦」問題を繰り返し教育し、その教訓を生かしていくことが重要です。終わらせること、黙らせることを目的とした「解決」ではなく、記憶し、その教訓を継承して再発防止を図ることこそが「慰安婦」問題の解決といえるのではないでしょうか（→2-P、9-P、10-G）。

❖ 課題と展望

　性暴力の被害者は、その記憶を心と身体に刻みつけて、その後を生きています。それは半世紀前のことであっても、昨日のことのように襲いかかってくることさえあります。沈黙は、実は彼女たち自身の選択ではなく、性暴力被害者に対する社会の偏見や無理解が結果的に強いたものでした。だから、耳を傾けようとする人々が現れた時にやっと、彼女たちは思いを噴出させることができたのです。そして、被害者はいつまでも被害者のままではありません。自らの痛みを打ち明けることから始めて、他者の痛みにまで目を向け始めた時、運動家になっていきます。日本軍「慰安婦」運動は、被害者自身が運動家になるという結果を生みました。しかし、そのような女性たちに対して、日本政府は適切な応答ができないまま現在に至っているといえます。

◎ディスカッションポイント
・日本軍「慰安婦」被害者の証言を1つ読んで、議論してみましょう。
・性暴力を生まない社会をつくるためには、どのようなことが必要でしょうか。

♣参考文献

　金富子・小野沢あかね編『性暴力被害を聴く——「慰安婦」から現代の性搾取へ』岩波書店、2020年。
　日本軍「慰安婦」問題webサイト制作委員会編『増補版 Q&A朝鮮人「慰安婦」と植民地支配責任——あなたの疑問に答えます』御茶の水書房、2018年。
　梁澄子『「慰安婦」問題ってなんだろう？——あなたと考えたい戦争で傷つけられた女性たちのこと』平凡社、2022年。
　「Fight for Justice　日本軍「慰安婦」——忘却への抵抗・未来への責任」（https://fightforjustice.info：最終閲覧2021年12月末日現在）

（梁　澄子）

11 文　化

　文化は、特定の社会や集団における固有の価値という意味で使われています。文化がこうした意味を獲得するまでには、長期にわたる歴史が存在します。文化 culture という言葉の語源は、ラテン語の「耕作」を意味する cultura です。文化は、16世紀に入る頃から自然だけでなく、人間の心を耕すという「修養」という含意を持つようになりました。さらに18世紀に入ると、ドイツで文化はさまざまな地域、民族、集団の伝統に基づく多様な価値観や慣習としての意味を獲得します。19世紀には、産業革命や大量生産を伴う産業化が人間性を破壊するという批判が知識人によってなされるようになりますが、この時に批判の根拠とされたのが、民衆が過去から語り継いできた伝承や慣習の中にある「民俗文化」でした。20世紀に入ると、第1次世界大戦とともに世界各地で大都市での消費を伴う大衆文化が出現し、各地の伝統的価値を飲み込んでいきます。それはまたジェンダーや階級、人種をめぐる意味を大きく変えていくことになりました。このように文化は、人々が目指すべき基準という意味を持つとともに、それを批判する根拠にもなってきたといえます（吉見俊哉「文化」『現代社会学事典』弘文堂、2012年）。

　こうした文化の捉え方に対して、文化とは自律したものではなく、政治や権力によって枠づけられた従属物であるという捉え方もあります。こうした捉え方は文化の中にある政治・権力を読み込もうとする試みをもたらしました。この章では、文化が音楽や詩などの芸術においてどのような意味が込められているのか、またジェンダーやセクシュアリティに関する規範的な文化が企業といった経済活動にとってどのような意味をもち、その中で性的マイノリティがどのような現実を生きているのかを取り上げます。

　11-G では、性的マイノリティが職場における異性愛や性別二元制に基づく文化によって経済的な機会から排除されていることに注目しています。ま

ずこのような文化は、性的マイノリティの就職活動においてリクルートスーツの着用、履歴書の性別記入、異性愛を前提とした面接での質問の中に現れます。また採用された後にも、性自認に基づいて働く際に更衣室、トイレ、社員寮、宿泊研修等において問題が浮上する場合もあります。また異性愛規範やジェンダー規範の強制により就業環境が悪化し、職場での心理的安全性が脅かされることもあります。これらの規範の強制は性的マイノリティの労働者にストレスをもたらすことでメンタルヘルスを悪化させています。性的マイノリティが職場で経験するこのような困難に対して、当事者が裁判に訴えることで職場環境の改善を目指す動きも起こっています。また、性的マイノリティへの差別的言動は性的マイノリティのみならず、性的マイノリティではない人にとっても勤続意欲を低下させるという調査結果があります。この結果は、職場における異性愛や性別二元制に基づく文化を変えることが、すべての人にとって働きやすい職場をつくることにつながることを示しています。

11-P では、中東パレスチナの音楽シーンに焦点を当て、日常的に暴力に晒されている人々にとって、アートという文化の力、そして平和の意味について考えます。そのことは、音楽、小説やドラマ、絵画、漫画などのアート作品に込められた意味を読み取り、パレスチナ人が生きる現実を理解することだといえます。アート作品を通じ、世界の紛争、差別・格差問題、ジェンダー問題、貧困問題などに関心を持った人もいるかもしれません。パレスチナ人もまた、アートを通じて苦境と希望を発信し、自らの歴史や文化、アイデンティティを守ってきました。パレスチナ人の若者は、アメリカで差別されてきた黒人が生んだアートであるヒップホップに影響を受けながら、自分たちの怒りや苦しみを表現しています。パレスチナ・ヒップホップに対しては、秩序より騒乱、対話より対立を生み出しているという見方があります。しかし、それは国際社会の無知と、無作為によって弱者の立場に追いやられ、不可視化されてきた人々にとっての平和を表現しています。パレスチナ人にとって物理的・文化的暴力に抑えつけられた状態から脱却することが平和だからです。

（風間　孝）

Gender

11-G　性的マイノリティの労働環境

❖ 職場環境の整備の必要性

　2019年に、性的マイノリティ（→1-G、2-G、8-G、9-G）を含む誰もが働きやすい職場環境を整備するための調査が厚生労働省の委託事業として実施されています。その調査によるとレズビアン、ゲイ、バイセクシュアル（LGB）の36.4％、トランスジェンダー（T）の54.5％が働くうえで困ったことがあると答えています（三菱UFJリサーチ＆コンサルティング 2020）。性的マイノリティは、職場の文化や制度によって経済的な機会から排除されやすい状況に置かれています。しかしこのような状況に対して、性的指向・性自認に関する倫理規定や行動規範の策定を行っている企業は24.4％、性的指向・性自認に関わるハラスメントに関する社内規定の策定を行っている企業は31.8％にとどまります。性的マイノリティは人間らしい労働を通して生きていくうえで必要な資源を獲得することが難しい状況にあるといえるでしょう。

　この節では、性的マイノリティが就職活動や労働に際してどこに困難を抱えているのかを、トランスジェンダー（→9-G）が就労環境の改善を求めて職場に対して裁判を起こしたケースも取り上げながらみていきます。なお、性的マイノリティが職場において経験する具体的な困難については、LGBT法連合会がまとめている「性的指向および性自認を理由とするわたしたちが社会で経験する困難のリスト（第3版）」を参考にしました。より深く知りたい人は、節末に掲載されているURLからリストを検索してみてください。

❖ 就職活動における困難

　まず性的マイノリティが就職活動において経験する困難を見ていきましょう。衣服メーカーや就職情報を提供する企業によって提示される、髪型、座り方、そして化粧についてのガイドラインは性別によって異なっており、性別二元制に基づくものになっています。これらのガイドラインは、セクシュアル・マイノリティ、とりわけトランスジェンダーの学生の就職活動に深刻な影響を及ぼ

しています。トランスジェンダーとは、出生時の戸籍の性別と異なる性自認を持つ人のことを指し、出生時の戸籍の性別が男性、性自認が女性の人をトランスジェンダー女性、出生時の戸籍の性別が女性、性自認が男性の人をトランスジェンダー男性と呼びます。

　服装もトランスジェンダーの学生が就職活動でぶつかる問題の1つです。まずトランスジェンダーの学生は性自認に合致したリクルートスーツの着用に思い悩む場合があります。履歴書に記載する性別と服装から推定される性別が異なるときに不利益を受ける状況があるからです。また職場によっては制服着用を求められますが、就職後に性自認と異なる制服の着用を避けるために男性用と女性用の制服があるかどうかも、企業を選択する際の重要な基準となります。

　履歴書の性別欄に性別記入を求められることも、就職活動を行う上での障壁の1つです。また履歴書等には性別記載とともに、写真貼付が要求されます。履歴書に性自認に基づく性別を記入することがためらわれるのは、戸籍の性別と記入した性別、写真から推定される性別が異なることによって内定を取り消されるなどの不利益が生じる可能性があるからです。こうした状況下でトランスジェンダーの学生は、戸籍の性別と自認する性別の間で、どのようなスーツを着用するか、履歴書にどのような性別を記入するか、どのような写真を貼付するか、面接で問われたときにトランスジェンダーとしてカミングアウトするのかの選択を迫られています（朝日新聞2021年5月16日）。戸籍の性別を雇用者に告げることを避けるために、正規雇用を諦めてアルバイトを選ぶ学生もいます。

　同性愛者や両性愛者の学生も、面接を受けている人が異性愛者であるという前提のもと、将来の結婚等について面接者から尋ねられた場合などに、性的指向をカミングアウトするか否かの選択を迫られます。カミングアウトすることに躊躇する理由は、そのことにより面接を打ち切られたり、内定を取り消される場合があるからです。

　このように性的マイノリティの学生は、生きていくうえでの資源の獲得と自分の望む性で働くことを天秤にかけながら、選択を迫られています。

❖ 設備や制度に関わる問題

　つぎに、性的マイノリティが採用された後に直面する問題を見ていきましょう。まずトランスジェンダーが性自認に基づいて働く際に生じる問題として、施

設に関わる問題があります。具体的には、会社の更衣室・トイレ・社員寮・宿泊研修等での男女分けがあり、これらを戸籍の性でしか利用できないという会社や、トイレや更衣室が男性用・女性用しかないため使用しづらいという問題があります。トイレを使用しづらいために、職場での飲食を控えている人もいれば、排泄障害になる人もいます。

　また性自認に基づいて就労しようとしたところ、秩序維持を理由に戸籍性の容姿での就労を命じられ、応じなかったところ、懲戒・解雇されることも起こっています。

　同性愛者に関わる問題として、企業の福利厚生からの排除があります。同性パートナー（→8-G）は、配偶者、子ども、親族に付与・支給されている慶弔休暇や手当の対象外とされています。住居に関わる問題として、同性パートナーは親族ではないという理由により、異性パートナーであれば利用できる寮や社員住宅を利用できない状況に置かれています。また、同性パートナーを持つ労働者は使用者に対して扶養手当・家族手当の給付を申し込んでも、パートナーやその子どもが法的な配偶者や子でないことを理由に拒否されます。配偶者として認められないため、同性パートナーは海外赴任でも不利益を受けています。これらの問題は、職場において同性パートナーを配偶者として、また同性パートナーとの間で育てている子どもとの関係を家族として認めない就業規則等によって生じています。こうした問題は、同性パートナーを福利厚生の対象外としている職場なら、どこでも起こりえます。

❖ ハラスメントやジェンダー規範の強制

　採用後に生じる問題として、設備や制度に関わる問題の他に、ハラスメント（→3-G）や、生まれたときに割り振られた性に基づくふるまいや外見を求めるジェンダー規範（→9-P）の強制によって生じる問題があります。

　親睦の場で不快な経験をしている性的マイノリティは少なくありません。就業後の飲み会で、酔った上司から振る舞いがジェンダー規範に合致していない、すなわち「男／女らしくない」として同性愛ではないかとからかわれたり、あるいは異性の恋人がいない、結婚していないことを理由に同性愛者かどうか詮索されることがあります。親睦の場で女装することを強制されて、鬱病を発症して休職、最終的には退職したというゲイ男性もいます。異性装を笑いの対象

とする環境は、ゲイだけでなく、出生時に割り当てられた性で生きるトランスジェンダーの労働者にも苦痛をもたらすでしょう。

またジェンダー規範の強制によって就業環境が悪化する場合もあります。トランスジェンダー男性や性自認が男性でも女性でもないXジェンダーに対して、戸籍の性が女性であることを理由に化粧を強制する、振る舞いが「男らしくない」という理由で業務内容を制限するといった問題も起きています。これらの職場ではジェンダー規範に従わないことが仕事の適性を欠いているとみなされています。

日常会話および会社の飲み会で、このような揶揄や嘲笑を直接向けられなくても、性的指向や性自認、戸籍の性を知られないようにするために常に緊張を強いられ、職場で安心感を得られないことによりメンタルに不調をきたして休職や辞職をする人もいます。心理的安全性が脅かされる環境の中で、健康の維持が困難になっているといえるでしょう。ハラスメントやジェンダー規範の強制は、安心して働く機会を奪うとともに、労働者にストレスをもたらすことでメンタルヘルスを悪化させ、休職や離職をもたらしています。

❖ 訴訟になったトランスジェンダーのトイレ使用制限

ここまで性的マイノリティが職場で経験する困難について見てきましたが、このような状況に対して性的マイノリティの当事者が裁判に訴えることで、職場環境の改善を目指す動きもあります。ここではその中から、性同一性障害の経済産業省の職員が2015年11月にトイレ使用の制限を違法として訴えた裁判を取り上げます。

この職員は、2010年以降、女性として勤務しており、初対面の人には女性として認識され職場の女子会にも呼ばれていましたが、同省は女性の服装や休憩室の使用は認めたものの、女性トイレの使用は原則認めず、障害者トイレを使用するよう求めていました。女性用トイレの使用を認めない理由として同省は、2名の女性職員から「抵抗感がある」との声が上がったことを挙げています。そして、同省は性同一性障害の職員に対して、戸籍上の性別を女性に変えない限り、障害者トイレを使い、女性トイレの使用を望む場合は異動するごとに性同一性障害であることを公表して同僚の理解を得ることを求めました。日本では戸籍の性別を変更するには性別適合手術を受ける必要がありますが、この職

員は疾患のため手術を受けることができませんでした。またこの職員は障害者トイレが工事中だった際に「2階以上離れた女性トイレ」を使用することを暫定的に認められましたが、同障害の公表を避けるため異動希望を出せない状態になりました。こうした状況のなか、職員は他の女性職員と平等に扱うことを求めて裁判を始めました（朝日新聞2015年11月2日夕刊）。

　現在、この裁判は最高裁で審理されていますが（2021年12月現在）、この職員の訴えに対して東京地裁と東京高裁は対照的な判断を示しました。第一審判決（2019年12月）は、「自ら認識する性別に即して生活する重要な法的利益の制約は正当化できない」と述べ、国（経産省）に賠償を命じました。また判決は他の職員が感じるかもしれない「性的不安」についても「抽象的なトラブルの可能性を理由に原告の利益を制限することは正当化できない」との判断を示しました（朝日新聞2019年12月13日朝刊）。

　しかし、第二審判決（2021年5月）は、「自らの性自認に基づいた性別で社会的生活を送ることは、法律上保護された利益だ」と述べたものの、「経産省は他の職員が有する性的羞恥心や性的不安なども併せて考慮し、全職員にとって適切な職場環境を構築する責任を負っている」とし、性同一性障害の職員のトイレ使用を制限した同省の対応は違法ではないとの判断を示しました（朝日新聞2021年5月28日朝刊）。

　第一審と第二審の判断を分けたのは、他の職員が感じるかもしれない「性的不安」に対してどのような立場を取るかでした。第一審は「トラブルが起こる可能性は抽象的」であるとして制限の根拠にならないとの判断を示しましたが、第二審は他の職員の性的羞恥心や性的不安を重視し経産省の判断を違法ではないと結論を導いたのです。

❖ アメリカでの訴訟

　アメリカでも、トランスジェンダーのトイレ使用をめぐって、議論が起こっています。ここでは、トランスジェンダーの男子生徒が、男子トイレの使用を禁じた郡教育委員会の決定を違法として訴えた裁判について紹介します。裁判を起こしたギャビン・グリムさん（22歳）は女性として生まれましたが、15歳の頃から男性として生活するようになり学校では男子トイレの使用を認められていました。しかし、他の生徒の保護者からクレームがあり、2014年、郡教育

委員会はグリムさんに女性用トイレか両性用のトイレの使用を義務づける決定をしました。教育委員会の決定の過程では、1人だけではなく「多数派」の権利を尊重しなければならない、認識する性別のトイレ使用を認めれば、男性が悪意を持って女性トイレを使用するとの懸念が保護者から出されたことが明らかになっています。連邦控訴裁（高裁）は、2020年8月、グリムさんの主張を認め、教育委員会の決定は「性別に基づく差別」にあたると判断しました。そして、トイレ使用におけるプライバシーの重要性を認めつつも、教育委員会側が具体的な問題例を挙げていないことを問題視して、プライバシーに基づく主張は推測と抽象に基づくとの判断を示しました。そして最高裁は、2021年6月、控訴裁の判決を是認し、教育委員会からの上告を棄却しました（朝日新聞2021年7月27日朝刊）。

　日米の訴訟は学校と職場という違いはあるにせよ、トランスジェンダーのトイレ使用をめぐって裁判が起こされ、多数派の不安が使用を認めない理由とされている点において共通しています。グリムさんの裁判で連邦控訴裁は教育委員会の決定プロセスにおいて「誤解と偏見が表れている」と指摘しましたが、日本でもトイレ使用について議論するにあたっては誤解や偏見が含まれていないか検討する必要があるでしょう。またグリムさんは望んだトイレの利用を認められなかったことにより、トイレを敬遠し膀胱炎になっています。性自認に基づくトイレ使用を認められないことが、健康にもたらす影響、さらには学校や職場がトランスジェンダーを歓迎しないというメッセージの発信につながらないか、検討が必要でしょう。

❖ 課題と展望

　最後に、性的マイノリティの就業環境が性的マジョリティや職場全体にどのように関わっているかを確認しましょう。

　異性愛主義（→ **1**-G）や性別二元制に基づく文化や制度によって、性的マイノリティが職場でどのような困難を経験しているか見てきましたが、このような文化や制度は性的マイノリティのみを息苦しくしているわけではありません。「虹色ダイバーシティ」という団体が2014年に行った調査によれば、7割の性的マイノリティが職場で差別的言動を経験し、その結果、勤続意欲を低下させていますが、性的マイノリティではない人も差別的言動によって勤続意欲を低

下させるとの結果が示されています。性的マイノリティへの差別的言動は職場全体の就労環境を悪化させているのです。

　つぎに性的マイノリティが働きにくい環境は、性的マイノリティだけに関わる問題ではなく、組織全体に影響を及ぼす可能性もあります。性的マイノリティの労働者は、性的マイノリティではない労働者に比べて、離職を考える傾向が強いことが明らかになっています。このような職場は、性的マイノリティの労働者が能力を発揮できないだけでなく、採用に経費と時間をかけた労働者を失うことにより、経済的競争力を損なうことにもなります。

　性的マイノリティが安心して働くことができるように職場の文化を変えていくことは、すべての人が働きやすい職場をつくることにもつながっています。

◎ディスカッションポイント
・性の多様性を理解し、差別を是正するために行動する人のことをアライ（Ally）と呼びます。性的マイノリティが働きやすい職場環境をつくるためにアライとしてできることを考えてみましょう。

✦参考文献

菅原絵美「企業──企業が性的マイノリティにできることとは？」谷口洋幸・綾部六郎・池田弘乃編『セクシュアリティと法──身体・社会・言説との交錯』法律文化社、2017年。

三成美保編著『LGBTIの雇用と労働──当事者の困難とその解決方法を考える』晃洋書房、2019年。

柳沢正和・村木真紀・後藤純一『職場のLGBT読本──「ありのままの自分」で働ける環境を目指して』実務教育出版、2015年。

LGBT法連合会「性的指向および性自認を理由とするわたしたちが社会で経験する困難のリスト（第3版）」(https://lgbtetc.jp/news/1348/：最終閲覧2021年12月末日現在)。

認定NPO法人虹色ダイバーシティウェブサイト (https://nijiirodiversity.jp/：最終閲覧2021年12月末日現在)

三菱UFJリサーチ＆コンサルティング『厚生労働省委託事業　職場におけるダイバーシティ推進事業報告書』、2020年 (https://www.mhlw.go.jp/content/000673032.pdf：最終閲覧2021年12月末日現在)

（風間　孝）

11-P　アートが紡ぐ平和への希望

❖ 虫が叫ぶ平和な世界で僕らは愛を歌っている

　バンド「SEKAI NO OWARI（世界の終わり、以下セカオワ）」の「虹色の戦争」という楽曲があります。その歌詞は、人間の掲げる「平和」や「自由」から人間以外の生物はのけものにされ、日々殺されているというシリアスな内容です。「虫が叫ぶ平和な世界で僕らは愛を歌っている／虫籠の中で終わりを迎えた『命』は僕に何て言うだろう」、「生物達の虹色の戦争／貴方が殺した自由の歌は貴方の心に響いてますか？」というフレーズが印象的です。しかし、メロディーはポップでアップテンポなため、演説だったら聞き流してしまうようなメッセージでも、心に響き、記憶に残っていくように思います。

　セカオワの楽曲に限らず、絵画、文学、写真、映画などのさまざまなアートがこれまで、世界の複雑な現実や、ありのままに表現するのが難しい感情を1つの作品の中で提示し、多様な世界観を提供し、人間の想像力や創造力を高めることに貢献してきました。

　しかし、アートを通じて提示される平和像が、私たちの想像力を超えるものであるとき、私たちはどのようにそれを捉えるべきなのでしょうか。本節では、中東パレスチナの音楽シーンに焦点を当て、日常的に暴力に晒されている人々にとってのアートの力、そして平和の意味について考えます。

❖ アートと2つのソウゾウ力

　アートは、人間の2つのソウゾウ力、すなわち想像力と創造力が発揮された結果であると同時に、それらの能力を高めることに貢献してきました（奥本2003）。

　たとえば、「虹色の戦争」は、ボーカルのFukaseが感じた、「世界平和ってよく言うけれど、それは人類だけの話で他の生き物はのけ者にされているんじゃないか」というちょっとした疑問が発端になって作られました（「脳MUSIC　脳LIFE」）。Fukaseは、生物達の感情を想像する力と、新しいアート

作品を創造する力を最大限に発揮し、「虹色の戦争」を聞く私たちの感受性や共感力を高めてくれたといえるでしょう。

　他にも、小説やドラマに共感し、「ここではないどこか」を想像し、苦しみや悲しみを克服した経験はないでしょうか。あるいは、アート作品を通じ、世界の紛争、差別・格差問題、ジェンダー問題、貧困問題などに関心を持った人もいるかもしれません。たとえば、画家パブロ・ピカソがスペイン内戦時の無差別爆撃を描いた「ゲルニカ」という巨大な絵画があります。「ゲルニカ」を見ると、具体的にどの時代のどの出来事を描いたかを意識しなくても、爆撃の恐ろしさや悲惨さを訴えようとした作者の思いを感じることができます。日本でも、原爆の恐ろしさを描いた絵画や漫画が、長い間、多くの人に核兵器の恐怖を伝えてきました。

　こうして見てみると、人類は、アートを通じて2つのソウゾウ力を発揮し、身の回りの小さな暴力に対処するとともに、世界の平和を増やそうと努力してきたことがわかります。

❖ スリングショットとヒップホップ

　皆さんは、パレスチナ人という民族をご存じでしょうか。パレスチナ人は、第2次世界大戦以降、最も数が多く、最も長い期間、難民となっている人々です（→7-P、14-P）。パレスチナ人は、世界に離散を余儀なくされるなか、アートを通じて苦境と希望を発信し、自らの歴史や文化、アイデンティティを守ってきました。

　そうしたアーティストの1つに、DAMという3人グループがいます。

　DAMは、「誰がテロリストだ？」（ミーン・イルハービー）という曲で一躍有名になりました。この曲が作成された当時、ニューヨークで起きた9.11同時多発攻撃をきっかけとして、アメリカ政府が「対テロ戦争」を宣言し、アフガニスタンとイラクを攻撃し、多くのムスリムを収容所に無期限で拘留して拷問を繰り返していました（→6-P）。この戦争に便乗したのが、パレスチナ人の抵抗運動に手を焼いていたイスラエルでした。イスラエルは9.11事件以降、パレスチナ人の祖国解放運動をテロと呼び、武力で弾圧しました。DAMは、そうした情勢に対する怒りや憤りを、「誰がテロリストだ？　お前がテロリストだろ」という歌詞に載せて歌ったのです。以下は、「誰がテロリストだ？」の歌

詞の一部です。

　　誰がテロリスト？　俺がテロリスト？
　　ここは俺の祖国だぜ
　　誰がテロリスト？　お前だろ！
　　お前が俺の全てを横取りしたんだろ

　　先祖を殺し　俺を殺し　法に聞けって？
　　敵のお前が　証人で弁護士で裁判官
　　それで俺は？　死刑囚だ
　　お前の夢は、俺たちが少なくなって
　　自分たち少数派が俺たちの代わりに多数派になることだっただろ！

　　民主主義だって？　どこがだ？　まるでナチスだ。
　　あんたにレイプされたアラブの魂、
　　妊娠して子供を産んだ。その名は「テロ活動」
　　そしてお前は俺たちをテロリストと呼ぶ

　　なぜ俺がテロリストなんだ？
　　俺の血が煮えたぎっているからか？
　　俺が今でも祖国を諦めていないからからか？
　　お前は俺の愛する者を殺し、俺は一人になった
　　俺の家族が追放されても、俺は叫び続けるぞ　（シグロ 2013）

　DAM は、自分たちの曲は、30％がアメリカのブラック・カルチャーに起源
を持つヒップホップから、30％がパレスチナ人の苦難を描いてきたアラブ文学
から、残りの40％は自分たちが日々直面する状況から作られていると述べてい
ます。ヒップホップは、アメリカで人種差別されてきた黒人（アフリカン・アメ
リカン）が生んだアートです。人種差別を受けてきたパレスチナ人の若者たち
が、ブラックパワーを掲げ、人種差別からの解放を歌ったヒップホップに共感
したのは自然だったのです。
　DAM が始めたヒップホップは、瞬く間にパレスチナ人社会に広がりました。
そして、DAM にあこがれ、同じように自分たちの怒りや苦しみを表現したい

と、多くの若者がヒップホップを始めました。日本でも上映されたドキュメンタリー『自由と壁とヒップホップ』は、DAM をはじめ、ヒップホップに自分たちの思いを乗せ、世界に向けて訴えるパレスチナ人の若者たちを追っています。

　このドキュメンタリーの最大の見どころは、各地に離散を強いられてきたパレスチナ人の若者たちが、ヒップホップの力で、互いを分断してきた国境線と、イスラエルが「テロから自国を守るため」として建設した高さ 8 m の人種隔離壁を越え、互いに対話し、共感し、コンサートを成功させていく生き生きとした姿です。その中で、ガザ地区に暮らす 3 人の若者が結成した PR というグループが、ライヴで歌ったのが次の歌です。

　　死んでもマイクは離さない
　　歌を通して　皆を導くぞ
　　俺は夜通し　声を上げる
　　俺とバトってみるか
　　一生忘れないものを見せてやる
　　憶えてるか？　どうなんだ？
　　さんざんお前らにヤられたぜ
　　こっちは身を守ろうとしただけなのに　（シグロ 2013）

　このドキュメンタリーの原題は『スリングショット・ヒップホップ』です。スリングショットとは投石器のことで、パレスチナ人の民衆が、圧倒的な武力を持つイスラエルに立ち向かうために多用してきた道具です。つまり、『スリングショット・ヒップホップ』という題名には、ヒップホップという音楽が、パレスチナ人にとっては偏見や差別、武力による弾圧などの暴力に抵抗し、生き残っていくための非暴力の手段になっているとの意味が込められています。

❖ 平和はいくつあるのか

　平和について考える際には、大文字の世界共通の Peace とは何か問い続けることは大切です。しかし他方で、「平和とは〇〇である」とか、「平和は〇〇することによって実現できる」といったように、世界のどこでも、どの文化にも適用できる普遍的な平和を語ることにも問題があります。なぜなら、個々の

地域の文脈の中で、そこに暮らす人々にとっての平和とは何なのかを問う必要があるからです。ここにおいて、人間の想像力や共感力が試されているといえます（→**1**-P、**8**-P、**8**-G）。

　たとえばPRのメンバーが暮らすパレスチナのガザ地区は、イスラエルによって10年以上、陸海空を封鎖され、「世界最大の野外監獄」と呼ばれる状態に置かれています。PRのメンバーの1人であるムハンマドは、停電した部屋で、外で響く銃声を聞きながら、ガザ地区での生活を次のように説明しています。

> 怖いわけじゃない、なんの違いもないから。ここでは生と死は一体。寝ていて突然、爆撃の音で起こされる。そんな人生に意味が必要か？　テープが延々再生されてて自分じゃ消せない、だから聞くしかないみたいな。邪魔だが止める術がない。（シグロ 2013）

　また、PRの友人でガザ地区に暮らすイブラヒームという青年は、ヒップホップを始めた理由を次のように説明しています。

> 望みはたった1つだけだ。平和に生きたい。恐怖ではなく希望を持っていきたい。打ちのめされて感覚が麻痺してくるんだ。感情を出すためにラップを始めた。でもまだ出しきれていない。特に精神的ダメージはね。（シグロ 2013）

　パレスチナ・ヒップホップは、その歌詞の内容から、見方によっては秩序よりも騒乱、対話よりも対立を生み出すものに見えるかもしれません。それは普遍的な平和の定義には当てはまらないものかもしれません。しかしそれは間違いなく、国際社会の無知と無作為によって弱者の立場に追いやられ、不可視化されてきた人々にとっての平和を表現したものです。

　平和論の受講生に平和とは何かを聞くと、「今のように当たり前に暮らすこと」という答えが返ってくることがあります。しかし、それは、仕事も家族も持って幸せに暮らす人々にとって、現状維持こそが平和であるということにすぎません。他方で、植民地化され差別され、自己の存在そのものを否定されてきた人々にとって、現状維持は平和ではありません。そうした人たちにとっては、自己実現を阻まれ、物理的・文化的暴力によって押さえつけられた状態から脱却することこそが平和です。そのために武力に訴えざるをえない状況に置

かれることもあります。

　たとえば、アパルトヘイトに抵抗したアフリカ民族会議は、設立当初は非暴力を掲げていましたが、アパルトヘイトが強化されたことで武装闘争路線を採用しましたし、ゲットーから絶滅収容所に送られることを拒否したユダヤ人たちは死ぬことを覚悟で武器を持って抵抗しました。それらを、平和に反した行動だったとはたして言えるでしょうか（→ **1**-P、**14**-P）。

❖ 課題と展望

　平和の普遍的な定義は、問題の大枠を理解するのには役に立ちます。しかし、それで紛争や植民地主義の暴力に晒された人々の状況を改善する策や手段が自動的に生まれるわけではありません。平和とは、単数形・大文字の Peace だけでなく、複数形・小文字の平和たち（peaces）でもあり、それらを実現するための策や手段も1つではないからです。アートはこれからも、そうした無数の平和を想像し、それに共感し、その無数の平和を実現していくための想像力と創造力の源となっていくでしょう。

◇ディスカッションポイント

・アートを通じて平和している事例を探し、それに携わる人々がどのようにアートを通じて人種差別や植民地主義の暴力に立ち向かっているか論じましょう。
・人種差別とは何ですか。またそれは、どのように歴史的に作られてきたでしょうか。植民地主義と関連づけて論じましょう。

♣参考文献
　　奥本京子「平和的価値の創造における芸術の役割」ヨハン・ガルトゥング、藤田明史編著『ガルトゥング平和学入門』法律文化社、2003年。
　　シグロ編『自由と壁とヒップホップ』シグロ、2013年。
　　平泉金弥「平和研究における音楽の可能性」『平和研究』29、2004年。
　　「脳MUSIC　脳LIFE」（https://saluteproject.com/2021/09/10/the-war-of-the-rainbow-color：最終閲覧2021年12月末日現在）

（今野泰三）

12 メディア

　メディアとは何でしょうか。メディアとは、情報伝達、すなわちコミュニケーションを媒介する事物のことを指します。たとえば、本、新聞、雑誌、広告、テレビ、パソコン、携帯電話、スマートホンなどのさまざまなメディアがあり、そこから私たちは情報を得て、あるいは情報にさらされながら生活しています。

　マス・コミュニケーション論では、テレビや新聞などのマスコミは人々の行動に直接影響を与えて方向づけるのではなく、家族や友人などの身近な集団の価値や規範によってあらかじめ規定された人々の先有傾向をさらに強めるものだとされます。先有傾向とは、一定の時点での行動に先立っていだかれている人々の知識・関心・意見・態度を指します。たとえば、自民党に投票しやすい傾向を持つ人は、家族や友人など日常的に直接的な接触を持つ集団からの影響で、自民党を支持しやすくなっており、マスコミの情報がその傾向をさらに強めます。インターネットやSNSの発達により、この傾向はさらに強まっているようにも思います。自分と異なる意見や価値観には触れなくても生活できる、社会の蛸壺化と呼ばれる現象です。

　しかし他方で、自分の生活から離れた世界の出来事や、他人に聞くのが憚られるような事柄ほど、人はマスメディアから得る情報に頼ります。たとえば、海外の事件や国際情勢の見方などは、一次集団からの情報だけでなく、テレビやインターネットで得た情報に頼ることも少なくないでしょう。ジェンダーと平和をテーマとする本書でメディアを取り上げる理由は、まさにここにあります。つまり、マスメディアを通じて私たちが性や平和に関して得る情報は、私たちの価値観や行動に少なからず影響を与えているからです。たとえば、情報通信技術の発展により、性に関するポジティブで正確な情報へのアクセスが増える可能性がある一方で、不正確で不適切な情報を得てし

まう機会も増えています。また、SNSやインターネット上では、中国・韓国・北朝鮮などの周辺国や在日コリアンやフェミニストを敵視し、それらに関する誤った情報を流し、優越意識や承認欲求を満たそうとするサイトやツイートが大きな社会問題・人権問題をもたらしています。そうした状況を踏まえ、本章では、メディア・リテラシーの観点から、ジェンダーと平和に関わるメディアの問題とその問題を乗り越えようとする取り組みについて学びます。

12-G では、メディアを通じて性に関する誤った情報を得て、それに基づいて行動してしまうという問題に対処する方法として、セクシュアリティ教育の重要性を論じます。セクシュアリティ教育とは、性に関する教育ですが、性行為などの性の生理学的側面にとどまらず、避妊方法に関する科学的知識、性行動を選択するための価値観やスキル、ジェンダーなどの性の文化的・社会的側面まで含んだ教育です。日本では、1990年代に学校でのセクシュアリティ教育が進展しましたが、保守派が批判キャンペーンを展開したことで、セクシュアリティ教育は委縮し、性交について触れない「はどめ規定」を持った学習指導要領が施行されました。しかし近年では、ユネスコの『国際セクシュアリティ教育ガイダンス』を教育に役立てようとする動きが広がっています。これはメディアの情報に対処するために必要なだけでなく、リプロダクティブ・ライツという女性の基本的人権を守ることにもつながる重要な動きです。

12-P では、事実の断片とそれに関する解釈を伝えるにすぎないというメディアの特性を悪用した例として、戦争プロパガンダを扱います。戦争プロパガンダとは、戦争の必要性を自国世論や他国に納得させ、戦争に国民を動員し、兵士の士気を高めるための宣伝活動を指します。他方で、メディアを通じて他者への理解や共感を生み、紛争の創造的解決を思考することも不可能ではありません。その取り組みの1つとして、*12*-P では、平和ジャーナリズムと呼ばれる報道の実践を紹介します。平和ジャーナリズムとは、他者への理解や共感を生み、紛争の創造的解決の促進に貢献することを目指すジャーナリズムです。平和ジャーナリズムの特徴は、事件の原因や構造的背景を重点的に報じるとともに、紛争当事者に共感し、報道内容が対立や偏見に与える影響を考慮し、創造的な紛争解決策を提案することにあります。

12-Pでは、この平和ジャーナリズムを推進していくためには、報道や表現の自由も必要不可欠だと論じます。

（今野泰三）

12-G　セクシュアリティ教育

❖ 性的行動に関する情報通信技術の影響

　近年、インターネットやソーシャルメディアを通じて性についての情報が容易に入手できるようになってきています。こうした状況は喜ばしい半面、さまざまな問題も指摘されています。

　ユネスコ（国連教育科学文化機関）（→ 2-P、4-P、6-P）等が包括的セクシュアリティ教育を進めるうえでの基本課題と実践の方向性をまとめた『国際セクシュアリティ教育ガイダンス』は、情報通信技術の発展が性的行動に及ぼす影響として3つの問題を指摘しています（ユネスコ 2020）。1つめは、インターネットやソーシャルメディアを通じて手に入れることのできる情報やイメージは、ポジティブで正確な情報へのアクセスを増加させる可能性を持つ一方で、不正確で不適切な場合もあることです。とりわけ、性的興奮を目的とする動画や画像を意味するポルノグラフィへのアクセスが容易であることは有害な思いこみを形成する可能性を持っています。2つめは、インターネット上のハラスメントです。Eメールやショートメールによる望まない、性的な内容のメッセージの受信や、SNS（ソーシャルネットワーキングサービス）などを通じた性に関して攻撃的で不適切な発言などを経験している人が、とりわけ女性の間で増えていることです。これらのハラスメントによって強い鬱的な症状が引き起こされるという研究もあり、被害者が悲しみや絶望感、無力感を訴えるなど深刻な問題を引き起こしています。3つめは、セクスティングです。セクスティングとはセックスとショートメールを意味するテクスティングを掛けた言葉です。性的な画像や動画を携帯電話やインターネットなどを通じて交換するセクスティングによって、脅迫などの問題が起こっています。

　こうした状況の中でセクシュアリティ教育は、セクシュアリティとメディアをめぐる状況について掘り下げ、対処できるスキルを若者に提供することが求

められています。本節では、若者をとりまく状況が大きく変化する中で、セクシュアリティ教育が日本においてどのように行われているのか、また『国際セクシュアリティ教育ガイダンス』においてどのような方向性が示されているのかをみていきます。

❖ 足立区で行われた性教育への批判

　2018年3月、東京都議会において自民党の古賀俊昭都議は、足立区の中学校で行われている性教育を問題にしました。中学3年生を対象にしたこの授業は、最初に「高校生の性交は許されるか」を生徒に討論させて、そのあとに高校生になると人工妊娠中絶が急増することや、コンドームはSTD（性感染症）予防には有効だが避妊成功率が9割を切ること、また中絶可能期間や避妊方法（→13-G）について教えるものでした。そのうえで、性交をしないことが確実な避妊方法であること、困ったときには相談機関があることを伝えていました。
　この性教育に対して古賀都議は、「中学生の段階で性交や避妊をとりあげるべきではない」と主張し、また東京都教育委員会も学習指導要領に記されていない性交・避妊・中絶という言葉を授業の中で説明したのは、中学生の発達段階に応じておらず不適切であるとし、足立区教育委員会にこうした授業を行わないよう指導しました。しかし、足立区教育委員会の担当者は、「10代の望まぬ妊娠や出産を防ぎ、貧困の連鎖を断ち切るためにも、授業は地域の実態に即して行われ、生徒と保護者のニーズに合ったものだ」と述べ、性交や避妊は引き続き教えるとの立場を表明しました（朝日新聞2018年3月24日）。

❖ 日本のセクシュアリティ教育

　足立区の性教育実践が問題視されたように、日本では性教育が推奨されない現実があります。なぜ日本では、性教育への反対論が主張されるのでしょうか。
　日本の学校教育の中で性教育が始まったのは第2次世界大戦後のことです。この時期の性教育は純潔教育と呼ばれています。純潔教育とは、性的交渉は結婚した男女が行うものとするという性道徳を教え守らせる教育でした。純潔教育が進められた背景には、第2次大戦後に実施された男女共学に伴って性的な問題が起こらないようにしようとする意図がありました。
　第2次大戦後に始まった純潔教育は1970年代になると後退し、性教育という

言葉が使われるようになります。その背景には、女性解放運動によって女性の貞操を守ることに重きを置き、女性にのみ押しつけられてきた「純潔」という言葉が批判されたことや、性をめぐる価値観の多様化があります。純潔教育から性教育への言葉の変化は、性の生理的側面だけでなく互いの人格を尊重した性もまた性教育の対象になったことを示しているといえるでしょう。

　1990年代に入ると、性教育は大きく進展することになります。とりわけ、新しい学習指導要領が施行された1992年は「性教育元年」と呼ばれました。小5の理科では、生命の誕生が扱われるようになり、また小学校5・6年生向けに保健の教科書もつくられました。このような変化が生じたきっかけの1つはエイズです。1985年に日本でエイズ第1号患者が報告されると、エイズへの不安から日本各地でパニックが発生しましたが、一方でHIV感染の広がりをきっかけとして感染を防ぐためには若者に性教育を行う必要があるという意見が広がりました。こうしてコンドームの正しい使用がHIV感染予防に有効であることが学校で教えられるようになったのです。

　新しい学習指導要領の施行を通して、小学校から性を取り上げる教育が始まると、教育現場では性教育の研究授業が盛んに行われ、保護者の要請も受けて現場では、さまざまな工夫がなされた性教育が広がります。小学校・中学年から性器の名称を「ペニス」「ワギナ」と呼び、「性交」を扱う授業も出てくるようになりました。1999年になると文部省も『学校における性教育の考え方、進め方』を刊行し、性教育を推進する立場を明らかにしました。

　しかし2000年代に入ると、こうした性教育の広がりに対してバッシングが顕在化します。その1つとして、ピルやコンドームの使い方などを紹介した中学生向けの性教育の冊子である『思春期のためのラブ&ボディBOOK』が国会で厳しく批判された出来事があります。2002年に厚生省の外郭団体であった「母子衛生研究会」によって作成され学校を通じて配布された、この冊子は自治体に130万部配布され、追加注文もあるなど教育現場で評価されていたようです。しかし、2002年5月、山谷えり子議員（当時は保守党、現在は自民党）が国会で、「この冊子はセックスが命を育む営みだという、重く神聖な視点が非常に欠けた書き方になっている。ピルについてはメリットのみ記され、推奨する内容になっている」と批判したのです。小泉純一郎首相もまた、この批判に賛同し、最終的にこの冊子は絶版・回収されることになりました。また翌年には、足立

区の中学校での性教育を都議会で批判した古賀議員を含む複数の議員により、都立七生養護学校の性教育が問題視されました。「ペニス」や「ワギナ」という言葉を用いた授業が「ひわい」として批判され、性教育を行った教員が処分されたのです。こうして全国で組織的な性教育批判キャンペーンが起き、学校でのセクシュアリティ教育は10年以上にわたって萎縮することになります。

こうした批判が起こった背景の１つは、1998年の小学校・中学校の学習主導要領の改訂に際して盛り込まれた、性交について触れない「はどめ規定」の存在です。小５理科の学習指導要領では、「女性の体内でつくられた卵（卵子）と男性の体内で作られた精子が結びついて受精したとき、新しい生命が始まる」と記述されていますが、「受精に至る過程は扱わない」と書かれているため、どのように精子と卵子が結びつくかについては触れられていません。また現在の、中１保健体育の学習指導要領には、「妊娠や出産が可能となるような成熟が始まるという観点から、受精・妊娠を取り扱うものとし、妊娠の経過は取り扱わない」と書かれ、どのようにして妊娠するか、すなわち性交については取り上げないことになっています。

性教育に反対する人たちの多くに共有されている考えに、「寝た子を起こすな」理論があります。「寝た子を起こすな」理論とは、中学生を含む子どもたちに性行為や避妊について取り上げる授業をすると、（寝ていた子が起きて）性行動が活発になるというものです。しかし、この点についてはさまざまな研究がなされ、「セクシュアリティ教育は性的行動やリスクの高い性的行動、性感染症や HIV の罹患率を上昇させない」ことが証明されており、「寝た子を起こすな」理論は科学的に否定されています（ユネスコ 2020）。この理論がいまだに信じられているとすれば、日本のセクシュアリティ教育は正確な科学的知識に基づいていないといえるでしょう。

❖ 国際セクシュアリティ教育ガイダンス

性教育に対する抑制的な動きに対して、近年ではセクシュアリティ教育に取り組む動きも徐々に広がっています。ユネスコなどがつくった『国際セクシュアリティ教育ガイダンス』を紹介し、日本のセクシュアリティ教育に役立てようとする動きはその１つです。

まず、包括的セクシュアリティ教育を進めるうえでの基本課題と実践をまと

資料12-1　8つのキーコンセプト

1	人間関係
2	価値観、人権、文化、セクシュアリティ
3	ジェンダーの理解
4	暴力と安全確保
5	健康とウェルビーイングのためのスキル
6	人間のからだと発達
7	セクシュアリティと性的行動
8	性と生殖に関する健康

出典：ユネスコ『国際セクシュアリティ教育ガイダンス』。

めた書物である『ガイダンス』は、包括的なセクシュアリティ教育について、「セクシュアリティについての認知的、感情的、身体的、社会的諸側面についてのカリキュラムをベースにした教育と学習のプロセス」と説明しています。性教育（sex education）ではなく、セクシュアリティ教育（sexuality education）という言葉が用いられる理由は、セクシュアリティ教育が性の生物学的側面（sex）だけでなく、性の社会・文化的側面（sexuality）を含んでいるからです。また、『ガイダンス』では、セクシュアリティ教育の保障はリプロダクティブ・ライツの重要な一部、すなわち基本的人権として認識されています（→13-G）。セクシュアリティ教育を受けることは、すべての人に保障されるべきものであるといえるでしょう。

　『ガイダンス』は、5〜8歳、9〜12歳、12〜15歳、15〜18歳の4つの時期ごとに、8つのキーコンセプト（資料12-1）に関して、学習目標を定めています。これをみてもわかるように、知識や身体だけでなく、感情や社会的側面を含んだ内容を、日本でいえばおおよそ小学校低学年、高学年、中学校、そして高校という4つの時期に区切り、教えることを提案しています（ユネスコ 2020）。

　『ガイダンス』の内容を理解してもらうために、性交や妊娠、避妊のトピックがどのように扱われているか紹介します。まず性交や妊娠については、5〜8歳で「妊娠は、卵子と精子が結合し、子宮に着床して始まる」ことを伝えることが学習目標として掲げられています。「ペニスが膣内で射精する性交の結果で妊娠が起こる」ことが取り上げられるのは、9〜12歳です。『ガイダンス』は12歳までに性交についての知識を持つことを推奨しています（ユネスコ 2020）。

　避妊について最初に取り上げるのは9〜12歳です。「若年での意図しない妊娠は、健康面や社会面でネガティブな結果となる可能性があること」を伝えた上で、「性交しないことが意図しない妊娠を防ぐ最も効果的な方法であることを説明」し、「意図しない妊娠のリスクを下げるために、男性用と女性用コンドーム双方の正しい使い方の手順を説明する」と記されています。12〜15歳になると「男性用・女性用コンドーム、低用量ピル、避妊注射、インプラント、

緊急避妊薬など意図しない妊娠を防ぐ効果的な方法と、それぞれに関連した効能について分析する」とされています（→13-G）。そして15〜18歳では、12〜15歳で学んだ現代的避妊法がもたらす、「個人への恩恵と、ありうべき副作用やリスクについて見極める」ことが目標として掲げられています（ユネスコ2020）。

　このように『ガイダンス』は、「性行為」などの性の生理学的側面にとどまらず、「避妊の方法」などの健康に関する科学的知識、「人間関係」といった関係性や性行動を選択するための価値観やスキル、そして「ジェンダー」などの性の文化的・社会的側面を含んでいます。身体の変化の仕組みや健康に関わる知識をふまえて、パートナーとどのような関係を築いていくか、性行動するか否かをどのような価値観に基づいて決定するか、コンドームをどのように使用するかなどが身につけるべきこととされています。こうした性の生理学的側面にとどまらない、多面的な要素を含む教育が包括的セクシュアリティ教育なのです。

❖ 課題と展望

　足立区の性教育が、中学３年生を対象に行われたことの意義は、すべての子どもが通う義務教育段階で行われたことにあります。性行動を始める生徒が増加する前に、性感染症や予期せぬ妊娠を防ぐための教育が義務教育で取り上げられたからです。

　現代は、インターネットやSNSなどのメディアを通じて性に関する情報や映像が氾濫している時代でもあります。若者は学校でセクシュアリティ教育を受ける以前から、性についての多くの情報を持っています。こうした情報に対処するセクシュアリティ教育が必要とされています。

　『ガイダンス』は、発達段階に即して中学生までに性交、妊娠、避妊について教えることを求めています。しかしながら、日本では学習指導要領において性交について教えることへの「はどめ規定」が存在しているために、学校や教員がセクシュアリティ教育に取り組むことに躊躇する状況があります。性行為をする前に、親や教員に相談する若者は少ないでしょう。基本的に、他者とのコミュニケーションを深める行為ともなる性行為は否定されるべきものではありません。ただし、性交をする前に、自分自身が性行為を望んでいるのかを冷

静に判断する力、そして望まない妊娠や性感染症といったリスクを回避できる力を身につける必要があります。そのためにも、セクシュアリティ教育では性の生理学的側面だけでなく、社会的側面やリスクを回避できるスキルについて伝えることが求められているといえるでしょう。

◇ディスカッションポイント
・中学生には、性行為を控えるよう伝える禁欲型性教育と包括的性教育のどちらを行うべきでしょうか、またそのように考える理由を考えてみましょう。

✦参考文献
　浅井春夫『包括的性教育——人権、性の多様性、ジェンダー平等を柱に』大月書店、2020年。
　ユネスコ（浅井春夫他訳）『国際セクシュアリティ教育ガイダンス［改訂版］——科学的根拠に基づいたアプローチ』明石書店、2020年。
　橋本紀子・池谷壽夫・田代美江子編著『教科書にみる世界の性教育』かもがわ出版、2018年。

(風間　孝)

Peace

12-P　戦争プロパガンダと平和ジャーナリズム

❖ メディア・戦争・平和

　私たちは、マスメディアを通じて発信される情報が、客観的事実に基づく正しい解釈、つまり真実を映し出していると思いがちです。しかし、メディアは現実のすべてを映し出すものではなく、1つの解釈を提示するにすぎません。

　実際、私たちの周りには、事実の断片を伝えるというマスメディアの特性を悪用した例は少なくありません。その顕著な例が、本節で扱う戦争プロパガンダです。戦争プロパガンダとは、戦争の必要性を自国世論や他国に納得させ、戦争に国民を動員し、兵士の士気を高めるための宣伝活動を指します。他方で、メディアを通じて他者への理解や共感を生み、紛争の創造的解決を思考することも不可能ではありません。その1つの取り組みとして、平和ジャーナリズム

と呼ばれる報道の実践があります。

　では、どのようにマスメディアを通じた戦争プロパガンダが展開されてきたのでしょうか。そして、どのようにメディアを利用すれば、他者への理解や共感を生み、紛争の創造的解決の促進に貢献できるのでしょうか。本節ではまず、戦争プロパガンダについて学びます。次に、戦争を生み出すジャーナリズムと平和を生み出すジャーナリズムの違いと平和ジャーナリズムの可能性について考えます。

❖ メディアの特性とメディア・リテラシー

　メディアとは、情報伝達を媒介する事物です。そして、メディアが何をどのように伝え、また伝えない部分は何かを知るためのスキルのことをメディア・リテラシーといいます。リテラシーとは、読み書き能力のことです。つまり、メディアを上手に使いこなし、情報を伝達するスキルもメディア・リテラシーです。

　メディア・リテラシーで押さえておくべき最も基本的なポイントがあります。それは、メディアは現実の一面を映すにすぎないということです。ニュースやドキュメンタリーを見ていると、あたかも事実や現実を客観的に映しているように思えるかもしれません。しかし実際は、作り手が映す必要がないと考えるところ、あるいは映したくないところまで映っているわけではありません。これはメディアに不可避な特性ですから、それでメディアの価値が否定されるわけではありません。大切なのは、メディアの特性がどのように悪用されるのかを具体例から理解し、平和のためにメディアを利用する方法を実践することです。そこでまず、メディアの特性を悪用した例として、戦争プロパガンダの問題を見ていきましょう。

❖ 戦争プロパガンダ

　戦争はかつて、国王などの権力者が、武士や傭兵などの専門の戦闘集団を率いて行うものでした。しかし、中央集権的な近代国家の登場で戦争の様相も一変します。それまで戦争の主体でなかった民衆が徴兵され、生活に関わるあらゆるものが戦争に動員されるようになったのです。この変化により、各国政府は自国民に対し、その戦争が正しく必要なものだと納得させなければならなく

なりました（→ **3**-P）。その中で登場した手法が戦争プロパガンダです。

　最近の例として、1990年の湾岸戦争時におけるナイラ証言を挙げます。ナイラというのは、16歳のクウェート人少女の名です。ナイラは、イラク軍がクウェートを占領した直後、アメリカで開催された公聴会に登壇し、イラク軍がいかに非人道的で残虐な行為をしているかについて、涙を流しながら訴えました。以下は、その証言の一部です。

> イラク軍が（クウェートに）侵攻した翌日から、私は12人の女性と一緒に、クウェートのアル＝ラダン病院でボランティアを始めました。私が最年少のボランティアで、他の女性達は20歳から30歳でした。私は病院にいましたが、その時、銃を持ったイラク軍兵士たちが病院に押し入るのを目にしました。彼らは、保育器から新生児たちを取り出し、冷たい床に放り出し、赤ん坊たちが死ぬまで放置したのです。

　ナイラの証言は、全米の新聞やテレビで取り上げられ、ジョージ・ブッシュ大統領も引用するほど有名になりました。そして、アメリカが主導する多国籍軍がイラク軍を壊滅させ、その後も厳しい経済制裁をイラクに科しました。イラクは残虐な国というイメージが浸透していたため、アメリカだけでなく日本でも、こうした政策に支持が集まりました。他方で、米軍が使用した劣化ウラン弾によってイラクの子どもたちが白血病にかかり、経済制裁によっても多くのイラク市民が犠牲になったことはほとんど報じられませんでした。

　実は、このナイラ証言が事実に基づいていなかったことが、後に明らかになります。それだけでなく、彼女がクウェートの病院でボランティアをしていた事実すらありませんでした。さらに、彼女は在米クウェート大使の娘で、ナイラという名でもありませんでした。では、なぜ偽名の少女は、嘘の証言をしたのでしょうか。

　この嘘の証言をプロデュースしたのは、ヒル・アンド・ノウルトン社という米国のPR会社でした。PRとは、パブリック・リレーションズの略です。PR会社は広告代理店のようなものですが、それが広告であるとわからないように情報を加工し、マスメディアに提供して世論を動かすことを業務とします。クウェート政府は、アメリカからの支援を受けるためヒル・アンド・ノウルトン社を雇い、戦争プロパガンダを展開したのです。ナイラ証言はそうしたプロパ

ガンダの1つでした。

　戦争プロパガンダは、2003年のイラク戦争（→6-P）でも繰り返されました。今度は、アメリカ政府が自らプロパガンダを展開しました。2003年3月に米軍はイラクを侵略し、2週間で全土を占領しました。この侵略を正当化するため、ジョージ・W・ブッシュ政権はイラクが核兵器、化学兵器、生物兵器を持ち、テロリストを支援しているとの情報を世界に発信しました。イラクの首都バグダッドの陥落後、米ワシントンポスト紙の記者は次のように語っています。

　　2002年8月のチェイニー副大統領の発言から始まって開戦に至るまでのブッシュ政権の対イラク・キャンペーンは、すさまじいものだった。核兵器だ、化学兵器だ、生物兵器だ、これらがテロリストの手に渡るのだ―という話を連日聞かされているうちに、それが既成事実になっていった。ブッシュ政権は戦争を仕掛け、見事にそれを売ったのだ。（永島 2008）

　このように、ブッシュ政権は自ら世界に向けて戦争プロパガンダを発信し、イラクへの侵略戦争を「売る」こと、つまり、自国の国民やマスメディア、さらに日本やヨーロッパ諸国の政府の支持を集めることに成功しました。しかし、イラク占領後、イラク政府が「大量破壊兵器」を隠し持っていたとのアメリカの説明を裏付ける証拠は見つからず、中東地域に混乱と多数の死傷者をもたらしただけでした（→6-P）。

❖ SNS とプロパガンダ

　最近では、ソーシャル・ネットワーキング・サービス（SNS）を通じた戦争プロパガンダも展開されています。ここでは、イスラエルの例を挙げます。

　イスラエルは長年、敵対するパレスチナ人やアラブ諸国を攻撃し、多くの犠牲者を出してきました（→7-P、11-P）。しかし同時に、国際世論から厳しい批判も受けてきました。そこでイスラエル政府は、自軍の中に宣伝部隊を作り、TwitterなどのSNSを通じ、自国が行う攻撃は正しく必要なものであるとのメッセージを世界中に発信してきました。イスラエル国防省の広報担当官は、「私たちのメッセージを伝えるのに、ニューメディアなくして未来はありません。イスラエル国防軍は、世論の支持を獲得するためにインターネットの世界へと場を移したのです」と述べています（朝日新聞2013年3月3日朝刊）。

SNSの特徴は、既存のマスメディアと異なり、市民が自発的に拡散できる点にあります。これについて、イスラエル外務省のソーシャルメディア戦略専門家は、「メディア上でも心理戦が繰り広げられており、市民の一人ひとり、コンピューターユーザーの一人ひとりが兵士なのです」と言います（朝日新聞2013年3月3日朝刊）。

　このように、近年の戦争では、既存のマスメディアだけでなく、一般市民までもが自ら、戦争プロパガンダの担い手とされる危険が常にあります。しかし他方で、メディアは平和を作るためのツールになることもできます。そこで次に、報道（ジャーナリズム）がどのように戦争と平和と関わるかについて説明し、メディアを通じて平和を作る方法を考えます。

❖ 平和ジャーナリズムの可能性

　ヨハン・ガルトゥングという平和学者は、報道を、戦争ジャーナリズムと平和ジャーナリズムの2つに分類しました。前者は、戦争や武力行使を正当化し、国や民族の間の対立を悪化させる報道を指します。それに対して後者は、紛争の非暴力的な解決と対話を促し、調停や和解を介添えするという目的を持った報道です。資料12-2は、ガルトゥングの表を参考に、筆者が戦争ジャーナリズムと平和ジャーナリズムの違いを整理したものです（Lynch and McGoldrick 2007）。

　筆者が担当する平和論の授業では、戦争ジャーナリズムに分類される内容の記事をいくつか紹介し、それが平和ジャーナリズムの報道になるように、その記事に続く内容を書きなさいという課題を出しました。紹介した記事は、元徴用工訴訟で韓国の裁判所が日本企業に賠償を求めたことに対して韓国への報復を提唱する記事、尖閣諸島周辺に「機関砲のようなもの」を搭載した中国船が「侵入」したと報じる記事、スイスで買い物客がナイフを持った女に襲われた事件を「過激派組織「イスラム国」」と関連づけて「テロ」と報じた記事でした。学生からはさまざまなアイディアが出されました。その中には、対立そのものが問題であることを前提としつつ、双方に平和解決を望む声があることを伝えたり、事件の背景にある複雑な要因を詳しく解説したり、元徴用工の声や領土問題に関する双方の主張をバランス良く伝えることを重視した回答などがありました。メディアを通じて流される情報は常に主観性を持つがゆえに、このよ

資料12-2　戦争ジャーナリズムと平和ジャーナリズムの違い

		戦争ジャーナリズム	平和ジャーナリズム
1	事件と背景	事件のみ報道し、それが起こるまでの過程や原因、構造的背景については報じない。紛争を単純化して報道する。たとえば、敵／味方、正義／悪、文明国／テロリストといった二項対立図式で報じる。	事件そのものよりも、それが起こるまでの過程や原因、構造的背景を重点的に報じる。紛争を単純化せず、二項対立構図に収まらない人々の利益関心の多様性や複雑な関係性を報じる。
2	情報源と当事者意識	一般市民の声よりも政府発表を、より信頼性が高いものとして重点的に報じる。他国での紛争を他人事と捉えて済まし、当事者意識を欠く。	政府発表だけでなく、一般市民の声も信頼性があるものとして報じる。他国での紛争も自分事と捉え、「私たち」の関わりという視点を提供する。
3	共感の対象	自陣とされる人々のみに共感し、その被害のみを伝える。相手側が問題であるという構図で報じ、自陣と相手側の勝ち負けにこだわる。	紛争当事者双方に共感し、全ての当事者の被害を伝える。対立そのものを問題と捉え、創造的な紛争解決策を模索し、提案する。
4	報道の影響	相手側の嘘だけ暴き、自陣の嘘は隠ぺいする。報道の客観性を装い、報道内容が紛争に与える影響には無関心である。	全ての紛争当事者の嘘を暴いて報じる。報道が持つ主観性を重視し、報道内容が対立・戦争・偏見・憎悪に与える影響をも考慮する。
5	平和への関心	紛争を探し回る一方、紛争がいかに解決され、和解が達成され、戦後復興しているかは報じない。指導者間の交渉・合意に注目し、対立は指導者レベルでしか解決できないかのように報じる。	紛争がいかに解決され、戦後どのように和解・復興がされているかを重視して報じる。平和を求める人々の非暴力的活動にも焦点を当て、平和を作る文化や社会を展望する。

出典：Lynch and McGoldrick 2007。

うに情報を1つとってみても、それを戦争ジャーナリズムにも平和ジャーナリズムにもすることができるのです。

❖ 課題と展望

　私たちは、メディアを通じて流される戦争プロパガンダを批判的に受け止め、SNSで自らその担い手となる事態を避けるため、メディアと戦争と平和の関係性を理解し、平和ジャーナリズムを実践していく必要があります。

　平和ジャーナリズムを推進していくためには、報道や表現の自由が必要不可欠です。なぜなら、自国政府や大手マスメディアが戦争や武力行使を正当化している場合、平和ジャーナリズムはそれと対立する情報や見解を発信していくことになるからです。2021年のノーベル平和賞は、フィリピンとロシアで政権に批判的な報道を続けてきた2人のジャーナリストが受賞しました。受賞理由

は、この２人が、強権下で「民主主義と恒久的平和の前提条件である表現の自由を守るための努力」をしてきたからというものでした（毎日新聞2021年10月9日朝刊）。

　このように、平和のためには、メディア・リテラシーを身につけると同時に、一方では報道や表現の自由の領域を広げていくことにも取り組んでいく必要があるのです。

◎ディスカッションポイント

・戦争ジャーナリズムと平和ジャーナリズムに該当する記事を見つけ、なぜそれが戦争ジャーナリズムまたは平和ジャーナリズムに分類できるのか述べましょう。

・SNS上での平和活動の取り組みについて調べ、どのような人々が関わり、いかなる効果を持っているか論じましょう。

♣参考文献

　永島啓一「イラク戦争とメディア──米公共放送PBS『フロントライン』の挑戦」『放送研究と調査』2008年5月号。

　モレリ、アンヌ（永田千奈訳）『戦争プロパガンダ10の法則』草思社文庫、2015年。

Jake Lynch and Annabel McGoldrick, 'Peace Journalism,' in Charles Webel and Johan Galtung (eds.) *Handbook of Peace and Conflict Studies,* London and New York: Routledge, 2007.

（今野泰三）

13 グローバル化

　グローバル化（グローバリゼーション）とは、国境を越えたヒト、モノ、カネ、情報の移動のことであり、別の言い方をすれば、国家を超えたさまざまな事象の拡大を指しています。グローバル化に近い言葉として「国際化」がありますが、国際化とは国家を単位とする分析である点で、グローバル化とは異なった概念です。

　またグローバル化という概念に対しては、「国境を越えたヒト、モノ、カネ、情報の移動」は15世紀から17世紀まで続いたヨーロッパ人によるアフリカ・アジア・アメリカ大陸への大規模な航海を指す大航海時代から始まっていたのではないかという疑問を持つ人もいるでしょう。グローバル化という概念が使われるようになったのは1990年代に入ってからですが、この概念をあえて用いるのはグローバル化が近年の世界規模での市場経済の浸透と消費文化の拡大に焦点を当てているためです。CNN などのグローバルメディア、ディズニーやハリウッドなどのエンターテインメント産業、マクドナルドなどの食料品、オリンピックやサッカーなどのスポーツ観戦などを思い浮かべれば、いっそう国家を超える事象の拡大を実感しやすいかもしれません。国家の境界を越えた市場経済の拡大、それに伴う文化の浸透は、人類の歴史の中でも新しい次元に入っているといえるでしょう。

　またグローバル化は経済や文化の側面だけでなく、国家単位で創りあげてきた政治を揺るがす側面を持っています。たとえば、グローバル化する政治は、地球規模での繋がりが密接になる中で平和や人権、環境といった問題が国境を越えて活動する NGO や国際機関からの働きかけにより、国家単位での決定が難しくなっていることからも見てとれます。本章では、🔢-G において国際人口開発会議で示されたすべての人の「性と生殖に関する健康と権利（リプロダクティブ・ヘルス／ライツ）」に注目し、🔢-P において戦争の民営

化を成立させている民間軍事請負企業に焦点を当てる中で、グローバル化が戦争や私たちの性と生殖に関わっているかを見ていきます。

13-G では1994年に開催された国際人口開発会議において採択された「リプロダクティブ・ヘルス／ライツ」という概念が日本の若者に保障されているのかという点について、避妊や中絶をめぐる日本の現状を踏まえて考察しています。まず日本における主たる避妊法はコンドームですが、コンドームの避妊失敗率は理想的な使用法で2％、一般的な使用法で18％であることは、あまり知られていません。一方、世界平均では最も多く使われているのが経口避妊薬のピルであり、ピルの避妊失敗率は理想的な使用法で0.3％、一般的な使用法で9％です。また世界では避妊失敗率が低く、一度用いれば長期間避妊ができる黄体ホルモンが入ったマッチ棒サイズのスティックを腕に入れるインプラント、卵胞ホルモンと黄体ホルモンが含まれるシールを皮膚に貼る避妊パッチ、そして黄体ホルモンを注射する避妊注射などが用いられていますが、日本では用いられていません。日本は世界の避妊法の進展から遅れをとっています。

日本がピルの使用を承認したのは国連加盟国の中で最後の1999年のことです。欧米では1960年代から使用されていたピルが厚生省によって承認されるまで50年近くかかったことになりますが、その背景の1つにはピルが承認されたら女性の性が乱れるという考えがありました。このように長い間承認されてこなかったピルが認可されたのは、グローバルな反対の声が上がったためです。日本の避妊法は第2次世界大戦後に推奨された避妊法から大きく変化していませんが、グローバルな声によって政策の転換が求められたといえるでしょう。

13-P「戦争の民営化」は、正規の軍や兵士によって担われた従来の戦争や紛争が、民間軍事会社に雇われた非正規の兵士（傭兵）によって遂行されるようになった点に注目します。民間軍事請負企業に雇われているのは、軍事マニア、退役軍人や元外国人部隊兵士などの他にエンジニアやIT専門家、パイロット、翻訳者なども含まれます。発注側は正規軍で戦争を遂行したときよりも軍事費を削減することを目的とし、また請負側は報酬を目的に戦争に参加しています。実際にイラク侵攻で米国は輸送や食糧提供等の兵站業務の2～3割を民間軍事請負企業に発注していたとされます。戦争がビジネス

の場になっているとともに、国家単位の争いから国家を超えてビジネスを展開する民間軍事請負企業によって担われている点でグローバル化の影響を受けていることがわかるでしょう。 （風間 孝）

13-G　リプロダクティブ・ヘルス／ライツ

❖ 「リプロダクティブ・ヘルス／ライツ」という概念

　1994年、カイロで人口問題や持続的成長、持続可能な開発について話しあうために、国際人口開発会議が開催されました。この会議は、人口問題を扱う際の新たなアプローチを採用したことで知られています。それは、人口問題を「増加する人口をいかに抑えるか」という数、あるいは量の問題として捉えるのではなく、女性の人権、すなわち女性が安全な避妊法や望む人数の子ども等に関して多くの選択肢を得ることにより解決を目指すという「質」の視点を導入した点にあります。またこの会議では、女性の人権に加えて、すべての人の性と生殖に関する健康と権利を重視する方向性が示されました。このような中で生まれたのが「リプロダクティブ・ヘルス／ライツ」という概念です。

　リプロダクティブ・ヘルス／ライツは、リプロダクティブ・ヘルス（性と生殖に関する健康）とリプロダクティブ・ライツ（性と生殖に関する権利）から成り立っています。このうちリプロダクティブ・ヘルスとは、人間の生殖に関わるすべての側面において、たんに疾病、障害がないということだけでなく、身体的、精神的、社会的に完全に良好な状態であることを指しています。そこから、リプロダクティブ・ヘルスは、人々が安全で満ち足りた性生活を営むことができ、生殖能力を持ち、子どもを産むか産まないか、いつ産むか、何人産むかを決める自由を持つこととされました。人々が「安全で満ち足りた性生活を営むことができ」るという表現からは、リプロダクティブ・ヘルスが「産む性」を持たない人々の人権にも関わることがわかります。

　つぎにリプロダクティブ・ライツは、すべてのカップルと個人がその子どもの数と、出産の間隔、そして時期を自由にかつ責任を持って決定すること、そしてそれを可能にする情報と手段を有することを基本的人権として承認し、ま

た最高水準のリプロダクティブ・ヘルスを獲得する権利とされています（柘植
2000）。

　このようなリプロダクティブ・ヘルス／ライツの定義を踏まえるとき、日本
の若者にはリプロダクティブ・ヘルス／ライツは保障されているでしょうか。
本節では、避妊や中絶をめぐる日本の現状を踏まえながら、リプロダクティ
ブ・ヘルス／ライツが保障されているかを考えます。

❖ コンドームという避妊法

　日本において、最もポピュラーな避妊法はコンドームです。2016年に日本家
族計画協会が実施した調査によれば、主たる避妊法として7割以上の人が男性
用コンドームを挙げており、次いで多いのが膣外射精法となっています（資料
13-1）。
　それでは海外ではどのような避妊法が使われているでしょうか（資料13-1）。
海外で使用されている避妊法の上位6つは、ピル、コンドーム、不妊手術、
IUD、避妊注射、膣外射精、インプラントという順になっています（資料13-
1）。ここでピル、IUD、避妊注射、そして不妊手術、インプラントがどのよ
うな避妊法なのか説明しておきます。まずピルとは、女性ホルモンと呼ばれて
いる卵胞ホルモン（エストロゲン）と黄体ホルモン（プロゲスチン）を化学的に
合成した薬剤のことです。ピルを飲むと、ふたつのホルモン濃度が血液中で高
まり、妊娠中に近い体の状態になるため、脳は自分の身体が妊娠したと錯覚し
排卵が止まります。こうした仕組みを利用して避妊するのがピルです。IUD
とは、子宮内に器具を入れることで受精卵が着床できないようにする避妊法で
す。避妊注射とは、排卵を抑制する黄体ホルモンを注射する避妊法です。不妊
手術とは、男性では精管を切断する手術を行うことにより、精液中に精子を存
在させなくする避妊法であり、女性では卵管をしばる手術により精子が卵管を
通過できないようにする避妊法です。最後にインプラントとは、黄体ホルモン
が入ったマッチ棒サイズのスティックを腕などに入れることにより避妊する方
法ですが、日本では未承認です。
　つぎにそれぞれの避妊法の失敗率についてみていきましょう。なお避妊失敗
率とは、特定の避妊法を用いた女性が最初の1年間で妊娠する割合のことです。
また理想的な使用法とは正確かつ常時使用すること、一般的な使用とは不正確、

資料13-1 日本と世界における避妊法

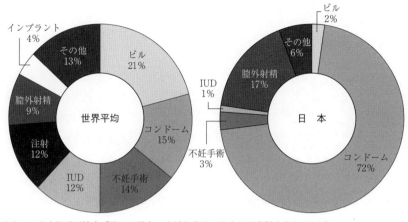

出典：日本家族計画協会「第8回男女の生活と意識に関する調査報告書」、2017年。

資料13-2 各種避妊法使用開始1年間の失敗率（妊娠率）

(%)

避妊法	理想的な使用*	一般的な使用**	1年間の継続率
ピル（経口避妊薬）	0.3	9	67
コンドーム（男性用）	2	18	43
殺精子剤	18	28	42
ペッサリー	6	12	57
薬物添加IUD	0.1〜0.6	0.2〜0.8	78〜80
リズム法	0.4〜5	24	47
女性避妊手術	0.5	0.5	100
男性避妊手術	0.1	0.15	100
避妊せず	85	85	

＊ 理想的な使用とは、選んだ避妊法を正しく続けて使用している場合。
＊＊ 一般的な使用とは、飲み忘れを含め一般的に使用している場合。
出典：朝日新聞2020年7月30日。

　すなわち自己流で使用し、常時使用しないことを指します。まず日本で避妊法として最も普及しているコンドームの避妊失敗率は理想的な使用法で2％、一般的な使用法で18％です（資料13-2）。一方で、世界平均と比べ、日本での使用率の低いピルの避妊失敗率は0.3〜8％、IUDは0.6〜0.8％、不妊手術は0.1〜0.5％となっています。

資料13-3 避妊法の効果による分類

	失敗率	方　法	使用法
レベル1	1％以下	インプラント、不妊手術、IUD	実行すれば、（ほとんど）何もする必要がない
レベル2	4～7％	避妊注射、ピル、避妊パッチなど	定期的に実行・交換する必要がある
レベル3	13％以下	男性用・女性用コンドーム、リズム法、殺精子剤など	性行為のたびごとに常時・正確に使用する

出典：James Trussell, 'Contraceptive Failure in the United States,' *Contraception*, 83（5）, 2011, pp. 397-404.

避妊法はその効果によって3つのレベルに分けられています（資料13-3）。避妊法は、1度実行すれば（ほとんど）何もする必要がないレベル1から、定期的に実行・交換する必要があるレベル2、性行為のたびごとに正確かつ常時使用する必要のあるレベル3に分けられます。レベル1の不妊手術は生涯有効であり、インプラントは3～5年、IUDは2年間有効であり、女性はこれらの方法を1度実行すれば避妊について性行為の際、意識する必要がありません。レベル2のピルは毎日服用する必要があります。つぎに避妊注射は3か月に1回注射をします。避妊パッチとは卵胞ホルモンと黄体ホルモンが含まれたシールを皮膚に避妊する方法で1週間ごとに貼る必要があります。なお、避妊注射と避妊パッチは日本では承認されていません。レベル3のコンドームと性交前に膣に薬剤を入れて精子を殺傷する殺精子剤は性行為のたびごとに使用する必要があります。最後にリズム法は排卵日を予測してその日には性行為をしない、あるいはコンドームを使用することで避妊する方法です。

　以上から避妊法に関しては、失敗率をどれくらい下げられるか、またどの程度の期間有効かが重要であるといえるでしょう。また日本で使用されているコンドームやリズム法は第2次大戦直後の人口急増期に日本政府が推奨した避妊法ですが、日本は避妊法に関してこの頃から変化がなく、レベル3の避妊法がいまだ主流です。日本は、レベル1、2で用いられている避妊法の多くが承認されておらず、世界の避妊法の進展から大きく遅れをとっています。

❖ ピルという避妊法

　避妊法として安全性や有効性が認められ、コンドームと比べて避妊失敗率の低いピルは、若い世代に推奨される避妊法です。にもかかわらず、日本ではピルの使用は低い割合にとどまっています。日本でピルが広がらないのはなぜで

しょうか。

　ここからは、避妊効果の高いピルが日本で普及しない理由について考えます。まず、ピルの承認が他国と比べ大幅に遅れたことを挙げることができます。日本で経口避妊薬としてのピルが承認されたのは、国連加盟国のなかで最も遅い1999年のことでした。1960年にアメリカで承認され、1970年代には世界中の女性の間で広まったピルには50年を越える歴史があります。日本では1961年に製薬会社がピルの承認を厚生省に申請しましたが承認されませんでした。アメリカの政治学者であるティアナ・ノーグレンはピルが承認されなかった要因として、(1)ピルの副作用がこの当時は十分に解明されていなかったこと、(2)ピル反対派が性行動、特に若い女性の性行動が乱れることを恐れたこと、(3)ピルの承認が中絶と出産に関わる業務に対する脅威であると産婦人科医がみなしたことを挙げています（ノーグレン 2008）。

　ピルが使用されるようになってから30年以上経っても諸外国で深刻な健康被害が起こらなかったこと、そして1985年に低用量ピルの臨床試験が行われ、治験が成功したことを受けて1990年、製薬会社は厚生省に対して低用量ピルの承認申請を行いました。しかしピルの承認はコンドームの使用を減少させ、HIV感染の増加を招く恐れがあるとして、厚生省はピルの承認を延期しました（平山 2018）。

　しかし、ピルは思いがけない出来事がきっかけとなり認可されることになりました。1999年に、新薬承認には通常は2年かかるところ、勃起不全の治療薬であるバイアグラは、6か月という短期間で承認されました。バイアグラはピル以上に副作用の強い薬であり、1998年の時点でアメリカでは123人、日本では1人が命を落としていました。これほど副作用の強い薬が短期間で承認されたのに、なぜ日本はいまだにピルを承認しないのかという激しい批判が国内外から起こり、ようやく厚生省は1999年に低用量ピルを承認しました（平山 2018）。

　2つめの理由として、副作用への心配を挙げることができます。2016年に家族計画協会が実施した調査（第8回「男女の生活と意識に関する調査」）によれば、ピルを「使えない」「使いたくない」理由の第1位は男女ともに「副作用が心配だから」でした（男性53.1％、女性45.6％）。ちなみに、男性の2位は「女性だけに責任がかかる」、第3位は「この中にはない」（12.9％）であり、女性の2

位は「この中にはない」(12.9%)、3位は「毎日ピルを飲むのが面倒」(10.1%)でした。

　たしかにピルには、飲み始めて1～2か月の間に吐き気、頭痛、乳房の張りなどの症状が出る場合があります。また肥満や喫煙、40歳以上の場合は、血栓症発症のリスクが高くなるため、服用にあたっては医師に相談する必要があります。また副作用として語られるものの中には、ピルを服用すると太る、妊娠しにくくなるなどの誤解もあります。一方でピルには、女性ホルモンのバランスを整え、月経経血量を減少させることによる月経痛の緩和や子宮内膜がんの予防などの副効用もあります。副作用と副効用を知った上でピルを服用するかどうかを決定する必要があります。

　3つめの理由として、毎日服用することへの負担を挙げることができます。女性3位の「毎日ピルを飲むのが面倒」については、毎日服用する負担が女性に生じるのは事実ですが、男性も費用を払うなど負担をわかちあうことによって、「女性だけに責任がかかる」という男性の心配を軽減できるかもしれません。ちなみに、日本ではピルは薬局で買うことができず、医師の処方がなければ入手することができません。また健康保険も適用されないため月3000円程度の費用がかかります。一方で、海外ではピルに健康保険が適用されたり、無料配付の国もあります。また、ピルには性感染症予防の効果がないため、性感染症予防のためにはコンドームを用いる必要があります。ピルを服用しても、安全な性行為をするために男性が果たすべき役割があるといえるでしょう。

　4つめの理由として、ピルを服用する女性への否定的なイメージを挙げることができます。先の調査では、ピルを「使えない」「使いたくない」理由として、「この中にはない」が上位を占めていました。平山は、その理由に関して、低用量ピルを持っている女性のイメージを尋ねた調査の結果において、男性の回答に「遊んでいそう」(3位)、「夜の仕事をしていそう」(4位)という回答のあったことに注目しています。「遊んでいそう」は偶然出会った相手とセックスをしている、「夜の仕事をしていそう」は性産業で働いているというイメージだといえるでしょう。ピルを使っている女性に対して男性が「遊んでいそう」「夜の仕事をしていそう」というイメージを持っていることも、女性のピルの使用に影響を与えていると考えられます（平山 2018）。

　このような状況のなかで、女性がピルを服用するには、女性が性や生殖、ま

たピルについての知識を持つことが不可欠です。しかしながら、現在の日本の若者は、不十分な性教育のもとで避妊やピルを含む近代的避妊法に関する知識を身につけにくい状況にあります（→⓬-G）。若者が十分案性教育を受けにくい状況、そして自分に適した避妊法にアクセスすることの難しい環境が、ピルの利用率の低さをもたらしているといえるでしょう。

❖ 日本における中絶

　日本において人工妊娠中絶が認められているのは妊娠22週未満です。22週以降に中絶した場合は、堕胎罪という刑法上の犯罪になります。中絶には初期中絶と中期中絶があります。妊娠12週未満に行われる初期中絶の費用は10〜20万円です。日本で初期中絶は、静脈麻酔をして金属製の器具を子宮口から挿入し、子宮内の妊娠の組織をかき出す手術である掻爬と呼ばれる器具を用いる方法と、真空吸引により胎児を体外に出す方法があります。初期中絶は、通常は日帰りで実施されます。

　妊娠12〜22週未満の間に行われる中期中絶の費用は30〜40万円です。中期になると大きくなった胎児は器具や吸引によって体外に出すことができないため、陣痛誘発剤を使って人工的に流産をすることで中絶をします。そして手術後には、死産届を役所に提出します。また、中期中絶では入院が必要です。

　日本の中絶の問題点を2つ指摘します。1つめは子宮内膜を傷つけるリスクがあることからWHO（→⓯-G、⓯-P）も「時代遅れ」だと指摘する掻爬法が多用されており、WHOや厚生労働省が推奨する手動または電動による吸引法が広がっていないことです（朝日新聞2021年7月17日）。もう1つの問題点は、経口中絶薬、すなわち中絶するための飲み薬が承認されていないことです。国際的には1980年代に飲み薬による中絶が始まっており、いまでは約70か国で承認され、WHOも経口中絶薬を妥当な価格で広く使用されるべき「必須医薬品」に指定し、安全な中絶方法として推奨しています。日本では、「セーフアボーション」と呼ばれる安全な中絶が保障されていないといえます。産婦人科医の遠見才希子は、医療者が中絶をする人に対して「安易に中絶している」という先入観を抱いていることが、より安全かつ安価に中絶をする方法の導入を遅らせたのではないかと指摘しています。

　また遠見は、流産と人口妊娠中絶の間にある対応や費用が大きく異なるこ

についても問題を提起しています。流産した場合、妊娠に伴ってつくられた組織に対して2つの対応方法があります。1つは自然排出を待つ、もう1つは子宮内容を除去する流産手術を行う方法です。流産手術には健康保険が適用される一方で、中絶手術は保険適用がなく10〜40万円の費用がかかります。こうした点については、海外の専門家から「なぜ日本は懲罰的な掻爬を罰金のような金額で行っているのか」という指摘がなされています。WHOは「中絶を、女性と医療従事者を差別や社会的な汚名から保護するために、公共サービスまたは公的資金による非営利サービスとして医療保健システムに組み込まなければならない」と提言しています。実際、オランダやイギリスのように中絶手術を無料で行っている国もあります。高額な費用が安全な中絶へのアクセスの障壁になっていないか、日本でも議論されるべきでしょう（朝日新聞2021年7月17日）。

❖ 課題と展望

　日本は国連加盟国の中で最後に低用量ピルを承認した国であり、失敗率の低い多くの避妊法や経口中絶薬を認可していません。また避妊に失敗したときに72時間以内に服用することで約9割の確率で妊娠を防ぐことのできる経口避妊薬を薬局で入手することもできません。

　こうした現状の根底にあるのは、2つの意識です。1つは、安全な避妊方法および中絶へのアクセスはリプロダクティブ・ライツ、すなわち権利であるという意識が希薄であることです。もう1つは、ピルを承認するときの反対意見として現れた、ピルを承認すると若い女性の性行動が乱れるといった考えに象徴されるように、日本社会や医療者の中にはいまだに女性自身の選択に任せられないという、女性を保護すべき対象とみなす考えがあることです。女性の選択を信頼し、尊重していく社会への変わっていく必要があります。

　避妊や中絶へのアクセスが権利であり、健康を守るために不可欠であるとの認識を社会全体で共有するためにも、私たちは1990年代に国際的に認知されたリプロダクティブ・ヘルス／ライツという理念について学び直す必要があるといえるでしょう。

◎ディスカッションポイント
・日本の若者にはリプロダクティブ・ヘルス／ライツが保障されているといえ

るでしょうか。

・男は「男らしく」、女は「女らしく」というジェンダー規範はリプロダクティブ・ヘルス／ライツを行使する上で、（どのような）影響を及ぼしているでしょうか。

♣参考文献

柘植あづみ「女性の人権としてのリプロダクティブ・ヘルス／ライツ」『国立婦人教育会館研究紀要』4、2000年。

平山満紀「日本ではなぜ近代的避妊法が普及しないのか」『明治大学心理社会学研究』14、2018年。

ノーグレン、ティアナ（岩本美砂子監訳）『中絶と避妊の政治学——戦後日本のリプロダクション政策』青木書店、2008年。

（風間　孝）

Peace

13-P　戦争の民営化

❖ 戦争のアウトソーシング化

　従来、多くの戦争や紛争は、規模が同等の国家間あるいは地域間等で行われ、その軍事行動に従事するのは正規の軍や兵士でした。今日の戦場でもその様子は同じままでしょうか。

　まず、戦争や紛争が非対称戦争と呼ばれるように、大国対小国、あるいは国家対過激派組織等、規模の差がある者同士での争いがほとんどになりました。そして、正規軍や兵士に代わってこれらの争いの場に現れたのが民間の兵士です。彼らが誰（どこ）から報酬を与えられ、どのように派遣されているのか、リーダーは誰なのか、そもそもリーダーがいるのかなど明瞭でないことがほとんどです。こうした非正規の兵士は、傭兵と呼ばれます。彼らは、どこの国や地域の正規軍にも属さず、民間軍事会社に属しています。傭兵は義憤に駆られた軍事マニアや、退役軍人、元外国人部隊兵士等が雇われ、出所不明な依頼や自身の希望により各地の戦いに参加していました。

　最近では、こうした傭兵に代わって争いの場で暗躍しているのが民間軍事会

社の社員です。彼らは、戦争広告代理店を営む戦争屋だけでなく、武器商人、エンジニア、IT専門家、パイロット、翻訳者等さまざまな肩書を持って雇われています。これは、戦いの技術、紛争に関連するあらゆる活動がサービス業になっていることを示しています。そう考えると、発注側は依頼した業務を低コストで成果を上げてくれることが、請負側は報酬が重要という取引関係になります。つまり、ビジネスとしての戦争、戦争の民営化が成立しているということがいえるのではないでしょうか。

❖ 民間軍事会社の役割

　ビジネスとしての戦争を担う会社、すなわち民間軍事会社が担う業務はさまざまです。たとえば、プロパガンダ戦争（→**12**-P）の発生と深化、収容所の建設と運営方法の教唆、対テロ戦争（→**6**-P、**11**-P）を名目とした戦争への人員や武器の供給、スパイ業務及び下請けスパイ会社の成長促進、正規軍へのロジスティックス請負業務、兵器修理やメンテナンス、地雷・不発弾処理等が挙げられます。これらは、戦争サービス業ということができるでしょう。戦争サービス業は、正規軍の手が回らない戦争関連業務を補う形で発展しました。初の「民営化された戦争」と言われたイラク戦争とその後のアメリカ軍によるイラク占領、復興事業の過程では、「治安回復」「政治プロセス」「経済復興」という３つの事業が民間軍事会社によって同時並行で進められました（→**6**-P）。また、最近では、最強の傭兵企業とされるブラックウォーター社（Blackwater）を創業したエリック・プリンスが設立した香港を拠点とするフロンティア・サービス・グループが、中国政府の依頼で新疆ウイグル自治区に対テロ訓練施設の名目でウイグル人強制収容所を建設し、運営ノウハウを教唆したことが取り沙汰されました。ムスリムであるウイグル人への中国政府からの強制収容、拷問は国際社会から批判を浴び、日本の衣料品製造販売会社ユニクロも批判されたことは、記憶にあるのではないでしょうか（2021年５月時点）。

　とはいえ、戦争ビジネスそのものは新しく出現したわけではなく、古代ギリシャ時代まで遡ることができます。平地が少ないギリシャでは農耕地をめぐりポリス（都市国家）間の争いが絶えず、戦争がない期間はほとんどありませんでした。この戦いには、少ない人口からポリスの自由民男性を従事させざるを得ず、ポリスの防衛には軍事訓練を受けた男性が常に戦闘態勢を維持していま

資料13-4　新疆ウイグル自治区で点在するウイグル人強制収容施設

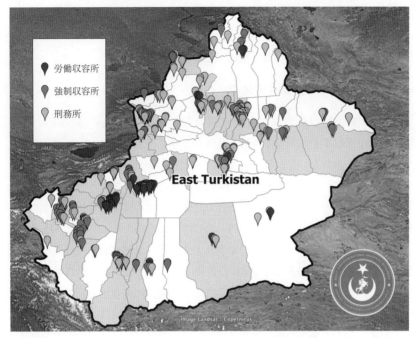

注：「新疆ウイグル自治区」とは中国名、ウイグル人らは東トルキスタンと呼ぶ。
出典：https://nationalawakening.org/coordinates/

した。しかし、敗戦すればポリスは破棄され、難民が発生します。この中で戦
闘能力の高い者が、その能力を別のポリスに売り込み、生き残り、豊かなポリ
スは常備軍をこうした能力の高い兵士に委ねることでさらに強大化していきま
した。古代ギリシャではこのように傭兵が生まれる素地がありました。現在に
至るまで、歴史上、傭兵がいなかった時代はありません。ただし、近年は戦争
をビジネスとする会社が傭兵を雇用し、報酬を与えるという戦争の民営化が顕
著です。雇用し、報酬を支払うという単純かつ明快な雇用関係がある場合、そ
の報酬の出所はどこになるのでしょうか。報酬がなければビジネスとしての戦
争は成立しえないため、民間軍事会社は常に争いの種を撒き、育て、紛争に仕
立て上げる必要があります。争いの種として頻繁に用いられるのが、民族や宗
教の差異です。2003年以降のアメリカ軍によるイラク侵攻後の占領や復興過程
においても、イラク国民の大多数であるムスリムの宗派の違いがアイデンティ

ティ・ポリティクス（→ **6**-P）として利用されました。また、近年発生した民間軍事会社による民族や宗教の差異を利用したプロパガンダ戦争のわかりやすい例としてはボスニア紛争が挙げられますが、民間軍事会社が直接、軍事行動に関与することで生じる問題も見逃すことができません。

❖ 戦争に参加する企業への依存

　戦争に参加する企業は、民間軍事会社（Private Military Companies、以下PMC）と呼ばれます。かつての傭兵とは異なり、国家の正規軍の経費削減や正規軍が対応しきれない専門技術を提供する機能を担う巨大企業です。正規軍から軍事サービスの提供を委託されたPMCと政府や軍の要人とのつながりがより緊密になることは否めず、起こさなくてよいはずの戦争を煽動し、その国や世界の将来を危うくする可能性が高くなるのではないでしょうか（→ **3**-P）。

　20世紀末以降、米軍は世界中で軍事介入する際に兵站業務から直接の軍事行動、戦後の復興事業の多くをPMCに委託してきました。同時期以降、現在まで世界各国で公共部門を民営化することが経済成長に必須であるという共通認識のもと、軍事の民営化が加速しました。とはいえ、PMCは通常の会社のように建屋をもち、軍事の専門家が常駐している形態ではなくバーチャル企業です。必要な時に、データベースで適した能力を持つ元軍人を選定し、業務もほとんど外注です。2003年8月5日、イラク北部のティクリート近郊でPMCの1つであるケロッグ・ブラウン＆ルート（Kellogg, Brown & Root、以下KBR）の社員が米国からの郵便物輸送業務時に、乗っていたトラックが爆破され、死亡したことで、民間人が米軍の軍事活動に従事していたことが明らかになりました。問題になったのは、戦闘地域での兵站業務をPMCに依頼していたことではなく、その規模がかつてより大規模化し、あらゆる兵站機能の役目が民間委託されていたという点です。イラク侵攻では、輸送や食糧提供等の兵站業務の20％から30％をPMCに依存していたといわれています。

　アメリカは、冷戦終結後の軍事費削減のため、1991年に正規の軍人を200万人から140万人へ約32％減らしました。その分をハイテク兵器でカバーしようと計画していましたがうまくいかず、PMCへの依頼が加速しました。アメリカが掲げる「民主主義」を平和的にイラクに根付かせるには50万人程度の軍隊が必要でしたが、140万の米正規軍人の多くはイラク以外の地域で軍事行動に

従事していたため、どうしても PMC に頼らざるを得なかったのです。技術面でも PMC の存在が不可欠です。米軍のハイテク兵器は非常に高度で、前線の兵士だけでは対応できず、整備や補修、操作も PMC の技術専門家の指示が常に必要になったためです。PMC は冷戦後の正規軍削減計画を見据え、元軍人の膨大なデータベースを構築し、競って彼らを雇用するようになっていました。そのデータベースには、1990年代前半でさえ 1 万人を超える元軍人が登録されていたといい、戦争が局地化するとともに米軍の PMC への依存も比例して増していきました。

❖ 国家を凌駕していく、あいまいな立場の民間軍事会社

　PMC への需要や依存の高まりによって、過去にはなかった問題が生じてきます。その 1 つは、PMC が契約する社員のクオリティが低下したことです。かつては、契約者の多くが特殊部隊に所属したエリート軍人で、その能力や経験等のチェックは比較的容易でした。しかし、需要が供給を上回るようになると、米英をはじめとする先進国の特殊部隊出身者だけでは人員不足になり、さまざまな出身国の元軍人が、彼らの能力や経験に対する十分なチェックがされないままイラクやアフガニスタンに派遣されることが増えていきました。つまり、求められる業務に対しての能力が低い者やスパイ、テロリストのような人間が混ざっていてもチェックすることが難しくなっていったのです。くわえて、正規軍の後方支援や防衛的な任務だけでなく、情報機関が扱う任務も PMC に委託されるようになったことで、より機密性の高い任務へ PMC の参入が進んでいます。アブグレイブ刑務所でのイラク人捕虜への虐待事件も、過剰な PMC 依存の弊害といえます。

　他にも戦地に派遣された社員の不祥事が増加しました。2001年 5 月にはディンコープ（DynCorp International）の社員がボスニアで性的暴行事件を起こした他、情報収集業務を委託されていたエアスキャン（Airscan）は集めた情報をヨーロッパの衛星 TV に流し、不正な収入を得ていました。2007年 9 月にはバグダードでブラックウォーターの社員 4 名が、子どもを含む民間人14名を殺害したことで、後に有罪判決を受けています。PMC 社員の犠牲者も増えています。コロンビアのコカイン撲滅作戦に関与していたディンコープの社員 8 名が殺害され、頻繁に武装組織に誘拐されたことや、アフリカの外交官護衛を委託されてい

資料13-5 ブラックウォーター発砲事件で炎上した車の残骸

出典：https://www.afpbb.com/articles/-/3029756

る ICI（International Charter Incorporated of Oregon）の社員もしばしば誘拐対象になる等、PMC 社員の犠牲も大きくなっています。

しかし、民間人が殺害されることが増加する一方で、正規の軍人の殺害が減少していることは、国家として戦争を回避すべきであるという心理的なハードルを低くしている可能性があります。アメリカ国防総省、いわゆるペンタゴンは武力行使への決定をより迅速に行い、容易に戦地に PMC を含む人員を送るようになりました。それを受けた PMC 側は危険地帯への派遣を渋るようになり、一例として、イラクで何か月も食糧や郵便物の到着の遅れ等が発生し、正規軍へのサービスが悪化していると米軍輸送部隊のマハン中将（2003年7月時点）が指摘したことがあります。当時、イラクでの軍事行動を請け負っていた KBR の CEO であるロバート・ランディ・ホールは、これに対して「委託業務は十分に行っている」と反発を表明しました。マハン中将はその直後に軍隊を辞任、ペンタゴンはこれについてなんらかの回答を一切していません。

このことは、軍事サービスを PMC に委託することの危険性の一端を示しているのではないでしょうか。企業に属する社員は、軍の命令や規律に従うものではなく、軍務違反を侵したところで軍の規律で罰することはできず、ペンタゴンにしても契約違反として PMC の社員を告訴する程度です。このようなことは、戦場での正規軍人全体へのサービスの低下、ひいては見殺しにするような行為であるともいえます。PMC 社員が紐帯しているのは軍ではなく、所属する企業や株主であるため、報酬の多寡によっては依頼者の敵側に寝返る可能性も完全には否定できないのです。

また、PMC への委託が軍事費削減になるというペンタゴンの説明も否定されています。ペンタゴンに所属している予備兵訓練局を民営化したところ、経費が年間約1万ドル増えたという指摘があります。さらに、PMC への依存を

強めることは、兵器のハイテク化が極端に進み、正規軍の戦闘力の弱体化につながることや、PMC が軍事業務を受注した際、戦闘地域に自らが赴かず、現地の外国兵を雇用するようになり、アメリカの国益を損ないかねません。PMC への外注は、国防総省追加法（Defense Department Acquisitions Regulation：DFARS）に則ることになっていますが、抜け穴だらけで PMC はほとんどこの法律を無視しています。米軍物資を郵送する PMC が他国へ物資を横流しすることがあっても、契約内容が遂行されているのかを監査することもありません。PMC の社員は元軍人で、正規軍の上役、先輩にあたる人物も多いため、依頼者側である正規軍が PMC に命令を下すのとは逆に、委託先である PMC 側が正規軍に命令を下し、戦略の変更を余儀なくされることもあるといいます。PMC への不信感や過度の依存は、米軍やアメリカの国益の観点から危険性が指摘されていますが、ペンタゴンは PMC への依存は国策で、外国の軍隊を訓練することが今世紀のアメリカの最大の課題であり、民主主義を世界に普及させる最も有効な戦略とし、それを遂行できるのが PMC であるという考え方です。そして、PMC の経営陣には、保守派やタカ派の政治家らが取締役や顧問に名を連ねており、便宜を諮ってきました。

　こうした構造は、安全保障の軍産複合体、国防の産業複合体といえます（→ **3**-P）。国家の安全保障の名のもと、政府は軍の民営化だけでなく、国内の管理体制強化も推進し、民間に軍事業務を委託するまでになり、それが一部企業だけでなく、政治家たちにも利益をもたらすという仕組みができているのです。

❖ 課題と展望

　現在、世界中の治安が不安定な地域で PMC は活動しています。欧米諸国の政府、国際機関、企業、NGO、NPO 等の関係者は PMC の警護を受けながら治安維持や復興支援活動に従事しており、もはや PMC の警護なしには一歩も外に出られない地域もあります。彼らに対しての攻撃が増加するほど、新たなPMC の社員の雇用を生みます。こうした警備を必要とする人々は、自らへの攻撃を「テロ」とし、テロの増加と治安の悪化、結果としてのセキュリティの強化は、エスカレートするいたちごっこという悪循環の一途を辿っています。

　「安全はタダではない」と言いますが、PMC の需要の高まりがかえって治安

を悪化し、安全を損なうものであれば本末転倒です。国防の産業複合体による
治安への悪影響を消すためには、まず、その存在を認識することが重要ではな
いでしょうか。

◇ディスカッションポイント
・PMCはどのような役割を担い、なぜ台頭してきたのでしょうか。
・PMCへの依存が高まることでどのような危険性が増すのでしょうか。
・国防の産業複合体が治安の悪化を招くのはなぜでしょうか。

♣参考文献

　　スケイヒル、ジェレミー（益岡賢・塩山花子訳）『ブラックウォーター――世界最強
　　　の傭兵企業』作品社、2014年。
　　松本利秋『戦争民営化――10兆円ビジネスの全貌』祥伝社新書、2005年。
　　本山美彦『民営化される戦争――21世紀の民族紛争と企業』ナカニシヤ出版、2004年。
　　　　　　　　　　　　　　　　　　　　　　　　　　　　　　　　（齊藤優子）

14　国　　家

　国家とは、「一定の地域を統治する組織のこと」であり、また領土・人民・主権が国家を特徴付ける3要素とされています。国家は領土を支配し、国民としての人民を持ち、国家内の紛争を最終的に解決する力（主権）を持っています。紛争を最終的に解決する力を持つことを統治する行為として考えるなら、「統治とは、地域内のあらゆる個人や集団の上にたって、それら個人や集団を拘束する決定をつくり、貫徹しようとする行為をさ」します（萱野稔人「国家」『現代社会学事典』弘文堂、2012年）。国家が他の社会における組織と異なるのは、決定を貫徹するために、ときには警察や軍隊といった物理的な強制力を用いる点にあります。

　しかし、国家が物理的な強制力を用いることは、警察による力の行使を除いては日常的にはみられません。なぜかといえば、物理的な力の行使は従わない相手を力でねじ伏せる行為であり、反発を招きやすいからです。物理的な力の行使はリスクを招きやすいのです。そこで国家は、そのメンバーに対してどのような生き方をすることが理想的なのかを、経済・文化・教育・厚生（福祉）などあらゆる領域を通じて伝達し、自発的に服従する心理を養成しようとします。とりわけ国家において重視されているのが、教育です。

　また国家は誰を国民とするかを定義しますが、その定義は国によって異なっています。国家は国民に対して人権を保障しますが、国民ではない人に対しては人権を保障するとは限りません。基本的に国家は国民であることを理由に人権を保障するからです。

　14-G では子育てという福祉を通じて国家がどのような考え方を浸透させてきたのかについて考察します。日本において母親が育児を主に担うようになるのは大正時代のことです。明治代末〜大正時代にかけて産業化が進むなかで性別役割分業が生まれ、母親が責任を持つ育児が都市のエリート層の間

で行われるようになります。囚による子育てが一般化するのは1960年代の高度経済成長期のことです。産業の中心が第２次・３次産業へと移り変わるとともに、サラリーマンが増加し、妻が家事育児を担うようになったのです。この時期に政府による３歳児健診などの政策等により流布するようになったのが、子どもが３歳になるまでは常時家庭において母親の手で育てないと子どもの成長に良くない影響が出るという「３歳児理論」です。３歳児理論は、国家による「各家庭に家事・育児を無報酬で一手に引きうけるサービス労働者＝主婦を置く」という方針のもとで促されたといえます。しかし、この３歳児理論は、ボウルビィというイギリスの心理学者が提唱した愛着理論を根拠としていましたが、それとは似て非なるものでした。その結果、３歳児理論は「３歳児神話」と呼ばれるようになります。

　３歳児神話を利用しながら経済・福祉政策を進めてきた日本は、1998年に一転してこれを否定します。その背景にあったのは少子化の進行でした。３歳児神話が少子化の一因だと認識するようになった政府は、出生率を上げるために３歳児神話を否定したのです。３歳児神話の普及と否定は、政府による、福祉の領域における国民の自発的な服従の養成の試みといえるでしょう。

　14-P では難民という観点から国家の限界について考えます。難民に対しては、しばしば状況の悲惨さが強調されます。しかし、救済を待つばかりの存在とすることは、難民の持つエネルギーをそぎ落とし、社会に逆らわずひっそり生きることを求めることにつながりかねません。難民は無力な存在ではなく、暴力を生き延びてきたサバイバーと捉えることで、こうしたイメージを覆すことができるかもしれません。

　それではどうして難民は無力な存在とされてしまうのでしょうか。そこには国家のあり方が深く関わっています。人権概念は国民国家と結びついて生まれてきたからです。人権概念の起源であるフランス人権宣言（1789年）は、人であることに基づいて自由・平等を保障しているわけではありません。人権宣言において人権を持つことを想定されていたのは、男性であり国民である必要があったのです。日本国憲法は女性にも人権を保障していますが、国民に限定して人権を約束している点において人権宣言と同様の課題を持っています。難民とは、国民だけに人権を認めるという国民国家のシステムの下で無力な存在とされてきたといえるでしょう。　　　　　　　　　（風間　孝）

> ## 14-G　3歳児神話

❖ 赤ちゃんはママが好き？

　2018年、萩生田光一・自民党幹事長代行は講演で「0～3歳児の赤ちゃんに『パパとママ、どっちが好きか』と聞けば、どう考えたって『ママがいい』に決まっている。お母さんたちに負担がいくことを前提とした社会制度で底上げをしていかないと、『男も育児だ』とか言っても、子どもにとっては迷惑な話かもしれない」（朝日新聞2018年5月29日）と述べ、この発言はニュースで大きく報じられました。

　萩生田氏は、母親が育児を担うことを前提にした社会制度の充実を訴えていますが、全国父子家庭支援ネットワーク代表理事の村上吉宜はこの発言に対して「傷ついている人はたくさんいるでしょう。懸命に1人で子育てをする父親は『やっぱり母親がいなければだめなのか』と思ってしまう」と述べた上で、「母親に限らず、父親も祖父母も里親も子どもと愛着形成できる、これは精神医学の中で証明されている」（毎日新聞2018年5月29日朝刊）と反論しています。

　この節では、育児は母親によって担われるべきという考えが形作られるにあたって、国家や社会がどのように関わっているのかをみていきます。

❖ 江戸時代の子育て

　現代の日本には、萩生田氏が述べたように母親が育児を主に担うべきという考えが存在します。しかし、江戸時代の育児は、母親が責任を持つ形で行われていたわけではありませんでした。

　江戸時代の子育てには2つの特徴がありました。1つめの特徴は、ネットワークのなかで子育てが行われていたことです。その象徴が仮親制度です。ここでの仮親とは、一時的に親の役割をする人のことではありません。1人の子どもに何人もの人が義理の親子関係を結ぶ疑似的な親のことです。疑似的な親子関係は「子」の誕生前から始まり、生涯続きました。仮親制度が作られ維持された背景には、乳幼児の死亡率が異常に高かったことがあります。11代将軍

徳川家斉は正室と側女40人の間に55人の子をもうけていますが、御典医による この当時最高の医療を受けても約7割が2歳未満で死亡しています。このように成人するまで成長することが容易でなかった子どもを親類や地域の人々で見守るために築かれたのが仮親制度でした。

　歴史学者の小泉吉永は、『「江戸の子育て」読本』のなかで17種類の仮親を紹介しています。そのなかのいくつかを紹介しましょう。まず取り上げ親とは、産婆の他に赤子のへその緒を切る人のことです。取り上げ親は、無事に出産が済むと赤子の仮親として生涯の付き合いをしました。また赤子に名前を付ける名付け親は、赤子と親子のような間柄となりました。このように江戸時代の子どもは、成長する過程でつながりを持った多くの仮親に助けてもらいながら成長していきました（吉永 2007）。

　2つめの特徴は、「父親が子どもを育てた時代」であるということです。実際に育児を直接担ったのは、母親や子守、祖母などの女性でしたが、こうした女性たちを教え諭して良き子育てをさせることが「家の最高責任者たる男の責任」とされていました。家の継承が重視されていた時代において、子育ては男性が積極的に関わる事柄として意識されていたといえます。歴史学者の太田素子は、父親たちが家の継承のために「自ら経験し体得してきた、職業上および社交上の知恵を、息子に引き継」がせようとしていたのです（太田 1994）。

　江戸時代と現代を比較すると、(1)江戸時代は仮親をつくり周囲に助けてもらいながら育児が行われていたが、現代では「孤」育て（こそだて）という言葉があるように、特に専業主婦の場合は、周囲のサポートを得られず母親1人で子育てすることも珍しくないこと、(2)江戸時代の育児では父親が大きな責任を持っていたのに対して、現代では母親が育児の責任を担うことが多い、という違いのあることがわかります。江戸時代では母親が責任を持つ育児は主流ではなかったのに対して、現代の子育ては孤独な環境の中で母親に負担が偏りがちであるといえるでしょう。

❖ 大正時代〜昭和初期の子育て：母による子育ての始まり

　それでは、江戸時代には見られなかった母親が育児を主として担うスタイルは、日本の歴史の中でいつ頃生まれたのでしょうか。母親による子育ては、大正時代に都市に住む一部の富裕層の間で始まりました（ももせ 2011）。

　その理由は、性別役割分業が明確になったためです。明治時代末～大正時代にかけて、日本では産業化が進み、工場や会社に勤めるサラリーマンが誕生します。サラリーマンとなった男性は工場や会社で収入を得るようになり、家に残った女性が家事・育児・介護を担うようになっていきます（→ **7** -G）。こうして都市に住む富裕層の間で性別役割が生まれ、その中で専業主婦もこの時代に誕生しました。しかし、当時のサラリーマン人口は約200万人と言われており、専業主婦を持つ家庭はごく少数でした。大正時代には母親が責任を持つ育児が広がっていたわけではありませんでした。

　大正時代の農村において母親による子育てが広がっていなかったことは、童謡「赤とんぼ」の歌詞からも知ることができます。童謡「赤とんぼ」の歌詞が三木露風によって作詞されたのは1921（大正10）年のことです。「夕焼小焼の、赤とんぼ／負われて見たのは、いつの日か」という一番の歌詞は、「背負われながら赤とんぼを見たのはいつの日だったろうか」という意味ですが、それでは三木露風は誰に背負われて赤とんぼを見たのでしょうか。その答えは、「十五で姐やは、嫁に行き／お里のたよりも、絶えはてた」という、三番の歌詞に出てくる「姐や」です。「姐や」とは子守として雇われていた少女のことです。この時代は少女が子守奉公に出されることも珍しくはありませんでした。大正時代の農村では、父親だけでなく、母親も農作業に忙しく、母親が子育てを全面的に担う余裕はありませんでした。子育ては姐やなどに助けられながら行われており、母による子育ては一般化していなかったといえます。このような状況は1950年代まで続くことになります。

❖ 高度成長期（1960年代）以降の子育て：3歳児神話

　母による子育てが一般化するのは、1960年代の高度経済成長期頃のことです。高度経済成長の中で、産業の中心が第1次産業（農林水産業）から第2次産業（鉱工業）、第3次産業（サービス業）へと移るとともに、サラリーマンが増加するようになります。夫が長時間働くようになるにつれて、妻が育児や家事を担うようになり、専業主婦を選ぶ女性も増えていきました。また、この時期は、親元を離れ、都会で恋愛をし、結婚するカップルが増えていったことから、核家族化も同時に進行し、母1人の子（孤）育てが広がっていきます。

　母による子育てを正当化するために、この当時主張されたのが「子どもが3

歳になるまでは、常時家庭において母親の手で育てないと、子どもの成長に悪影響を及ぼす」という考えでした。こうした考えを「3歳児理論」と名付けておきます。3歳児理論は、1961年の児童福祉法改正に伴って開始された3歳児健診やこの当時NHKで放映された育児番組『3歳児』の影響もあり、多くの人に広がっていきました（小沢 2009）。

　3歳児理論の根拠として主張されたのは、イギリスの児童精神医学者であるジョン・ボウルビィによって提唱された愛着理論ですが、この理論はボウルビィの考えを都合良く取り入れたものでした。ボウルビィは1948年にWHOの依頼で、戦争孤児が暮らしている乳児院や孤児院の子どもたちの発達が遅い傾向があるのはなぜかを調べるため、戦争孤児について調査をしています。調査の結果、ボウルビィは、発達の遅れは、母親および母親に代わる長期にわたる養育者の不在が原因であると結論づけました。ここから生み出された愛着理論とは、乳児は2歳頃までに泣き声に応答してくれる少数の養育者と愛着を形成するのが大切であるというものです。

　しかし3歳児健診を開始した時の厚生省児童局長である黒木利克は『日本の児童福祉』（1964年）のなかで、ボウルビィの研究について「乳幼児時代における母性愛と家庭的情緒の欠如と不健全が、子どもの不幸さをもたらしているということが明らかにされたのである。母性的愛情というものはあたかもビタミンや蛋白質と同様に乳幼児の人格形成には不可欠なもので、家庭での養育が非常に重大である」（小沢 2009）と述べています。育児は母親によって家庭で行われるべきであるという考えに基づいて、黒木は3歳児健診を打ち出したのです。

　ここでボウルビィの研究と黒木の違いをまとめれば、ボウルヴィは母親を含む長期にわたる養育者の不在が発達の遅れもたらすと主張しているのに対し、黒木は幼児期に母親が不在であることが発達の遅れをもたらすと述べています。ボウルビィは育児において乳児にさまざまな感覚・刺激を与える人が必要であるとは述べていますが、母親以外の父親やその他の養育者でも子育ては可能と述べている点で、黒木の解釈とは異なっています。愛着理論に基づかない3歳児理論は、学問的根拠が薄弱であり、後にこの理論は3歳児神話と呼ばれるようになります。

　3歳児神話を通じて、乳幼児の育児は母親によって行われるべきだという考えが流布していったのは、高度経済成長期の経済政策にとって都合がよかった

からです。高度成長期の経済政策は、「各家庭に家事・育児を無報酬で一手に引きうけるサービス労働者＝主婦を置くことをその方針としてい」ました。国は、母親が職場から家庭へと本拠を戻す」ようなムードづくりを進めるために、3歳児健診等を通じて3歳児神話を促していったといえるでしょう（小沢 2009）。

❖ 国家（厚生省）による3歳児神話の否定

　3歳児神話を利用しながら経済政策を進めてきた政府は、1998年に一転してこれを否定します。『厚生白書』（1998年）で「3歳児神話には、少なくとも合理的な根拠は認められない」と述べたのです。その理由について、『厚生白書』は、「母親が育児に専念することは歴史的に見て普遍的なものでもないし、たいていの育児は父親（男性）によっても遂行可能である。また、母親と子どもの過度の密着は、むしろ弊害を生んでいる、との指摘も強い。欧米の研究でも、母子関係のみの強調は見直され、父親やその他の育児者などの役割にも目が向けられている」と記しています。

　ここで述べられていることは、1998年よりも以前から学問的に明らかになっていたことです。にもかかわらず厚生省はなぜこの時期に3歳児神話を否定したのでしょうか。その理由は、この年の厚生白書の特集名が「少子高齢社会に向けて」であったことから推測できます。それは少子化問題の解決のためでした。3歳児神話が多くの人によって信じられている社会では、働くことと子育てを両立することは困難です。子どもが小さいうちに働き始める女性（母親）は、子どもを犠牲にして働いていると非難されることになるからです。その結果、就業を継続したい女性は出産を諦めることになります。3歳児神話が少子化の原因になると考えるようになった国は、出生率を上げるために3歳児神話を否定したと考えられます。

❖ 課題と展望

　3歳児神話の根拠として、女性の方が子どもを出産するため育児に向いていると主張されることがあります。しかし、育児の歴史を辿る中で明らかになったのは、3歳児神話が高度経済成長期の国の経済政策と密接に関わり合いながら生み出されてきたということです。女性の方が育児に向いているという考え

方自体が文化や社会の中でつくられてきたといえるでしょう。

　心理学には、子どもが３歳になる前に働き出した母親のグループ（就労群）と、子どもが３歳になるまで働き始めなかった母親のグループ（非就労群）を比較し、どちらの母親のグループの子どもに問題行動が多くみられるかを調査した研究があります。結果は、生後18か月と５歳で、就労群の母親の子どものほうに問題行動が少なく、その他の時期では両群の間に差は見られないというものでした。この調査結果は、生後18か月と５歳に限れば、母親が働いている子どもの方に問題行動が少ないことを示しており、３歳児神話に反するものです（柏木・高橋 2003）。この研究は、子どもを預けて働くことに罪悪感を持つ必要がないこと、そして保育園に子どもを預けても、質の高い保育であれば、情緒面や行動面で子どもに好ましい影響があることを明らかにしました。この研究は、女らしさ／男らしさ、母親らしさ／父親らしさという固定観念から離れて育児をしてもよいことを示しているといえるでしょう。

◇ディスカッションポイント
・子どもが小さいうちは、母親は働かずに子どもの世話をするべきだという考えは、母親と子どもにどのような影響をもたらすと思いますか。
・子ども時代に親が専業主婦・主夫だった人と、小さい頃から親が働いていた人に、そのことについて子ども時代どのように感じていたか、そして今はどのように考えているかをインタビューをし、両者の育児観に違いはあるか、あるとしたらそれはなぜかを考えてみましょう。

✿参考文献
太田素子『江戸の親子——父親が子どもを育てた時代』中公新書、1994年
小沢牧子「乳幼児政策と母子関係心理学」天野正子ほか編『新編 日本のフェミニズム５ 母性』岩波書店、2009年。
小泉吉永『「江戸の子育て」読本』小学館、2007年。
柏木恵子・高橋恵子編『心理学とジェンダー——学習と研究のために』有斐閣、2003年。
ももせいづみ『「女のしあわせ」がなくなる日——"本当にハッピーな人生"を手に入れるためにすべきこと』主婦の友新書、2011年。

（風間　孝）

14-P　難民問題と国民国家

❖ 難民は「かわいそう」な存在？

　皆さんは難民という言葉にどんなイメージを持っていますか。毎年の平和論の授業でこう質問すると、受講生からは、「戦禍や暴力によって故郷を追われた子どもたち」「避難先の難民キャンプで密集して暮らす人々」「食料や医療物資不足に苦しむ人々」などのイメージが語られます。

　しかし、難民が置かれた状況の悲惨さだけを強調することには難民からの反発もあります。かつて UNHCR（国連難民高等弁務官事務所）に勤めた国際関係学者の小泉康一は、国際会議で出会ったある難民の声を紹介しています。この難民の方は会議の席上で、援助なしには生きられないという難民のイメージは「まるで漫画だ」と批判したと言います。難民は救済を待つばかりの存在としてしまうと、難民を避難先の社会での施しにすがるしかない存在に押し込め、難民は受け入れ社会に逆らわずひっそりと生きることだけが求められる。難民は、自分の力で生きるエネルギーを持っているが、難民をコントロールしようとする社会の側が、私たちのエネルギーをそぎ落としているのだ、とこの方は訴えました。

　難民の認定率が低い日本では、難民は身近な存在にはなっていません。そうした状況では、難民の苦境を全面に打ち出して支援を呼びかける人道機関の広報などでしか、難民に触れる機会はなかなかありません。その結果、難民は「かわいそう」で「無力」で、私たち世界の良識ある市民からの救済を待つ人々という理解しか持つことができません。では、そうしたイメージを超えて、難民となった人々と出会い直すためにはどうすればよいでしょうか。

❖ パレスチナ難民との出会い

　私が難民になった人々に初めて出会ったのは、2005年に中東地域のパレスチナの大学で開催されたスタディ・ツアーに参加したときでした。学部時代から難民問題に関心を持っていた私は、大学院に進学した2年目にパレスチナを訪

問しました。パレスチナでは、1948年にユダヤ人の国としてイスラエルが建国されたことで、先住民であるパレスチナ人が大規模に追放され、難民になりました。パレスチナ難民は、現在までずっと故郷に戻る権利を主張しており、国連総会でもその権利の正当性が確認されています。しかし、難民第5世代が生まれた今も、パレスチナ人の故郷を自国領にしたイスラエルという国が、難民の帰還を許さず、難民たちは故郷に戻ることができません。パレスチナ難民たちの子どもや孫たちも生まれながらに難民の地位にあり、どの国の保護も受けられず、生命や生活が脅かされた状態にあります（→ **7**-P、**11**-P）。

　私は現地の訪問前からパレスチナ難民の歴史を学んでいましたが、パレスチナ難民に対して当時の私が持っていたのは一般的な難民イメージそのままでした。それは、パレスチナ難民は長い間の難民生活で苦しむ「無力」で「かわいそう」な人たちだから、平和国家であり先進国である日本の私たちが救済してあげなければならない、というものでした（→ **2**-G）。

　しかし、そんな思いは現地滞在中に見事に裏切られました。難民として、そしてイスラエル軍の占領下で、人権（→ **5**-P）を否定され、どの政府からも保護されていない彼らは、だからこそ1人1人が社会で役割を見出し、自らの力で社会の仕組みを作り上げていたのです。訪問した難民キャンプでは、子どもたちへの歌やダンス、詩などの文化教育が行われていました。こうした子どもたちは、外国人である私に、慣れない英語で一生懸命にパレスチナ文化（→ **11**-P）について伝えてくれました。子どもたちからは、「パレスチナ人を追放し、その後も支配を続けているイスラエルについてどう思う？」「イスラエルを支援しているアメリカについては？」「パレスチナ問題に対する日本政府の態度は？」など、私自身が政治的にパレスチナ問題にどのように責任を担おうとしているのか、鋭く問うてきたのです。私が漠然と抱いていた「無力でかわいそうなパレスチナ人を救いたい」という思いをよそに、彼ら／彼女らは私や日本社会一般の政治的見解を問い、パレスチナ人の人権についてどう思うのかという問いを差し向けてきたのでした。

　パレスチナ難民は、自分たちを保護する政府がないために人権侵害に遭ってきたわけですが、それは逆に政府に頼らずに自らの力で苦難に立ち向かってきた歴史でもあります。上述したような難民の子どもたちからの問いかけは、パレスチナ難民たちが人権がいかに重要な概念であるかを、世代を越えて伝えて

きたからに他なりません。難民は、自分たちの人権が侵害されているからこそ、人権とは何か、人権が侵されるとはどのような状況であるかを理解し、私たちにその重要性を教えているのだといえます。

　そのため、難民とは私たちが助けてあげなければならない無力な存在ではなく、暴力を生き延びてきたサバイバーといえます。難民に何かしてあげたい、何かできるはずと思うのは、それによって自分を力のある存在だと思いたい、私たちの欲望なのかもしれません。それによって難民についてゆがんだイメージを維持しているとすれば、私たちは難民と出会い直すための学習が必要です（→ **1**-P、**2**-P）。

❖ 人権の問題としての難民

　なぜ、人権侵害を生き延びてきた難民たちが、その生き生きとした力を奪われ、無力な存在とされてしまうのでしょうか。それは、難民をそのような存在に切り縮めてしまう社会の仕組みの方に問題があるといえます。結論からいうと、私たちが当たり前に考えている国家のあり方に問題があり、より具体的にいえば「国民国家」（→ **2**-P、**6**-P）という現代社会の基礎単位こそが難民を生み出す仕組みを持っているという深刻な問題があるのです。

　まず、私たちが生きる現代は、国民国家の時代であると同時に、人権が保障される時代ということになっています。人であれば、人間であれば無条件に備わる権利がある、そしてこの権利を保障することはこの世界の義務である。人権はどのような状況下でも保護されなければならない。これが人権の考え方であり、私たちが学んできた平和教育（→ **1**-P）もこの人権の考え方に基づいて行われています。

　しかし、この概念の起源を遡ると、人権概念は国民国家と結びつく形で生まれてきたことが指摘できます。人権の重要性は第2次世界大戦後の1948年に出された世界人権宣言に記されましたが、その起源はフランス人権宣言（1789年）にあります。そして政治哲学者ジョルジュ・アガンベンによれば、この人権宣言では人間として生まれたものは、ただちに国民となるという「虚構」のもとに成り立っていると指摘します。

　これはフランス人権宣言の最初の2つの条項が抱える矛盾から説明できます。人権宣言の第1条と第2条は、人権について次のように宣言しています。第1

条では、「人は、自由、かつ、権利において平等なものとして生まれ、生存する。社会的差別は、共同の利益に基づくものでなければ、設けられない」。第2条では「すべての政治的結合の目的は、人の、時効によって消滅することのない自然的な諸権利の保全にある。これらの諸権利とは、自由、所有、安全および圧制への抵抗である」。このように、人権宣言の第1条と第2条は、人であれば自由・平等な存在として存在する権利があることを明記しています。しかし私たちは、こうした基本的な権利を「人であるから」という理由で持つことができているのでしょうか。

　人権宣言が出された当時、「人」としての権利は、人であれば誰にでも適応されるという見せかけを持ちつつ、さまざまな人々を明確に排除していました。フランス人権宣言の原文はフランス語ですが、ここでは英語で見てみると、人権を持っているとされる「人」とは、ここでは man という言葉が使われます。man は「男性」という意味で、現在では「人」と訳されていますが、当時は文字通り、人権の対象は男性に限られていました。女性への人権が認められるのは、その後の女性たちの権利要求運動を経てからのことでした（→ **9**-P）。

　そしてこれと同様に、人権宣言の中で「人」という言葉で想定されたのは、あくまでも国民である人間の存在でした。人間には、人間であるからという理由で権利を与えられるのではなく、生まれてすぐさま国家に登録して国民となることで権利を与えられたのです。「権利が人間に与えられるのは、人間が市民の前提である（中略）限りにおいてである」とアガンベンは述べます。

　この点は日本国憲法でも顕著です。日本国憲法での人権に関する規定は第11条にあります。第11条では、「すべての基本的人権の享有を妨げられない」と書かれていますが、その人権を持つ人は誰でしょうか。フランスの人権宣言の構造と同じく、人権の享有が妨げられないのは「国民」だとされます。第11条の続きを見てみても、「この憲法が国民に保障する基本的人権は、侵すことのできない永久の権利として、現在及び将来の国民に与えられる」とあります。

❖ 国民国家の暴力

　つまり、近代国民国家は、人であれば自然に与えられる権利という人権の原則に根差すことで正統性を主張しながら、実際にその人権を約束するのは国民に限っています。ここに、人権の主体である「人」、つまり「人間」を「国民」

に限定するという矛盾があります。それゆえ現在も、誰に国籍を認めるか、誰を市民と認めるかを決めるのは国家機関です。日本では法務省であり、難民認定も法務省が行います。また、外国人という地位によって居住や教育、社会福祉といった一定の権利を認める場合も、誰が外国人であり、彼らにどの程度の権利を認めるかは国の法律によって左右されます。

　国民の地位にある私たちは、歴史の中で差別や抑圧を克服して人権を獲得してきたという歴史理解に立って世界を眺めています。そして世界地図を眺めると、人権の主体である国民たちから成る国民国家で埋め尽くされています。そうすると、国民の視点からすれば、現代史は人類の歴史において最もベストな形にあり、時々の難民発生などがあるけれども大枠としては問題なく、国民国家同士の協調によって世界を自由に飛び回れる、ということになるでしょう。「世界は広い」という言葉は、こうした人権を享受できる国民的な認識から発される言葉だといえます。

　しかし、現代の国民国家システムの時代では人権を認められるのは国民だけであり、また誰を国民と認めるかは国家だけなのです。こうした国民国家の暴力から零れ落ちる人々を救い上げるために、UNHCR や NGO の活動がありますが、これらの国際機関の人権保護は、国民国家の暴力によって排除された人々を保護するための補完的なものです。国民から排除される難民たちにとっては、国民国家は暴力的な仕組みであり、その国民国家が世界を埋め尽くしているこの世界は、彼らにとっては人権を認める仕組みのない暴力に満ちた世界ということになってしまいます。

　こうした難民たちの目からは、世界はどのように映るでしょうか。パレスチナ難民の作家にガッサーン・カナファーニーという人物がいます。彼は地中海沿岸にあるパレスチナ北部のアッカーという町出身ですが、1948年に故郷を追われて難民となりました。カナファーニーは難民となった先で政治組織に所属し、新聞や文芸雑誌で論考や小説を発表してパレスチナ難民の権利回復を訴えました。しかし1972年、36歳の時に滞在先のレバノンの首都ベイルートでイスラエルの秘密作戦によって暗殺されました。彼のアラビア語小説集の１つに『我々のものではない世界』という本があります。自分は故郷に住んでいたにもかかわらず、そこが突然ユダヤ人だけの国とされ、追放されてしまった。追放後は国民でないことから彼らの人権を守る仕組みには参加できない、この世

界は我々のものではない、と彼は訴えました。こうした世界観は難民経験を持つ人々の間で共通のものであり、「世界は広い」という国民的な認識とは対照をなしています。コロナ禍を経験した私たちは、さまざまな点で生活や移動の制限のなかでの暮らしを余儀なくされていますが、もしかしたらそうした状況に難民の経験を読み解くヒントがあるかもしれません。

　地上が国民国家で埋め尽くされていく現代史の中で、国民国家の誕生と並んで難民も生み出されてきました。その意味で、国民国家システムのもとでは難民の反対語は国民ということになります。つまり現代史において国民国家と難民はコインの裏表の関係であり、国民国家のあるところ、難民が生み出されてきたのです。そのため難民という存在は、現代史における例外的存在でも脇役でもない、現代史そのものが抱える主役級の問題なのです。

❖ 課題と展望

　平和学においても、国民とは誰かを線引きし、人権をその国民のみに認める国民国家システムを「排除の暴力」ととらえ、取り組むべき課題としてきました（→ **1**-P、**6**-P、**11**-P、**15**-P）。国民国家システムができる以前は、戦乱や天災などで避難が必要になった場合も、人々は境界を比較的簡単に移動し、社会活動を行うために複雑な審査など必要とせず、暮らしを再建できていました。しかし、国民国家システムが徹底する19世紀後半以降には、故郷を逃れなければならない人々が新しく定着できる社会が見つけ出せず、何の保護もないまま放置される状況が生まれたのです。

　難民という経験は、私たちが暮らす国民国家そのものから生じる被害経験であり、私たちが政治的な働きかけを通じて是正していくべき問題です。その意味で、難民たちが求める受け入れや帰還を権利として保障することは、余裕がある場合にだけ行う人道的行為なのではなく、「国民」の地位にある者にとっての政治的義務だといえます。難民の権利保障は、国民国家システムから排除の暴力を和らげるために主権者たる国民1人1人に課された義務と考えてみること。これが平和学のアプローチからの難民に対する向き合い方の第一歩です。

◇ディスカッションポイント
・難民認定者数が少ない日本において、難民となった人々と出会い、1人1人

の経験と向き合うためにはどのような方法があるか考えてみましょう。

♣参考文献

岡真理『ガザに地下鉄が走る日』みすず書房、2018年。

市野川容孝・小森陽一『思考のフロンティア　難民』岩波書店、2007年。

アガンベン、ジョルジョ（高桑和巳訳）『人権の彼方に――政治哲学ノート』以文社、
　　2000年。

難民支援協会ホームページ（https://www.refugee.or.jp：最終閲覧2022年2月20日現在）

（金城美幸）

公衆衛生

　公衆衛生とは「人間集団や地域ないしコミュニティの健康と病気を扱う」
活動のことです。「公衆衛生」と対比される概念が「臨床・治療」です。臨床・
治療とは、病気に罹っている人に対して医療者が診察、診断を下し、適切な
治療を行い、病気を治すことです。一方で、公衆衛生とは人間社会の健康に
関わる問題に対して市町村レベル、国レベル、コミュニティレベルなどの集
団として対応策を考えることだといえるでしょう。具体的には、母子保健、
伝染病予防、生活習慣病対策、精神衛生、食品衛生、住居衛生、上下水道、
公害対策、労働衛生などが含まれます。
　古代文明から始まった公衆衛生活動は、欧米を経て明治時代には日本でも
取り組まれるようになります。公衆衛生的活動が始まったのは、紀元前約
2000年のインダス文明の発祥の地であるモヘンジョダロ遺跡であるといわれ
ています。この遺跡では、上下水路が計画的につくられていました。その後、
文明社会を苦しめた伝染病の流行のなかで、人々を集団として捉え、対策を
講じる公衆衛生的な対策がとられるようになります。
　欧米において公衆衛生が注目されるようになったのは、産業革命後の貧富
の格差の拡大と都市労働者の健康状態の悪化のためでした。大量の農民の都
市への人口移動とともに住居、上下水道、ゴミ処理、糞尿処理が圧倒的に不
足して健康状態が劣悪になり、人々の間にコレラや結核が蔓延したのです。
このような中で貧困者を救い、疾病予防のために社会政策として公衆衛生の
必要性が認識され、1848年にはイギリスで「公衆衛生法」が制定されていま
す。日本で公衆衛生の考え方が導入されたのは明治初期のことです。日本で
は第2次世界大戦が終わるまで、富国強兵政策のもと、結核患者をなくし、
栄養指導をして強い兵隊をつくるため公衆衛生活動が行われました。
　この章ではまず、15-G において精神衛生のなかでも自殺とジェンダーの

関わりについて取り上げます。WHO が自殺は深刻でグローバルな公衆衛生課題であると述べるように、自殺予防の取り組みは公衆衛生において優先すべき課題の１つです。日本の自殺率は世界平均の1.8倍であり、世界でも自殺率の高い国として知られていますが、2020年の男性の自殺死亡者数は女性の２倍でした。男性の自殺者数が多いのは、男性は女性よりも経済的な問題や仕事を理由に追いこまれやすい状況にあるからです。男性が性別役割分業において稼得責任を担っていることがその背景にあります。稼得責任は男子大学生の就職活動にも影響を及ぼします。過去10年間の男子大学生の就職失敗による自殺者数は、女子大学生の５倍近くとなっています。性別役割分業が自殺に関わっていることは、精神衛生という公衆衛生上の課題にジェンダーの視点を導入する必要性を示しています。

　つぎに、**15**-P において人類全体の「ユニバーサル・ヘルス」を実現するための課題とプロセスに焦点を当てます。健康（ヘルス）は特定の人々の権利ではなく、時代を問わず、国籍、人種、ジェンダー、宗教、文化や政治的信念にかかわらず保障されるべき普遍的な人権です。全ての人が適切な予防、治療、リハビリ等の保健医療サービスを、必要な時に支払い可能な費用で受けられる状態をユニバーサル・ヘルスと言います。日本政府は国民の健康、すなわちナショナル・ヘルスを保障するべく社会保障制度の構築に努めてきました。一方で WHO は健康の国際標準化に努め、「すべての人に健康を」という理念のもと、「グローバル・ヘルス」の実現を追求しています。WHO がグローバル・ヘルスを掲げるのは、疾病の越境的な拡大を阻止するためには、グローバルに連携した対応が不可欠だからです。新型コロナウイルスの世界的流行への対応は、そのことを物語っているといえるでしょう。

　また日本では、1950〜60年代の公害によってその被害者が普遍的人権としての健康（ユニバーサル・ヘルス）を侵害された歴史を持っています。またその過程では、日本政府が原因企業に対する規制を怠った過去もあります。水俣病に関しては、現在においても政府による患者認定基準により患者として認定されていない人々が訴訟を続けています。誰がナショナル・ヘルスの対象となるかをめぐって線引きが行われている現実があります。　　（風間　孝）

15-G　性別役割分業と自死

❖ 公衆衛生課題としての自殺の予防

　WHO（→13-G、15-P）は2019年に発行された『世界の自殺』という報告書の中で、自殺は深刻でグローバルな公衆衛生課題である、と述べています。メンタルヘルスを改善し、自殺を予防する取り組みは、公衆衛生において優先すべき課題の1つであるといえるでしょう。WHOが2019年に発表した『世界の自殺』によれば、世界では毎年80万人近くの人々が自殺により命を失っています。2016年の10万人あたりの自殺死亡率は世界平均で10.5でしたが、日本は18.5で世界平均の約1.8倍であり、世界でも自殺死亡率の高い国といえます。

　また自殺に関する疫学研究では、男性の自殺死亡は女性よりも高いことが知られています。『世界の自殺』によれば、2016年における世界の自殺死亡率は10万人あたり男性が13.7、女性が7.5と、男性は女性の1.8倍高くなっていました。日本でも世界と同様、男性の自殺率が高くなっています。なぜ性別によって自殺死亡率が異なるかについてWHOは、「男女平等の課題、ストレスや葛藤に対処する際、社会的に容認される方法が性別により異なること、異なる自殺手段の入手可能性や選択の違い、アルコール摂取の容易さやパターン、そして精神障害のための援助希求率の男女差」を理由に挙げています。本節では、男女別の自殺のデータをもとにしながら日本においてジェンダーが自死にどのような影響を及ぼしているのかを考えます。

❖ 性別による比較

　先述したように日本でも、男性自殺者はつねに女性を上回っています（資料15-1）。2020（令和2）年では、男性は1万4055人、女性は7026人と、男性自殺者数は女性の2.0倍です。また男性の自殺者数は年によって変動幅が大きい一方で、女性の変動幅は小さいことがわかります。

　それでは、男性と女性では自殺の原因・動機に違いはあるでしょうか（資料15-2）。まず2020（令和2）年における、男性（全体）の上位3つは健康問題

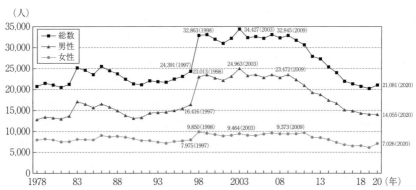

資料15-1　自殺者数の年次推移

出典：厚生省自殺対策推進室・警察庁生活安全局生活安全企画課「令和2年中における自殺の状況」。

資料15-2　年齢階級別、原因・動機別自殺者割合（令和2年）

	全体 （男）	40代 （男）	50代 （男）	70代 （男）	80代 （男）	全体 （女）	40代 （女）	50代 （女）	70代 （女）	80代 （女）
家庭問題	13.7	14.7	12.1	13.4	17.0	17.3	18.7	19.3	17.0	16.3
健康問題	42.3	34.4	37.8	66.8	71.4	60.6	58.1	62.0	73.7	73.1
経済・生活問題	20.8	24.4	28.0	11.3	2.9	5.7	6.7	8.7	4.0	1.7
勤務問題	11.9	17.1	15.2	1.8	0.7	4.4	6.0	4.2	0.2	0.1
男女問題	3.4	4.1	1.8	0.4	0.2	4.5	5.4	2.4	0.4	0.1
学校問題	1.9	0.0	0.0	0.0	0.0	2.0	0.1	0.0	0.0	0.0
その他	6.1	5.4	4.3	6.3	7.9	5.4	5.0	3.4	9.5	11.0

出典：厚生労働省自殺対策推進室・警察庁生活安全局生活安全企画課作成「令和2年中における自殺
　　　の状況出典」より筆者作成。

（42.3％）、経済・生活問題（20.8％）、家庭問題（13.7％）であり、一方で女性の
上位3つは健康問題（60.6％）、家庭問題（17.3％）、経済・生活問題（5.7％）で
した。男性と女性の間で大きく異なるのは、経済・生活問題と勤務問題です。
経済・生活問題では男性は女性の3.6倍、勤務問題では男性は女性の2.7倍多く
なっています。男性の自殺には経済や労働が深く関わっていることがわかりま
す。
　つぎに男性と女性の自殺はどの年代に多いでしょうか。男性では40代
（18.2％）、50代（18.1％）、60代（14.0％）の順であるのに対し、女性では40代

（16.2％）、50代（15.2％）、70代（15.0％）の順となっています。また男性は30～60代で女性を上回っているのに対し、女性は10～20代、70～80代以上で男性を上回っています。男性では30代～60代という働き盛りが多く、女性では10～20代に加えて70歳以上の高齢層に多いという特徴があります。

　それでは、自殺割合の高かった40代と50代の男性はどのような理由で自殺しているでしょうか（資料15-1）。40代と50代では健康問題、経済・生活問題が上位にあることは男性全体と変わらないものの、全体では4位だった勤務問題が3位に入っています。また経済・生活問題の割合は、全体（20.8％）の割合よりも50代（28.0％）では7.2ポイント、40代（24.4％）では3.6ポイント増加しています。また勤務問題では、全体（11.9％）よりも40代（17.1％）では5.2ポイント、50代（15.2％）では3.3ポイント多くなっています。

　経済・生活問題による自殺の主な理由は生活苦、負債、事業不振、失業等であり、勤務問題の主な理由は職場の人間関係、仕事疲れ、仕事の失敗等です。40代と50代男性の自殺の原因・動機として、健康問題に加えて、経済・生活問題と勤務問題が高い割合を占めていることは、男性は女性よりも経済的な問題や仕事を理由に自死に追い込まれていることを示しています。

　経済的な問題を理由に男性が自死に追い込まれるのは、男性が性別役割分業において稼得責任を担っていることが関係しています。教育学者の窪田由紀は、男性の自殺の原因・動機として、「『家族を食わせる』ことこそ男の甲斐性と信じている男性は、経済的な破綻で自身の存在意義を見失」うと述べています（窪田 2017）。性別役割分業によって稼得責任を求められる男性は、失業や会社の倒産、あるいは会社の中での人間関係上の問題により、その責任を果たせなくなったと考えるに至ったとき、自らを責め、命を絶ってしまうと考えられます。

　稼得責任を担わなければならないという意識は、男子大学生の就職活動にも影響を与えます（→4-G）。将来の稼得責任を考えて、大企業から総合職の内定をもらわなければならないというプレッシャーの中で就職活動を行っている男子学生が一定割合存在していることは、その表れです。このプレッシャーは、就職活動がうまくいかなかったと感じられたときに、就活自殺をもたらしかねません。資料15-3は、大学生による過去10年間の就職失敗による自殺者数を示したものですが、つねに男子が女子を上回り、過去10年間の総計は男性225人、女性46人と、男性は女性の4.9倍多くなっています。この数字は、就活自

資料15-3　就職失敗による自殺（大学生）

	2011	2012	2013	2014	2015	2016	2017	2018	2019	2020	計
男	32	42	25	25	15	23	15	10	19	19	225
女	9	3	3	2	2	4	5	5	3	10	46
計	41	45	28	27	17	27	20	15	22	29	271

出典：厚生労働省「自殺の統計：各年の状況」より筆者作成。

殺が男子学生に偏っていること、そして男子学生に稼得責任の意識が根付いていることを示しています（窪田 2017）。

❖ 配偶関係別の自殺率

資料15-4　人口10万人あたりの配偶関係による自殺死亡割合（2017年）

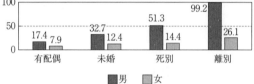

出典：『令和 2 年版　自殺対策白書』30頁。

　結婚の有無は男性と女性の自殺率にどのような影響を及ぼしているでしょうか。資料15-4を見ると、有配偶者、未婚、死別、離別すなわち離婚の順に男性の自殺死亡率が上昇していることがわかります。有配偶者と比べると未婚では1.9倍、死別では2.9倍、離別では5.5倍高くなっています。これは、配偶者のいない男性は、配偶者のいる男性と比べて自殺率が高いことを示しています。

　一方、女性の自殺死亡率は、有配偶者が最も低い点では男性と共通しているものの、有配偶者と未婚、死別、離別との間に男性ほどの開きは見られません。実際に、離別による女性の自殺死亡率は有配偶者の3.3倍ですが、10万人あたりの女性の離別による自殺死亡割合は男性の約 4 分の 1 にとどまります。

　配偶者を失った男性の自殺死亡率が高い理由として窪田は、「配偶者を失うことによる精神的ダメージに加えて、食生活など生活習慣の乱れによる健康状態の悪化やきわめて自殺リスクが高いアルコール問題の影響が考えられる」（窪田 2017）と述べています。窪田が述べているのは、男性は精神的にも、身体的にも配偶者に依存しているために配偶者を失ったときに自殺リスクが高くなるということです。一方で、配偶者を失っても自殺リスクは大幅に増加しないことから、女性は男性ほど配偶者に依存していないと考えられます。

資料15-5　先進国の自殺死亡率

（%）

	日本	フランス	米国	ドイツ	カナダ	英国	イタリア
総数	18.5	13.8	13.8	12.3	11.5	7.5	6.6
男	26.6	21.4	21.5	18.4	17.4	11.6	10.5
女	10.8	6.7	6.3	6.5	5.7	3.6	2.8

出典：厚生労働省『令和2年版　自殺対策白書』。

❖ 女性の自殺死亡率

　それでは、女性の自死とジェンダーの間にはどのようなつながりがあるでしょうか。資料15-5はG7諸国の自殺死亡率を示しています。日本は男性、女性ともにG7諸国のなかで自殺死亡率が最も高くなっています。世界の中では男性は15位、女性は4位であり、日本の女性の自殺死亡率は男性より上位になっています。

　年齢階級別にみると、日本の女性の自殺死亡率は10〜20代と70代以降で男性を上回っています。中高年に多い男性と比べ、女性は若年層と高齢者の割合が高いといえます。

　「年齢階級別、原因・動機別自殺者割合」（資料15-1）によれば、女性全体の自殺動機の1位は健康問題（60.3%）であり、男性（42.3%）よりも18.3ポイント多いことからもわかるように、女性にとって健康を損なうことは自死の大きな理由です。70代（73.7%）と80歳以上（73.1%）では、健康問題を理由とした自殺が7割を超え、同年代の男性よりも70代（66.8%）で6.9ポイント高くなっています。健康を害した高齢女性の自殺の背景として、窪田は「長い間家族のケアを一手に引き受けてきた女性が健康を害し、家族の世話ができなくなるばかりか、自分のことができなくなり、家族や周りの人に負担や迷惑をかけることは耐えられない苦痛」があることを示唆しています（窪田 2017）。男性が稼得責任を果たせないと考えたとき、自らを責め、命を絶つのとは対照的に、女

性は家庭責任を果たせず、かつ周囲に負担をかけているとの知覚によって自死に向かうと考えられます。

❖ コロナ禍と自殺

2020年、日本の自殺者数は11年ぶりに増加しました（資料15-1）。その理由は女性の自殺者が増加したことでした。コロナ禍で経済が止まっても男性の自殺者数が増えなかった理由について、NPO法人自殺対策支援センター・ライフリンク代表の清水康之は「雇用調整助成金をはじめ、政府の経済対策が一定の役割を果たした」ことを挙げています。一方で女性が増えた理由については、女性は非正規労働の割合が大きいこと、そしてコロナ禍で増大した育児や介護の負担の女性への偏りを挙げています（朝日新聞2021年4月13日朝刊）。

女性の労働者のうち、半数以上の人が非正規で働く一方で、男性の労働者のうち非正規で働く人は約2割です（2020年）。コロナ禍における政府の経済対策が主に正規雇用の労働者に向けられたことにより、男性よりも非正規で働くことの多い女性、とりわけ単身で働いている女性はより経済的に困窮しやすかったと考えられます。非正規で働く女性が多く、その待遇が低いのは、女性が家庭責任を担っていることと関係しています（→6-G）。また女性が家庭責任を担っているからこそ、コロナ禍において女性に育児や介護の負担が偏ったといえます（→14-G）。性別役割分業はコロナ禍における女性の自殺者の増加にも関わっています。

❖ 課題と展望

日本の自殺死亡率は世界のなかでも高いグループに入りますが、その背景にあるのは日本社会に深く根を張る性別役割分業です。性別役割分業は女性が能力を発揮する機会を奪うだけでなく、多くの男性の生命を奪っています。

性別役割分業は、過労死や過労自殺という形でも人々の命を奪っています。過去5年間（2015～19年）に過労死・自殺で命を落とした人は902人いますが、女性は29人であるのに対して、男性は873人と男性の方が30倍多くなっています。過労死・自殺の主な要因として長時間労働があります。なぜ男性が過労死・自殺につながるような長時間労働をしているかといえば、性別役割分業において男性は稼得責任を担っているからです。性別役割分業は、過労死・過労自殺

の一因にもなっています。

　性別役割分業が自殺や過労死と関わっていることからわかるのは、ジェンダー平等の実現は私たちが安心して生きていくための差し迫った課題であるということです。

◎ディスカッショントピック

・2019年と2020年における小学生から高校生の自殺者数は、女子317人、男子501人でした（『令和2年　児童生徒の自殺者数に関する基礎資料』）。児童生徒においても男子の自殺者数が多いのはなぜでしょうか。

★参考文献

窪田由紀「ジェンダーと自死」『リーブラ』No.60、東海ジェンダー研究所、2017年。
厚生労働省『令和2年版　自殺対策白書』（https://www.mhlw.go.jp/wp/hakusyo/jisatsu/19/dl/1-10.pdf：最終閲覧2021年12月末日現在）。
WHO「Suicide in the world: Global Health Estimates」ウェブサイト（https://www.who.int/publications/i/item/suicide-in-the-world：最終閲覧2021年12月末日現在）。

（風間　孝）

Peace

15-P　ユニバーサル・ヘルスを拓く主体

❖ 健康（Health：ヘルス）を拓く

　2000年代に入り、SARSや鳥インフルエンザ、新型インフルエンザに加えて近年の新型コロナウイルス感染症（Covid-19）といった新興・再興感染症が、世界的流行を繰り返しています。これまでの"当たり前"を大きく失った時代にあって、私たちは経験則では対応しきれずにうろたえ、しかし同時に、日常生活を維持したり、これまで以上に"健康"を重視した生き方を模索しています。

　国際連合で世界の保健衛生行政を所管する世界保健機関（WHO）（→13-G、15-G）によると、「健康（Health：ヘルス）」とは「単に病気にかかっていないとか身体が弱っていないということではなく、肉体的にも精神的にも、そして社会

的にも、完全に満たされた状態」を指します（憲章前文より）。また、ヘルスは特定の人々の権利でなく、時代を問わず、国籍、人種、ジェンダー、宗教、文化や政治的信念のいかんにかかわらず、保障されるべき普遍的な人権です（→**5**-P、**13**-G）。

　政府や国際機構にお任せしていれば、何時（いつ）でも人類全体の「ユニバーサル・ヘルス」を保障してくれる。そんな夢みたいな話があると思いますか。翻って、"私たち"自身が日常を満喫することで、他者のヘルスの権利を傷つけることはないと断言できるでしょうか（→**14**-P）。本節では、ユニバーサル・ヘルスを実現するためのプロセスと課題を解説するとともに、それを切り拓く主体となる私たちの可能性について考えます。

　なお、本節では私たちと"私たち"を区別して記述しています。その違いに留意し、どちらを選ぶか自らの考えをまとめましょう。

❖ ナショナル・ヘルスとグローバル・ヘルス

　一般的に、法律や条約の重要項目は冒頭に置かれます。しかし、日本国憲法（→**14**-P）はこの点においてとてもユニークで、多くの専門家が第13条を最も大事な条文だと指摘するのです。同条文は、「すべて国民は、個人として尊重される。生命、自由及び幸福追求に対する国民の権利については、公共の福祉に反しない限り、立法その他の国政の上で、最大の尊重を必要とする」と定めます。また第25条第1項は、「すべて国民は、健康で文化的な最低限度の生活を営む権利を有する」と謳います。

　その実現に向けて、日本政府は国民に対して必要最低限の生活水準を保障すべく、ナショナル・ミニマムという社会保障制度の構築に努めてきました。これは、19世紀後半のイギリスで生まれた「ゆりかごから墓場まで」という公的セーフティネットの理念・制度です。国民が自らの生命（いのち）を衛（まも）り自由と幸せを求めること、そしてそれらを享受した健康な生活を保つこと、すなわち「国民の健康（ナショナル・ヘルス）」は、国家権力が保障すべき権限であって、決して侵してはならない尊厳なのです。

　各国政府が自国のナショナル・ヘルスに注力する一方で、「すべての人々が到達しうる最高基準の健康を享有すること」を目的とするWHOは、ヘルスの国際標準化に努めてきました。つまり、同機関は1948年の設立以来、「すべて

の人に健康を（Health For All）」という理念のもと、「グローバル・ヘルス」の実現を追求しています。同時に、ナショナル・ヘルスに関して加盟国政府の責任を問い続けており、WHOには常に対極的な力学が内在しているのです。

1969年、WHOの年次総会である世界保健総会（WHA）は、「疾病の越境的拡大を阻止し、防護し、管理し、及びそのための公共衛生対策を提供する」（第2条）ため、国際保健規約（IHR）を採択しました。これは、加盟国が領域内で疾病を確認した場合、速やかにWHOに報告するよう規定したものですが、1973年と81年の改正を経て、対象は黄熱、コレラ、ペストの3疾病に絞られました。同じころ、WHAは1977年に"Health For All"を2000年までに達成すべき目標と定めました。

1986年のチェルノブイリ原発事故による被ばくや放射能汚染など、国境を越えて広がる新たな脅威に対しては、グローバルに連携した対応が不可欠です。また、2001年9月11日のアメリカ同時多発テロ（→ 6-P、11-P）を受けて、自由主義諸国では「テロリズムの温床は貧困だ」という方程式が喧伝されました。同年11月にはアメリカ・カナダ政府の呼びかけに応じて、G7（カナダ、フランス、ドイツ、イタリア、日本、イギリス、アメリカ）がグローバル・ヘルスをめぐる危機管理の向上とテロリズムに対する連携について協議する保健衛生担当大臣会合（Global Health Security Initiative：GHSI）を発足させました。

一連の動きは、グローバル・ヘルスをめぐる国際協力体制の構築を望む共通認識が喚起され、それが実現したものと見えるかもしれません。しかしながらGHSIの設立は、グローバル・ヘルスでなく、あくまでナショナル・ヘルスの強化にこだわるG7側の断固たる意志表明でした。つまり、WHOが掲げる国家主権への介入主義を骨抜きにしようと図ったものです。

それに反発するように、2005年の第58回WHAは、全会一致で国際保健規則の改訂（IHR2005）を決定しました。主たる改正点は、報告対象の拡大と報告の義務化です。IHR2005では、加盟国からWHOへの報告対象が、特定の感染症に限定せず、また原因を問わず「国際的に懸念される公衆衛生上の緊急事態（Public Health Emergency of International Concern：PHEIC）」へと広げられました。そして加盟国には、領域内での検知から24時間以内にWHOへ通達し、その後も状況把握とともに継続報告することが義務づけられました。

もう1つの注目ポイントは、第3条3項が規定する「すべての人々に対する

普遍的適用（the universal application）」の原則です。基本的には各国の保健当局内に、24時間アクセス可能な IHR 担当窓口（National IHR Focal Point：日本では厚生労働省大臣官房厚生科学課）を設置するよう義務づけており、WHO との双方向の連絡体制が構築されつつあります。

　ツーリズムや移民などの越境活動が増加するにつれて、感染症の世界的流行が頻発するようになりました。そして、グローバル・ヘルスはいまや地球的課題の1つに数えられます。なお、これまで WHO が PHEIC に指定した事象は、以下の6件です。

　・2009年新型インフルエンザ・パンデミック（H1N1）
　・野生型ポリオウイルスの国際的な拡大（2014年）
　・エボラ出血熱の西アフリカでの感染拡大（2014年）
　・ジカ熱のブラジルなど中南米での感染拡大（2014年）
　・エボラ出血熱のコンゴ民主共和国での感染状況（2019年）
　・新型コロナウイルス感染症の国際的な感染拡大（2020年）

　WHO が法的拘束力に訴えてまで加盟国に対するコミットを強化したのは、国内の感染状況がグローバル・ヘルスに直結する問題だからです。2002年11月に中国で初確認された SARS 対応をめぐり同国政府は当初、WHO との連携に消極的でした。翌2003年4月に入り感染爆発が迫るなか、WHO による中国政府批判に国際世論が呼応しました。中国政府はその段階に至ってようやく、非公表としてきた339症例分の情報を開示し、張文康衛生部長と孟学農北京市長を解任するなど、WHO の介入主義をやむなく受け容れた経緯があります。

　IHR2005の発効に合わせて台湾当局が「普遍的適用」を申請すると、第60回WHA はこれを拒絶しました。その要因は、2005年に中国が WHO との間で取り交わした公共保健分野での協力に関する覚書です。IHR2005が採択されることを見据えて締結されたこの覚書は、「中国衛生部（日本の厚生労働省に相当）がWHO と中国との連絡窓口である」と定めています。すなわち、中華人民共和国の一部である台湾は、中国政府を介して WHO のセーフティネットに入っているというのです。

　しかし、中国と台湾との間に、統一的な行政系統は存在しません。また、2019年末に公式確認された新型コロナウイルスが深刻化するなかで、「マスク

外交」や「ワクチン外交」なる状況が生まれたように、持てる者と持たざる者との分断は、より大きくなりました。たとえば、台湾はかつて感染症に苦しんだ教訓から、サージカルマスクや防護服など衛生（医療）関連用品の生産拠点を域内に残していました。他方で、中国政府はこれまで国産ワクチンを台湾に提供しておらず、アメリカやイギリスなど海外メーカーに頼るほかありません。

　台湾の人々が中国のナショナル・ヘルスの対象となるか否かは、中国政府の政治判断にかかっています。しかし、グローバル・ヘルスのセーフティネットを確立することで、ナショナルな線引きから排除された人々の普遍的な人権を保障できます。そして、それを実現するうえで、私たちがつくる国際世論の可能性を問い直すことは、とても重要です。

　ただし、グローバル・ヘルスは同時代を生きるすべての人々を対象とするものの、過去の教訓から未来の人々を包むセーフティネットを構築することこそが、現代を生きる私たちの命題です。

❖ ナショナル・ヘルスとユニバーサル・ヘルス

　日本では、第2次世界大戦後の復興、そして高度経済成長の道をひた走るなかで、1950〜60年代に水俣病（熊本県）、四日市ぜんそく（三重県）、そして新潟水俣病（新潟県）が立て続けに起こりました。これに、戦前の1920年代に富山で起きたイタイイタイ病を合わせて、四大公害と呼ばれます。ただし、四大公害に限らず同様の被害は、至る所で起きています。たとえば名古屋市でも、1960年代初めに大規模工業地帯や道路網を開発整備するにしたがって、同市南区の柴田地区は連日スモッグに覆われた結果、多くの住民がぜんそくを発症しました（柴田ぜんそく）。

　公害被害者は一様に、普遍的人権としてのヘルスを侵害され、心身ともに"当たり前"の日常生活を剥奪されました。しかも、企業城下町にあって被害を訴える裁判を起こすとなると、その苦難は想像を絶するものでした。公害裁判の原告の1人は、家族や親戚は裁判にずっと反対だったと回想しました。反対理由は、「カネ目当て」で賠償請求しているという誹謗中傷を怖れたからだそうです。また、家族や親戚に被害者がいることが公になると結婚できないとあって、親戚同士が疎遠になるケースも少なくありませんでした。

　水俣病に関しては、1956年に患者を公式確認してから、工場排水で汚染され

た魚介類を食べた周辺住民の中枢神経が侵される因果関係（公害病）を日本政府が公式認定するまで、12年間を要しました。その間、原因企業は不知火海にメチル水銀を排出し続け、それを阻止しなかった日本政府は、ナショナル・ヘルスの保障を怠ったのです。

　周辺住民は、得体の知れぬ「奇病」に怯え「患者家族は祟られている」という流言を信じ、一方の被害者は、身体が蝕まれていく恐怖を背負い、そして患者家族は、この病や患者を“恥”としてコミュニティのなかで肩身の狭い思いを募らせました。地元の魚市場では、同じ湾内の魚介類であっても、被害者やその家族が水揚げしたものだけは、取引が敬遠されました。被害者家族には漁業を生活の糧とする人たちが多く、汚染された魚介類と知りつつも、海の恵みへの感謝の念は変わることなく食べ続けたそうです。

　公害病の公式認定から2021年までの間に、約2300人が患者認定され約7万人が被害を認められた一方で、認定患者の約9割が亡くなりました。2009年に施行された水俣病被害者救済法が、「あたう限り救済する」ことで「最終解決」を図ったものの、政府は厳しい患者認定基準を依然として改めていません。現に約1400人が熊本・鹿児島両県に対して患者認定を求めており、政府を相手取り賠償請求訴訟を続けている人は約1700人にのぼります。憲法により保障されるべきナショナル・ヘルスの対象は、実のところ線引きされているのです。

　救済対象の地域住民のなかには、年をとってから有害物質の影響とみられる症状が確認されつつあります。対象地域・世代以外であっても、時代を越えて公害被害と同様または類似した症状が出るケースもあります。ミナマタが発する苦しみと哀しみの継承のために残された時間は多くありません。

　ウィリアム・ユージン・スミスと彼のパートナーであるアイリーン・美緒子・スミスは、1971年から3年間を水俣に身を置き、公害被害者に寄り添いながらシャッターを切り、ミナマタを世界に発信しました。2人の写真はいつの時代にも、ユニバーサル・ヘルス実現への自省を“私たち”に訴えます。そして、2人の覚悟に共鳴するように、ロールス・アストロムという写真家もまた、水俣をはじめ他の公害被害地をつなげ、各地での出会いのなかで撮った写真を遺しています。

　なお、水俣という地名でなくカタカナで表記したのは、普遍的な人間の尊厳たるユニバーサル・ヘルスが侵害された怒りだけでなく、それを取り戻し衛ろ

うとする崇高な意思を象徴するからです。この意味で、ミナマタが掲げ続ける
その意思は、時代の流れを超越した価値を私たちに提示します。そして、それ
はヒロシマ、ナガサキやフクシマなどにもつながるものです。

❖ 課題と展望

　"私たち"が、日常生活において「安心・安全」を求め不安材料を排除する
という自らの人権を行使することにより、時として他者の健やかな生活を奪い、
社会的弱者を生み出してしまいます（→ 3 -P、 4 -P、 8 -P、 14 -P）。別の言い
方をすれば、たとえそれが善意からであっても、マジョリティが "Health For
All" という理念の拡大を訴えるとき、その他の人々の生活空間への介入やヘ
ルスの権利への干渉・抑圧といった反作用をもたらすことがあります。

　ユニバーサル・ヘルスの実現を目指す際に不可欠なのは、同時代の "私たち"
だけのヘルスでなく、次世代、その先の人々を含む人類、さらには地球環境に
とってのそれを保全する視座です。

　新型コロナウイルスの世界的流行の下では、医療・介護・障がい福祉従事者
を含むエッセンシャルワーカーに対する差別や偏見が広がりました。このよう
に "私たち" は、ヘルスを侵害する暴力の構造を生み出し続けてきたし、今日
なお人間社会ひいては地球環境のさまざまなレベルで増殖させています。その
当事者だからこそ、国家や国際機構に任せておけばその課題解決に向けて調整
してくれるものではないことに、私たちはすでに気づいているのではないで
しょうか。

◎ディスカッションポイント
・WHO による定義にある「すべての人」から、実際には排除されてしまう人々
　がいるのはなぜでしょうか。
・ユニバーサル・ヘルスを実現するために、私たちはどんなことができるか、
　あなたの考えを述べなさい。

✤ 参考文献
山本太郎『疫病と人類──新しい感染症の時代をどう生きるか』朝日新書、2020年。
朝日新聞「知る水俣病」（https://www.asahi.com/gallery/minamata_2019/：最終閲

覧2021年12月末日現在)。

秋山信将「新型コロナウィルス対応から見る世界保健機関（WHO）の危機対応体制の課題」2020年5月（https://www.jiia.or.jp/column/challenges-for-WHO.html.html：最終閲覧2021年12月末日現在)。

（加治宏基)

あとがき

　身近なトピックを題材に「教養としてジェンダーと平和に関わる諸テーマを学び、ジェンダー論と平和学の視点と考え方を身につける」が、本書のコンセプトです。本書を通じた学びによって、ジェンダーと平和の視点から日々の生活の中での出来事を考え、自分の行動を振り返る機会は増えたでしょうか。またジェンダーと平和は切り離せないものであり、人生に大きく関わるものであることを実感してもらえるようになったでしょうか。もしこのようなことを感じてもらえたとしたら、編者としてこれほどうれしいことはありません。

　この書籍はジェンダーと平和について考え学ぶための入口を、執筆者なりの切り口で示しているにすぎません。気になったトピックがあったら、それに関わる書籍や資料を探し、さらに関心を広げてください。そのうえで、現代社会で生起している不正義や不平等に対して、それらを変わらない現実として受け止めるのではなく、変えていくための行動を起こしてくれることを願っています。

　本書は、2016年に刊行された『教養としてのジェンダーと平和』の続編です。前著は、2013年当時の中京大学教養科目であるジェンダー論と平和論の教員が主な執筆者となり企画されました。本書『教養としてのジェンダーと平和Ⅱ』は、中京大学のジェンダー論の教員である風間孝と平和学の教員である今野泰三が編者となり、『教養としてのジェンダーと平和』のコンセプトを引き継ぎつつ、中京大学以外の多くの大学の授業で使用することを意識し、また前著の出版以降の社会の変化の中で重要と思われる、新しいトピックを取り上げています。執筆者も、本書のトピックに合わせ新たな執筆者をお願いしました。またカバーのイラストは前著と同様、チョン・インキョンさんに引き受けていただきました。本書の趣旨に賛同し、協力いただいた皆様にお礼を申し上げます。

　最後に、法律文化社の舟木和久さんと田引勝二さんには、とりわけ厳しいスケジュールの中で編集作業をしていただき、たいへんお世話になりました。心より感謝申し上げます。

2022年2月吉日　　　　　　　　編者　風間　孝・今野泰三

索　引

※「ジェンダー」「平和」など頻出する語句は省略した。

●**執筆者紹介**（執筆順、＊は編者）

＊**風間　孝**（かざま　たかし）
中京大学教養教育研究院教授
担当：序、1－G、2－G、4－G、6－G、7－G、8－G、9－G、11－G、12－G、13－G、14－G、15－G

＊**今野泰三**（いまの　たいぞう）
中京大学教養教育研究院准教授
担当：序、4－P、11－P、12－P

金　敬黙（きむ　ぎょんむく）
早稲田大学文学学術院教授
担当：1－P

加治宏基（かじ　ひろもと）
愛知大学現代中国学部教授
担当：2－P、15－P

山口佐和子（やまぐち　さわこ）
名城大学総合研究所研究員
担当：3－G、5－G、10－G

春名展生（はるな　のぶお）
東京外国語大学大学院国際日本学研究院准教授
担当：3－P

髙橋宗瑠（たかはし　そうる）
大阪女学院大学国際・英語学部、同大学院21世紀国際共生研究科教授
担当：5－P

齊藤優子（さいとう　ゆうこ）
中京大学教養教育研究院非常勤講師
担当：6－P、13－P

金城美幸（きんじょう　みゆき）
立命館大学生存学研究所プロジェクト研究員
担当：7－P、14－P

池尾靖志（いけお　やすし）
立命館大学他非常勤講師
担当：8－P

古沢希代子（ふるさわ　きよこ）
東京女子大学現代教養学部教授
担当：9－P

梁　澄子（やん　ちんじゃ）
一橋大学全学共通教育センター非常勤講師
担当：10－P

Horitsu Bunka Sha

教養としてのジェンダーと平和 II

2022年4月25日　初版第1刷発行

編著者	風間　孝・今野泰三
発行者	畑　　光
発行所	株式会社 法律文化社

〒603-8053
京都市北区上賀茂岩ヶ垣内町71
電話075(791)7131　FAX 075(721)8400
https://www.hou-bun.com/

印刷：西濃印刷㈱／製本：㈱藤沢製本
カバーイラスト：チョン・インキョン

ISBN978-4-589-04210-1

ⓒ2022 T. Kazama, T. Imano Printed in Japan

風間 孝・加治宏基・金 敬黙編著	世の中の常識を相対化し、異なる見解をもつ人々との対話を通じて新しい学問・実践へと誘う。ジェンダー、平和という 2 つの視点から、教育、労働、差別、歴史等のテーマを取り上げ、読者とともに社会のありかたを考える。
教養としてのジェンダーと平和 A 5 判・264頁・2090円	

風間 孝・河口和也・守 如子・赤枝香奈子著	性的マイノリティの権利獲得の歴史や「クィア理論」をふまえ、「性」の総体を考える。性的指向・性自認（トランスジェンダー・同性愛）、愛と性（セックス）の関係、性暴力（セクハラ・DV）、性感染症（エイズ）、性の商品化（性風俗・買売春）などをとりあげる。
教養のためのセクシュアリティ・スタディーズ A 5 判・234頁・2750円	

金 敬黙編著	現場と学術的視点から、これからの平和学を考える。Ⅰ部は現場から平和学の新しい方法論を模索し、Ⅱ部は日本の内なる越境と共生の実態を捉える。Ⅲ部ではいかに平和の主体になりうるかを問い直す。ジャーナリスト安田菜津紀氏と編著者の対談を付す。
越 境 す る 平 和 学 —アジアにおける共生と和解— A 5 判・234頁・2860円	

平井 朗・横山正樹・小山英之編	グローバル化社会のもとで複雑化する今日的課題へ平和学からアプローチし、様々な問題の根源に迫る。平和創造の学問である平和学の理論的展開を踏え、その役割とアイデンティティを探究し、私たちが平和創造にどのようにかかわるかも明示する。
平 和 学 の い ま —地球・自分・未来をつなぐ見取図— A 5 判・194頁・2420円	

佐渡友 哲著	持続可能な社会のゴールを示す SDGs について平和学の視点から考察する。SDGs の生成と平和学の展開との交錯を学術的に整理し、SDGs の理念・価値を再考する。平和学が目標達成へ向けてどのような役割を果たせるかを明示する。
SDGs 時 代 の 平 和 学 A 5 判・136頁・3300円	

川島 聡・菅原絵美・山崎公士著	障害者や女性への差別の是正が課題の日本社会において、国際的視点から人権を捉える素材を提供。国際人権法の全体像・基本原則をおさえ、国内判例等を交えつつ人権条約の内容を具体的に論じ、さらにその実現方法まで解説。
国 際 人 権 法 の 考 え 方 A 5 判・186頁・2640円	

———法律文化社———
表示価格は消費税10％を含んだ価格です